唐冶泽　唐良博　著

甲骨文字趣释

重慶出版集團 重慶出版社

图书在版编目（CIP）数据

甲骨文字趣释 / 唐冶泽，唐良博著 . — 重庆 ：重庆出版社，2024.7
ISBN 978-7-229-18594-7

Ⅰ. ①甲… Ⅱ. ①唐… ②唐… Ⅲ. ①甲骨文—通俗读物 Ⅳ. ① K877.1-49

中国国家版本馆 CIP 数据核字（2024）第 076716 号

甲骨文字趣释
JIAGU WENZI QUSHI
唐冶泽　唐良博　著

责任编辑：周北川
责任校对：杨　婧
装帧设计：王平辉

重庆出版集团
重庆出版社 出版

重庆市南岸区南滨路 162 号 1 幢　邮政编码：400061　http://www.cqph.com
重庆豪森印务有限公司印刷
重庆出版集团图书发行有限公司发行
E-MAIL：fxchu@cqph.com　邮购电话：023-61520417
全国新华书店经销

开本：710mm×1000mm　1/16　印张：23.5　字数：316 千字
版次：2024 年 7 月第 1 版　印次：2024 年 7 月第 1 次印刷
ISBN 978-7-229-18594-7
定价：58.00 元

如有印装质量问题，请向本集团图书发行有限公司调换：023-61520417

版权所有　侵权必究

序一

走出象牙塔的甲骨学

彭邦本

唐冶泽先生的《甲骨文字趣释》（以下简称《趣释》）一书终于出版了。作为学术同道和昔日的同窗，我深为中华文化的百花苑中又多了一本好书而欣喜，也为冶泽在商品经济的大潮下以带病之躯潜心学问多年，终于以一种读者喜闻乐见的形式回报社会而深感庆幸。冶泽是我小学、中学和大学的同学，不过他一直高我一个年级。此种机缘，加上少年时代相似的家庭境遇和经历，使我们很早就成了朋友。"文革"期间，只读了一年初中，只学了一些名曰"工业基础、农业基础"之类课程的他，就因父辈蒙受了冤屈被迫中止了学业，插队落户当了知青。少小失学的惨痛经历，反倒使从小热爱学习的他向学之志更笃，有时简直嗜书如命。当然，在那个物质短缺而精神更为匮乏的年代，极度的书荒使人们自学既艰难更不可能有什么具体目标，常常是饥不择食，抓到书就读，自然也不可能系统。不过，好学仍使他成为知青群中的秀才，繁重的体力劳动之余他居然还吟诗作曲，而酷好古代文史则始终如一。博览群书的陶冶，为他1978年考入古史研究教学的重镇——四川大学历史系以及其后在学术上登堂入室打下了良好的基础。次年，我们重聚在这所饮誉海内的高等学府。其时的川大历史系虽经历了"文革"的重灾，但深厚的学术根基和悠久的办学传统仍在，徐中舒、缪钺、卢剑波、谭英华等老一代大师名家劫后余生而老当益壮，学术风采不减当年，耄耋古稀之年仍育人笔耕不辍；中年一代学者则意气风发，教学科研蒸蒸日上。我和冶泽虽然年级不同，但共同的专业和爱好，使我们常修同一门课，互相切磋，共同度过了那段学术思想活跃、学风纯正健康的金色年华。

记得当时教育部委托徐中舒先生举办为期一年的全国高校教师先秦史讲习班，我们有幸领略大师的风范。那时我刚入大学不久，去旁听了几次就因担心旷课违纪而罢，冶泽则颇"肆无忌惮"，一有机会就不惜逃课赶去聆听徐老讲课，而对其中古文字部分尤感兴趣，颇得真传。三年后我虽得以忝列徐先生门下念研究生，先生却因年事已高，除我们有问题上门请益外，实际已不再承担直接指导工作。冶泽则因服膺先生学术思想并深受其影响熏陶而奠定了研习上古史和古文字的志向，本科期间就撰写过古文字学的文章，其考释卜辞的毕业论文得到指导老师伍士谦教授的好评。遗憾的是，毕业前一场大病，使他长期身罹慢性疾患，无情地终结了他继续深造的计划。毕业后，他边工作边养病，尽管学术条件不尽如人意，仍痴心不改，凭着自己的聪慧、勤奋和功底，一有可能就做些古文字和古史的研究，为此还常从微薄的工资中抠钱订阅大量书刊。他很早就想写一本古文字普及读物，以期对弘扬中华民族古老辉煌而生生不息的文化，尽绵薄之力。如今倾其心血写成了《趣释》一稿，士子之心，殷殷可鉴。

中国的汉字，与世界其他各个民族的文字相比，有许多突出的特点。一是以形体表意为主，兼能表音，形音结合，表现力强。二是结体规整，书写优雅，一字一音，抑扬顿挫，兼具形体美和音韵美。三是包含的信息量大，汉字的历史，按一些学者的意见，从大汶口文化时期算起，已有四五千年，发展演变从未间断，所涵古代社会各方面的信息十分丰富，形成了独特的文字文化。四是言简意赅，同样的内容，如果用汉语写出需一页，译成英语则要超过一页半。据有人研究，汉字在信息时代文字处理方面更具优势，因为它特别适合计算机模糊识别，快速扫描，也特别适合计算机语言输入；而且在电脑上每个汉字只占两个字节，不像其他文字打出来一长串，所以占用的空间少（如果不算为汉字编程的话），传输的速度快。过去我们认为汉字的发展方向是拼音化，现在看来是值得怀疑了。但是，汉字在具有以上优越特点的同时，也有难写难记、需要花较长时间才能掌握的短处。不过，相比之下，无论从历史、现状和长远看，汉字的优点是主要的、突出的，每一个炎黄子孙都应当学会掌握。如果能懂一些文字学的知识，从源流上弄清一个字或一组字的来龙去脉，显然有助于学习掌握汉字的形、音、义。这还只是小而言之，就大的方面讲，汉字不仅仅是用来记录语言的工具，它还积淀凝聚了丰富、深厚的中国文化，是我们民族五千年文明的充满魅力而且最具生命力的载体。因此，从大处着眼，小处着手，大小兼顾，以小见大，融知识与德育功能为一体，激发读者通过学习、研究包括甲骨文在内的中国文字学，继承和弘扬中华文化，培养爱国主义情操，正是《趣释》一书撰写的主旨所在。作者认为，继承和弘扬中华文化，首先应学习了解中华文化，而最有效的途径之一就是从源头学起，循此而下，方能通览源流，从整体上了然于胸。

众所周知，中国是世界上历史最悠久的几大文明古国之一，并且是其中唯一不曾中断，有几千年一脉相传的文明历史。这足以令一代代炎黄子孙引以为自豪。值得注意的是，随着现代社会的加速发展，在经济全球化的汹涌浪潮下，文化和文明，已成为当今全世界关注的热点。与此同时，一个新的共识也正在全球范围内形成：未来的世界，应该而且必须是经济全球化与文化多元化并存的充满活力的统一体，亦即我们的祖先在先秦时期就倡导的"和而不同"的世界，因此，文化的交流碰撞不应牺牲各种文化固有的民族特性。当今世界，不仅发展中国家要求保护和发展其民族文化，发达国家实际上也出现了所谓"保卫文化纯洁性""保护文化特性"的要求。例如，法国的所有宣传，乃至其总统在公开场合讲话，从来不讲法国的经济，只宣传法国的文化，对其悠久辉煌的文化有一种强烈的优越感和民族自豪感，认为法国是文化立国。

近代以来，在经济、社会发展中走在前列的主要国家，其基本经验之一，就是如何正确处理好继承与发展的关系，因为现代化总是在继承固有文化的根基上发展起来的。然而，中国人虽然从20世纪初就开始争论这个问题，但长期未能解决好它，不是在理论上就是在实践中出岔。近代疑古思潮的兴起，对中国上古历史文化的真实性提出了怀疑，甚至提出东周以前无信史的极端观点。今天看来，尽管这一观点不无学术史意义，但其偏颇也显而易见，对中国文化的冲击性影响甚至已不仅仅限于古史学术层面。然而，问题的解决，还得靠学术本身。正是被誉为百年来中国考古学最重大的发现之一，殷墟甲骨文的惊世出土及随之而起的研究，大大改变了中国上古史尤其殷商史研究的面貌。首先，殷墟出土资料，特别是甲骨文作为殷人留下的直接记录，无可辩驳地证明殷商的历史是真实的，决非古人的向壁虚造。其次，大量的甲骨卜辞及相关考古发现，作为珍贵的第一手资料，为我们研究、重建殷商史提供了至少从孔子以来前人没有过的有利条件。殷商史的重建，又为我们进而向上探索夏代历史和中国文明的起源形成，奠定了一个可靠的基点。可见，在使疑古思潮的错误结论不攻自破，重建先秦古史系统的过程中，甲骨文及其相关资料的研究，占有极为重要的位置。而正是这一研究导致了甲骨学的诞生。这门通过考释契刻在殷周龟甲兽骨上的卜辞，进而研究当时社会历史文化的学科，经过几代学者百年来的努力探索，如今已蔚然成为一门世界性的显学，不仅在中国的两岸三地薪火相传、人才辈出、硕果累累，而且影响所及，在海外的东亚、北美、欧洲、大洋洲，也形成了一支成就卓越的学术队伍。确实，甲骨文作为我国历史上现存可释读的最早文本，是我们祖先高度智慧的结晶，是我们民族古老文化的凝聚，是人类文明的瑰宝。面对经济全球化和文化多元化并存的当今世界，整理和研究传统文化，对于增强我们民族的自豪感和自信心，远比空喊口号，更具深刻、实在的意义和作用。

不过，甲骨文毕竟是一门艰深的专业性很强的学问，它的"显"和"热"，长期以来仍主要限于学科和学术层面本身。因此，尽管甲骨文研究者、爱好者逐渐增多，平心而论，这门学科入门不易，入室更难，不免常常让人望而却步。古文字学因而被认为是一门很伤脑筋的学问，甲骨文研究尤其是一个苦差事，没有耐得清贫、耐得寂寞、整日枯坐的精神和毅力，是出不了成绩的。《趣释》的作者曾写信告我，他写此书的目的，就是要让人觉得此项研究并非如此，甲骨文其实也是很有乐趣的一门学科，而且也能与现实结合起来研究。正因为如此，甲骨文知识的传播和普及工作就非常重要。一个时期以来，一些学者在这方面也做了有益的尝试和努力，编写了一些甲骨文的普及读物，取得了一定的积极效果。但或属概要性介绍，未能充分兼顾文字释读知识；或也以释字为主且注意行文的趣味性，却篇幅偏小，系统性和体例的完整性不够。冶泽精心撰写《趣释》一书，在继承上述读物优点的基础上，又作了新的改进和提高。

《趣释》首先以第一章简要叙述了甲骨文的基本概念和由来，接下来就以全书主体部分即其余十五章，分别介绍了甲骨文中的人体形态、衣饰装扮、饮食习俗、建筑居止、交通出行、繁衍生养、疾病死亡、田猎活动、攻战征讨、农业经济、畜牧养殖、手工生产、捕鱼樵采、商业家务、祭祀占卜和科学文化。此书写作的基本方法特点是，从文字形义的考释出发，与商代历史文化、社会生活的方方面面相结合，既介绍文字，又俨然一部殷商社会史。全书篇幅适中，分章有序，体例完整，结构严谨，自成体系。行文则紧扣书名的"趣"字，流畅活泼，亦庄亦谐，风趣幽默，精彩之处常令人忍俊不禁。

应当指出，此书虽以普及为直接目的，但并不仅仅限于一般常识性的介绍，而是融入了作者多年探索的心得体会。书中甲骨文字的具体释读尽可能利用了学术界公认的既有成果，杂取众家之长，择善而从，且每每引申出新，或直接提出自己的学术见解。本书结合古文字之外的多学科知识乃至作者的生活经历，娓娓道来，知识与学术互渗，历史与现实交融，诚可谓一本集普及与研究于一体、深入浅出、雅俗共赏的佳作，一次促使甲骨学走出象牙塔的有益尝试。

话说到这里，应该让读者自己去阅读此书了。不过，有一点我相信，不管是细读或浏览，一旦看完这本书，读者心中对甲骨文原有的神秘感和高深感多半就会消失，展现在您面前的将是我们民族的一座古老而辉煌的文化殿堂。

如真是这样，作者的良苦用心就如愿以偿了。

2002 年 4 月 1 日
于四川大学竹林村

序二

冶泽与他的著述

邓 晓

我与冶泽为川大四年同窗，对他的治学精神及学问，我向来是钦佩的。这位生于乐山（古嘉州）的学子可谓占尽了青山绿水的灵气，其学业的精进和思维的敏捷，常使人怀疑生于青衣江畔的他曾亲受大佛的点拨。那些年我们的古文字课是徐中舒先生教的，期末考试中全年级仅他一人得了最高分（95分）。后来我揣测，定是先生的循循善诱与肯定，使他变得对甲骨文情有独钟。

1982年大学毕业后，我们有幸分配到同一座城市——重庆，又同在沙坪坝，交流比以前更多了一些。他在沙区党校工作，其间尽管教学与班主任事务缠身，但却始终执着于个人的专业爱好，对学问的探求丝毫不放松。冶泽于古文字学、先秦史、重庆地方史多有研究，且在日常工作之余出了不少成果。2002年他的《甲骨文字趣释》问世，便是最好的证明，而该书一版与二、三版的一再售罄则表明广大读者对其著述的认可与厚爱。

从事专业研究是冶泽多年的理想，2006年他终于如愿以偿被引进到中国三峡博物馆，并因实力所致很快地被委以重任。崭新的平台在给了他更大学术空间的同时，也给他增加了更多的压力。作为博物馆馆刊《长江文明》的编辑部主任、博物馆学术委员会委员兼办公室主任，他工作兢兢业业、恪尽职守，曾获得"全国优秀编辑"称号，并因其成果卓著被重庆师范大学历史与文博学院聘为客座教授和博物馆特约研究员，多次担任硕士论文评阅人和硕士生毕业论文答辩委员会主席，亦出任"重庆巴文化研究会"秘书长。

冶泽先后发表了30多篇论文，主持、主研了多个项目，也多次获得过优秀成果奖。在他的大作中，既有如《甲骨文字趣释》、《老重庆影像志：老城门》（合著）这样通俗易懂、深入浅出的专著，又不乏如《欲与洪秀全"平分地土"之"洋鬼"考》《略论禅让制的性质》《周原新出甲骨卜辞考释》《重庆三峡库区出土神人手抱鱼带钩考》等逻辑严谨、见解独到的论文。尤其是《甲骨文字趣释》一书，他用风趣幽默、生动形象而又不失严谨的释读方式，使一个个古老的文字变得鲜活起来，令人不忍释卷且受益良多。

2013年，本该是冶泽光荣退休的一年，此时的他早已晋升国家三级研究员，爱才重才的馆领导也说好了要继续留用他编辑丛书。这事他是带着由衷的自豪与欣慰告诉我的，我知道在感情上他总是离不开他的事业；同时他还打算完成一部研究乐山西坝窑的专著，以此回馈他的故乡。然而也就在这一年的夏天，他却出人意料地永远离开了他的至爱亲朋和他酷好的工作。到今年，冶泽已经走了五年，可他的音容笑貌在我却恍若昨日。而他的著述也魅力依旧，我想这正是重庆出版社决定再版他《甲骨文字趣释》的原因，在努力实现中国梦的今天我们更加需要弘扬优秀的传统文化。

冶泽自谓其"吃过糠，下过乡，扛过枪（当了几天'基干民兵'），炼过钢（做过半年翻砂工），经过商（卖了三天羊肉串），写过几篇小文章（但无颜列出），其余行状未可张扬"。作为并不一般的"普通人"，《甲骨文字趣释》就是他专为大众写的一本老少咸宜、雅俗共赏的书。该书不仅深入浅出地介绍了中华文字的起源，而且通过对甲骨文的分析，形象生动地讲述了商代社会的故事，同时亦不乏冶泽对该文字的独到见解。我很喜欢这部书，并乐意将其推荐给大家，一起分享书中智慧带来的快乐。在此，我还特别要感谢冶泽的爱妻蒋启蓉女士嘱我为此书再版作序，是她给了我向老友致意的机会。

2018年3月16日
于重庆师范大学

目 录

序一 走出象牙塔的甲骨学 / 1
序二 冶泽与他的著述 / 6
前言 / 1
开篇 / 1

第一章 甲骨文的基本概念和由来 / 1
　　第一节 什么是甲骨文 / 3
　　第二节 甲骨文的发现 / 8
　　第三节 有关甲骨文的常用词语 / 13

第二章 甲骨文中的人体形态 / 19
　　第一节 整体人形 / 20
　　第二节 局部形象 / 26
　　　　一、头面部 / 26
　　　　二、胸腹部 / 31
　　　　三、手足部 / 32

第三章 甲骨文中的衣饰装扮 / 36
　　第一节 发型与头饰 / 37

第二节　衣物与体饰 / 41
第三节　梳妆与洗浴 / 45

第四章　甲骨文中的饮食习俗 / 48
　第一节　饮食器具 / 49
　　一、炊器 / 49
　　二、食器 / 52
　　三、酒器 / 53
　第二节　食物饮品 / 56
　第三节　吃喝拉撒 / 63

第五章　甲骨文中的建筑居止 / 67
　第一节　居室 / 68
　第二节　宫观 / 73
　第三节　城邑 / 78
　第四节　门窗 / 81
　第五节　歇宿 / 84

第六章　甲骨文中的交通出行 / 86
　第一节　道路 / 87
　第二节　出入 / 89
　第三节　行走 / 92
　第四节　跋涉 / 95
　第五节　舟车 / 97

第七章　甲骨文中的繁衍生养 / 102
　第一节　性别 / 104
　第二节　婚媾 / 108
　第三节　生育 / 114

第四节　抚养 / 117

第八章　甲骨文中的疾病死亡 / 122
　　第一节　疾病 / 122
　　第二节　医疗 / 128
　　第三节　死亡 / 132

第九章　甲骨文中的田猎活动 / 135
　　第一节　狩猎对象 / 136
　　　　一、草食动物 / 136
　　　　二、肉食动物 / 141
　　　　三、鸟类 / 148
　　第二节　狩猎工具 / 153
　　第三节　狩猎方法 / 158

第十章　甲骨文中的攻战征讨 / 163
　　第一节　兵器 / 164
　　第二节　军队 / 173
　　第三节　攻守 / 179
　　　　一、进攻 / 180
　　　　二、对垒 / 182
　　　　三、守御 / 185
　　　　四、追击 / 188
　　第四节　擒杀 / 190
　　　　一、杀伐 / 190
　　　　二、抢劫 / 193
　　　　三、俘虏 / 195
　　第五节　刑罚 / 198

第十一章　甲骨文中的农业经济 / 208
　　第一节　土地 / 209
　　第二节　作物 / 213
　　第三节　春种 / 219
　　第四节　夏耘 / 224
　　第五节　秋收 / 227
　　第六节　冬藏 / 235

第十二章　甲骨文中的畜牧养殖 / 239
　　第一节　畜禽 / 240
　　第二节　饲养 / 250
　　第三节　屠宰 / 255

第十三章　甲骨文中的手工生产 / 258
　　第一节　工具 / 259
　　第二节　制造 / 264
　　第三节　纺织 / 272

第十四章　甲骨文中的其他劳动 / 279
　　第一节　捕鱼 / 280
　　第二节　樵采 / 283
　　第三节　商业 / 287
　　第四节　家务 / 293

第十五章　甲骨文中的祭祀占卜 / 297
　　第一节　祭主 / 298
　　第二节　祭礼 / 305
　　第三节　用牲 / 311
　　第四节　占卜 / 316

第十六章　甲骨文中的科学文化 / 320
　　第一节　天文 / 321
　　第二节　地理 / 331
　　第三节　书画 / 338
　　第四节　娱乐 / 344

主要参考书目 / 353
后记 / 354

前　言

　　甲骨文发现整一百年了。一百年来，经过几代专家学者呕心沥血的研究，其成果已是斐然于世，蔚为大观，有关甲骨文的知识也逐渐传播，甲骨文研究者、爱好者也逐渐增多。但是一般认为这门学问入门不易，入室就更难，常让人望而却步。也正因为如此，古文字学被看作是一门很伤脑筋的学问，甲骨文研究尤其是一个苦差事，没有甘于清贫、耐得寂寞、整日枯坐的精神和毅力，是出不了成绩的。但我觉得事实上并非完全如此，甲骨文其实也是很有乐趣的一门学科，只要努力也不难掌握，而且也能与现实结合起来研究，比如现代环境、天文等问题就可以在卜辞中找到许多珍贵的资料。

　　有人把汉字说成是中国的第五大发明，因为与世界其他一些民族的文字相比，汉字有许多突出的优点。一是结体规整，书写优雅，一字一音，抑扬顿挫，具有形体美和音韵美，尤其适合现代计算机语音输入。二是以表形为主，兼能表音，形音结合，表现力强，许多字仅从字形结构上即能明其大意；且字形差别大，适于模糊识别、快速阅读。三是信息容量大，汉字的历史从大汶口文化时期算起，有四五千年，其发展演变从未间断，其包含的古代社会各方面信息十分丰富，已形成独特的汉字文化，读过本书后您对这点会有深刻的体会。四是言简意赅。一篇用汉语写出的文章如果长 10 页，译成英语后可能会变成十几页；在电脑上，一个英、法、俄文单词打出来常是一长串，而每个汉字却一律只占用两个字节，所以汉字耗费的空间更少（如果不算汉字模块的话），传输的速度更快，更有利于在信息时代发挥积极作用。过去我们认为汉语的发展方向是拼音化，甚至把《汉语拼音方案》也说成是朝国际化方向迈出的重要一步，现在看来这种说法值得怀疑。相反，国外有学者指出，总有一天，全世界的人们将必修汉语。第五点则有争议：比起其他文字来，汉字是更容易学还是更难学？一般认为，汉字笔画繁多，结构复杂，意义歧出，读音易混，既不容易写正确，更不容易写漂亮，因此不好学。但也有一些人提出相反的看法，说是英文单词有五万多个，而常用汉字只有六七千，看懂一般书报英文需上万，而汉字三四千足矣，其学习难易程度于此可知。公正地说，汉字与世界上任何事物一样具有两面性，既有优点长处，也有弱点和不足，关键是汉字的优点为主，长处多多，否则早就像其他古代文明如腓尼基、巴比伦、古埃及的语言文字一样死亡了。因此我们相信汉字和汉字文化现在仍具有强大的生命力，对它的发展很有信心。当然同时也需要进一步发扬、光大，要进行更深入的研究，更广泛的普及。

说到普及，我常看到许多自然学科、社会学科都有通俗的普及读本，科普作品已成为图书新宠。确实，各种科学都需要普及，尤其是热门学科。但这并不是说冷门学科就不需要普及，相反，正因为它冷，才更应当加强宣传，让它热起来，以发挥其应有作用。长期以来，古文字方面的研究工作做得不少，但普及性的工作却做得不多，尤其是文字考释方面的通俗读物屈指可数，远远不能与现实的需要相适应。我们可以从街头广告、招牌上众多的错字或播音员、演员常读的别字中体会到汉字知识普及的重要性。但汉字也确有难记难写的短处，主要靠死记硬背学习。但我们如果能从源流上弄清一个字或一组字的来龙去脉，就会有助于全面理解记忆汉字的形音义。这是从小的方面说。从大的方面讲，汉字不仅仅是用来记录语言的工具，它还包含了非常丰富、深厚的中国文化，是中国五千年文明的载体。因此，学习、研究包括甲骨文在内的中国文字，对继承和发扬中华传统文化，增强民族自豪感，培养爱国主义精神，也有着积极的作用。这是我写这本书的主要目的。

此书虽以普及为目的，但并不仅仅限于一般常识性的介绍，而是融入了不少自己的心得体会，我是把它作为一本集普及与初步研究于一体的书来写的，希望既普及甲骨文的基本知识，又能为初学者入门引路。所以在内容安排上是先易后难，先简后繁，有些地方也适当加入了一些考证过程以为示范，以适应不同读者的需要。学者们研究甲骨文，发明了许多方法，非常有用，但至今还没有一种放之四海而皆准的，都有其局限性，因此须各种方法综合利用，因"字"制宜，方能行之有效。我在杂用诸法之外，比较注重的是"溯源追流法"。就是首先找出一个基本的字形加以分析，然后再找出其变异、增繁、孳乳的字来，从形义上考证出它们的联系与变迁，从而确定其初始的含义。如参、黄、丙、不等字的考证就是如此。这样比较容易弄清这些字形音义的发展演变脉络，便于加深理解记忆。

考释甲骨文还需要较为广博的知识，因为它涉及古代社会的各个方面。徐中舒老师曾多次讲，治先秦史须通晓考古学、古文字学、文献学、民族学、民俗学等，方能在研究中左右逢源，信手拈来。治甲骨学又何尝不是如此，也须具备多种人文科学和自然科学方面的能力，其结论才有说服力。在本书中我也尽量从多方面进行论证，但因自己才疏学浅，又限于本书的通俗性质，在这方面做得并不如人意。

从文风上讲，我又想做到通俗、浅显、易懂，并采用一种轻松的格调，以融知识性、趣味性于一体，在严肃中来一点活泼，枯燥下加一点生动；幽默而不失严谨，散漫而能扣主题；既研究古人生活，又联系现实社会。总之是增加可读性，引起读者的阅读兴趣；使人读了这本书，会觉得貌似深奥的甲骨文也不过如此，它的神秘感、高深感也许就消失了。——至于我做到了这些没有，做得怎么样，只能请读者朋友来评判。

在我说来，能把书写得让人轻松阅读并不容易，用这样的风格来写科普性读物也是个尝试。所以这本书肯定有许许多多的缺点错误，如有的地方扯得太远，有的地方胡乱调侃，有的地方愤世嫉俗，有的地方又俗不可耐，而且学术观点也还有不少可商之处。在此我非常欢迎读者朋友和专家们的批评指正。

谢谢阅读！

作者

1999年9月

于重庆沙坪坝陋室

开 篇

有人曾不以为然地问我曰:"你那甲骨文字学来有甚用处?"言下之意,它既不能经邦济世,也不能造就大款,是"宋江的军师——无(吴)用"也。我反问曰:"老哥,按您的逻辑,哥白尼创太阳中心说岂不是没事找事哉?陈景润搞1+2也是他闲得无聊哉?攀登珠穆朗玛峰是饿着肚子还劳民伤财哉?漂流长江是那些人活得不耐烦哉?"几个哉一出,哉得该老哥不顾几十年交情,就此与我割席绝交。事后想来,这番话虽近刻薄,但也并非强词夺理。盖社会的前进,科学的昌明,不仅受现实需求的驱动,也还有好奇心、探索精神、创造欲望之类作动力。况从理论上讲,也有物质财富与精神财富之别焉,也有物质形态的生产力与知识形态的生产力之分焉,还有两个文明之说焉——这是伟人的观点,不是闹着玩的,可以为我们的甲骨文学习奠定理论基础者也。

话说甲骨文乃是吾中华文字之祖,与现代汉字一脉相承,沿袭三千年,不绝如缕,真世界之一大奇迹也,值得骄傲。但话又说回来,也许是太骄傲了,应了那句"骄傲使人落后"的话。如今到大街小巷走一遭,看一看广告、招牌;打开电视机收音机,听一听播音员、演员说话,其错别字之多、之怪,亦又一大奇迹也,值得惭愧。我敢赌一毛钱,这些人铁定没有学过甲骨文,甚至也没有学过古文字学,否则决不会信口开河,以至于此。政府一直在努力提倡规范汉字,还鼓励小学生上街找错别字。窃以为,欲减少错别字,学点甲骨文有事半功倍之效,因为让人从源头上认得某字的得形得音得义,了解其演变轨迹,会使人对这个字的读音、写法印象深刻,没齿不忘。不过让全国老百姓都学甲骨文有点过分,但让一部分有兴趣的人学一点有关常识还是现实的。又不过这里容易出现一个矛盾:常出错别字的人一般不学甲骨文,常学甲骨文的人又一般不出错别字,奈何?奈何!莫可奈何之下,鄙人想出了一个高招,就是把甲骨文说得花里胡哨,天花乱坠,东拉西扯,调侃幽默,以刺激人们的阅读欲望,让大家在天南海北的闲侃中得一点文字学常识,则吾愿足矣!——这就是老夫我写《甲骨文字趣释》的初衷也。

其实，甲骨文之作用远不止纠正错别字，它还可以保护中华传统文明之可持续发展，不仅我们这代人得益，子孙后代亦受用无穷也。了解甲骨文，就相当于了解吾辈之祖先，对吾先人思维的深邃性、严密性、逻辑性、创造性等就会佩服得五体投地，无限崇拜，自然就会自觉地去学习继承之，充实提高之，让它发扬光大之，日新月异之，哪还愁东方文化之衰落与西方文化之侵略乎？等国学成了时髦，连街头女郎的红唇中吐出的也尽是之乎者也时，那些张口"嚏死"闭口"漏"的假洋鬼子就会羞愧得抬不起头了矣。

近日我还发现了甲骨文的另一意外之用途，它居然可以化解家庭矛盾也！一日，吾老妻大发雌威曰，你这个窝囊废，整天不做家务事不说，一个月还拿不了几个钱回家，我要你有何用也！骂了半天，见我不吭声，只是看书，便冲过来问我看的是啥，居然连她的河东狮吼亦置之不理，难道是什么人体写真或是三级片剧本之类的东西乎？我曰，给你说你也不懂，我看的乃甲骨文也。老妻大惊，自己的老公连甲骨文都看得懂，岂不是与郭沫若这等大文豪相当耶？于是立马阴天转晴天，一脸的阳光灿烂，又是 hug 又是 kiss（没办法，我也不能脱俗，谁让现在卖弄点洋文是时髦呢），还宣布从此她不仅要当个贤妻良母，而且还要努力奋斗成为女学者，好与我相般配哉！

看官，甲骨文既有这么多的好处，为什么您不买本《甲骨文字趣释》来看看也？这于国于家于人于己都利莫大焉！此书有十六章，除第一章讲有关甲骨文的相关知识外，其余十五章从甲骨文中的人体形态讲起，一直讲到甲骨文中的科学艺术，俨然一本生动鲜活的殷商社会生活史，其幽默风趣，调侃诙谐，每每令人忍俊不禁，会心之笑外加暗笑苦笑也；更兼古往今来，天上地下，碧落黄泉，自然人文，无所不包，无所不容，您要是看了，身体倍儿棒，吃嘛嘛儿香，您瞅准了，《甲骨文字趣释》，各大书店有售，谨防假冒！

第一章
甲骨文的基本概念和由来

在一般人眼中,"甲骨文"一词似乎代表着一门枯燥、艰涩、深奥的学问。那些七弯八拐、似画非画的道道,它认得我,我却不认得它;而认得它的人一定是某个戴着厚厚的瓶底眼镜、顶着一脑袋花白头发整日在故纸堆中枯坐的瘦老头。至少从前我就是这样认为的。等我初步跨进

文字神　汉砖
　　仓颉,传说是黄帝的史官,汉字的创造者。

牛骨刻辞　商代

甲骨文诞生于商代后期的公元前13—公元前11世纪，已有三千多年的历史。商代人很迷信，无论什么事都要通过占卜的形式询问鬼神。出土于河南安阳殷墟的甲骨文，记载了商代王室关于婚嫁、农事、疾病、战争、天文等的占卜。

了这一领域后，才发现完全不是那么回事。既没有想象中的"瘦老头"，甲骨文也绝不是枯燥无味的东西，甚至也不艰涩难懂。至于深奥与否，那是属于学无止境的事；相反，我倒越来越觉得它趣味横生、其乐无穷：一个字仿佛一幅画，通过这幅画可以窥见古人的生活、古人的习俗；一个字又像一个谜，解开这个谜，可以了解古人的心态、古人的行为；一个字还像是一扇窗，从这里望去，可以看见古人演的许多悲喜剧。总之，古人的活动，古代社会的各个侧面，通过一个个的甲骨文，像电影蒙太奇似的浮现在我的眼前，带来无限的乐趣。这时，我才感觉到甲骨文（包括古文字学）实在是一门妙不可言的学问，就跟看小说差不多。您要是不信，就请您一页页接着看下去。

第一节　什么是甲骨文

甲骨文，顾名思义，是一种刻在龟甲或兽骨上的文字。这种文字的时代非常久远，是商朝后期（也叫殷代，公元前13—公元前11世纪）的遗物，距今已有3000多年了。甲骨文是现代汉字的"直系祖先"，是迄今所发现的最早的、可以确认的汉字系统。

由此可见我们的汉字是多么古老，称得上是世界上使用时间最长，并且唯一仍在继续使用的文字系统。

但是，如果您因此就认为甲骨文是一种非常原始的文字，那就错了。从许多方面看，甲骨文作为一种文字已是相当成熟。比如，甲骨文具备了构成文字的三个基本要素——形、音、义，即每个字都有较为固定的字形、统一的读音和确切的意义。举个例子说，"人"这个字，甲骨文写作 ㇀，像一个侧立的人形，这是字形；读音为 rén，这是字音；特指人这样一种生物，这是字义。

牛骨刻辞　商代

商人认为，牛骨或龟甲更容易通灵，他们也常用羊、鹿、猪骨等。占卜之后，商人将所卜事项记刻于甲骨之上，这就是甲骨文。

文字就是形音义三者的结合体。又比如，甲骨文已全部具备了后世总结出的所谓"六书"，即汉字的六种造字规律（指事、象形、会意、形声、转注、假借）。这些都表明甲骨文已形成了自己的规范和规律，在文字发展进程中，这是跨入成熟阶段的标志。

不过从另一方面说，甲骨文也确实带有不少原始痕迹。如结体还未完全定型，单体字可正可反（人作 ㇀ 也作 ㇏），复体字可左可右（如降字"卩"可在左边,也可在右边),有些偏旁还可互相换用(如"亻"和"女"旁)或者省略(如"婦"字可省"女"旁作"帚",其义仍为婦);同一个字也可以有不同的几种写法,或多几笔少几笔也没关系。相关的例子在后面的内容中常可见到。也正是甲骨文字保留的原始性,才使其透露出丰富的古代社会的信息。虽然甲骨文已经超越了原始图画文字的阶段,但图画的孑遗还是存在的,象形意味也较浓。有的甲骨文字单看根本就是一幅简笔画。比如像马字作 ,瞧,长着竖耳,颈有鬃髦,足上有蹄,尾巴多毛,画的就是一匹马的侧视图,非常逼真;又如犬

射箭图 汉砖

许慎在《说文解字》中说得精湛:"象形者,画成其物,随体诘诎,日月是也。"这个图就是一个人手拿弓箭跪地射击,"射"字就是其象形。

字,作 ,大口,立耳,瘦腹,翘尾,也活脱脱一条狗的形象。这是全身像。还有以局部代表全体的,如牛、羊,就只是画个脑袋: ,双角内收是牛, ,双角外弯是羊,古人的观察还是够细致的。至于日、月、山、水之类的象形字(、 、 、),就更是大家所熟悉的了。正是这种成熟性与原始性

二马图 汉砖

甲骨文"马"字是头朝上,尾朝下的一匹马。

的双重统一,使甲骨文具有特殊的价值。一方面,它使甲骨文的考释隶定(即"译"成隶——楷书)有了依据,相较那些已经死了的古文字如苏美尔楔形文字、埃及象形文字等更容易辨识。人们可以从现代楷书上溯到小篆(秦代通行的篆书)和金文(殷周时铸刻在钟鼎等铜器上的铭文),然后就可以再上溯到甲骨文,并可根据其规律触类旁通,认出更多的

羊头纹饰

甲骨文中的"羊"字就像羊头。

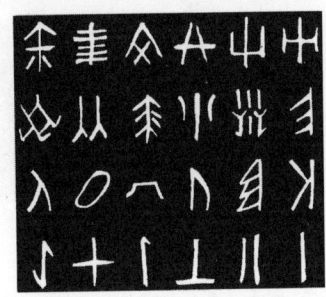

陶器刻画符号　二里头时期

汉字是由象形符号发展而来的。图中这些符号虽不一定是文字，却具有中国文字的笔画形状，与文字的产生有一定的联系，是符号记事取代结绳记事的开始。

字来。如最早见到甲骨文的学者王懿荣，他一眼就从其字形与金文相似而得出了"确在篆籀之前"的结论，另一个学者孙诒让也只用了两个月的时间来考释甲骨文，便写出《契文举例》一书——虽然其考释不大精当。

另一方面，我们也可以从甲骨文较为明显的图画意味中，辨识它所要表现的事物，理解它最初始的含义。也正因为如此，才使得我们有可能仅仅通过分析字形，就能获得大量的古代信息。其意义和作用之大，并不比卜辞本身所记载的内容逊色。在这本书的以后几章中，我们主要是从分析字形着手，尝试探索甲骨文之谜，了解古代社会的一些方方面面。

现在我们再简略谈谈甲骨文的性质。商人特别迷信，敬畏鬼神，认为鬼神是无处不在、无事不管的，所以商王无论大事小事、有事没事，都要向鬼神求吉问凶，求问的方法就是"占卜"。

商王室设有专司占卜的"卜人"主持其事。占卜的具体做法是在经过一番整治的甲骨文上钻和凿出一些浅坑、凹槽，再放到火上去烧灼，甲骨受热后便会产生一些裂纹，叫"兆纹"，占卜者根据兆纹走向、分支、长短等的不同来决定所问之事的吉凶（甲骨文中，"卜"字就是裂纹的象形，作 ）。事后，卜人把占卜的情况记录下来，刻在兆纹旁边，这就是我们今天见到的甲骨文。所以说，甲骨文是一

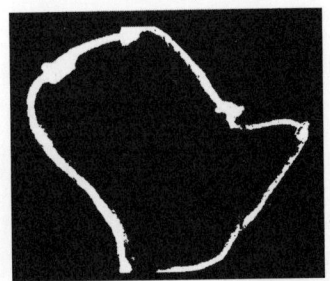

结绳记事

无文字时人们结绳记事，但它不能完全记录复杂的事物，当文明发展到一定程度后，图画和文字必然取代它。《周易·系辞》载："上古结绳而治。后世圣人易之以书契。"《说文解字·序》载："神农氏结绳为治，而统其事。"

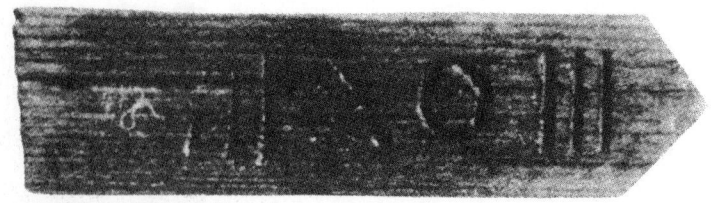

刻木记事符号

刻木记事是文字发明的先河,此图中的刻木记事符号,表示三人月圆会面和三包礼品。

种占卜文字,是古人求神问卜的原始记录,是殷商王室的占卜档案。这也是把甲骨文又叫做"卜辞"或"贞卜文字"的原因。如此看来,甲骨文可算作殷商时代的《易经》;而且尤其难能可贵的是,它没有经过后人的增删篡改,全系原始档案材料,所记载的内容也远比《易经》广泛得多:日常起居,家国大事,小到牙疼,大到战争,都有涉及,甚至没事也要卜问"今天吉不吉利?"或"下旬有没有灾祸?"等等。因此,甲骨文是从各个方面研究殷商社会的不可或缺的珍贵资料。

不过,在分析甲骨文时有个问题应该特别注意,即不能以偏概全,以点概面。一个文字有它特定的含义和局限的用法,所体现的事物不一定能代表整个社会面貌,甚至即使具有代表性,也不可能说明所有相关问题。例如商代有高度发达的青铜文化,体现在文字上是从金旁的字很多,但这并不意味青铜曾大量地用于制造生产工具,实际上青铜器的使用基本没有进入生产领域,大量的生产工具仍是粗笨的石器,这和铁器时代的铁器主要用于生产领域根本不同。又如殷商时代有不少奴隶,甲骨文字形中也多有反映,但也并不等于存在大量奴隶从事主要生产劳动的情况。当时奴隶主要用于家内劳役,这和欧洲古典奴隶制也完全不同。

刻辞龟甲全形

甲骨文虽然主要为占卜的记录,其独特的书写形式,即以利器在甲骨上契刻文字,以及它的文字结构特征都体现出了中国文字成熟初期的书法艺术风格。图右为占卜的龟甲钻灼面,左为刻辞面。

另外,甲骨文字形结构所反映的社会状况是造字时的情况,而不是用字时的情况。甲骨文已是一种相当成熟的文字,许多字离发明之时已有不短的时间距离,因此它所反映的东西也不一定全都能代表殷商时代。固然,由于历史有继承性,甲骨文也还未完全定型,殷商时仍在继续发明新字,可以把甲骨文基本上看作是商代事物的体现,但我们也得承认,甲骨文里应该还包含了不少早于殷商的东西,这也是我们在分析研究甲骨文字形时必须加以注意的。

甲骨文中包含的内容很广泛,甲骨文字形所描画的形象也非常丰富多彩,只是有的比较具体,可以一眼认出,有的则比较抽象,要细加分辨。我们只要掌握了一些基本的、规律性的东西,就可以一步步地读出字形中包含的信息来。自然,这里有个由简到繁、由易到难、由形象到抽象的过程。在后面的章节中,我们就是从日常生活方面谈起,并从最基本的字形入手,逐步了解甲骨文是如何反映古代社会的。

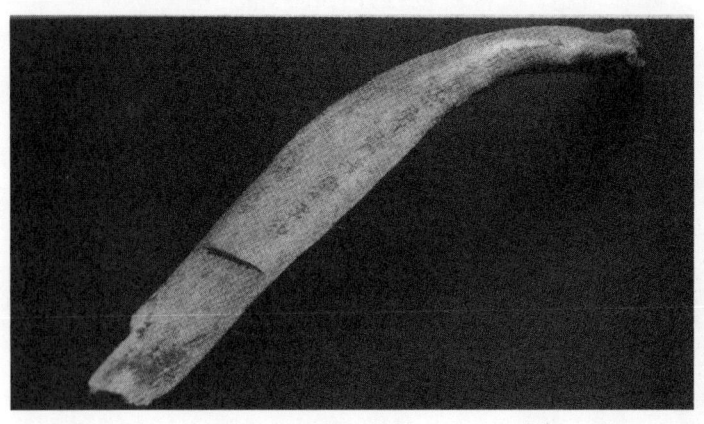

牛肋骨刻辞

这块牛肋骨刻辞,具有阅读和欣赏功能,它是中国最早的书籍装帧艺术,出土于河南安阳,上面记载的是帝王帝乙或帝辛六年的事情:正面刻记着帝辛将猎获的犀牛赏赐宰丰之事,背面刻兽面、蝉翼和虬龙纹,并嵌有绿松石。

第二节 甲骨文的发现

关于甲骨文的发现经过，曾流传着一个故事。说是在1899年（清光绪二十五年）的某一天，在清廷任国子监"祭酒"（相当于国立中央大学校长）的王懿荣先生打起了"摆子"（发疟疾），请来医生望闻问切之后，让仆人去药铺抓回一服中药。这王老先生对中医中药素有兴趣，便将药包打开仔细检视。忽然，他发现其中一味叫"龙骨"的中药上有细小的刻画纹，

金石学家　王懿荣

凭着他精深的古文字学功底，立刻就认出这是一种人工刻上去的古代文字，他欣喜若狂，马上派人到那家药铺将有字的骨头全部买下，并许愿说如再有带字"龙骨"，他愿以每个字二两银子的价格购买。从此，甲骨文才得以被人知晓。

不过很多人怀疑这个故事的真实性。一是王懿荣的儿子在记述其父第一次见到甲骨文时只说是古董商人带来的；二是当时北京药店的"龙骨"都是捣碎了卖；三是药材商人不收购有字的"龙骨"，凡有字的要刮去后才收。那么，甲骨文到底是怎样发现的呢？综合各家记载，

殷墟甲骨

殷墟甲骨文出土的地点，目前已知有侯家庄、四盘磨、大司空村、薛家庄南地、苗圃北地、后岗、小屯东南、小屯西址、小屯西北地、小屯中、小屯村一带和花园庄东等地址。

大约是这么回事：

在河南省安阳县城西北，有一个名叫小屯村的地方。当地村民在地里农耕时，经常刨出一些龟甲、兽骨来，可并没有人认识这究竟是些什么东西。农民们或用来填塞枯井，或用来磨粉肥田，最大的用途也只是当做"龙骨"卖给药材商人，一斤才值几个铜钱。这是19世纪八九十年代的事。到了1898年，这一带出土了大宗古代铜器，引来不少古董商人。其中有一个山东潍县的古董商，名叫范寿轩（范维卿），他去得晚，没有收到铜器，心有不甘，于是跑到出土现场去查看，没想到却看见堆积如山的牛骨、龟板。作为古董商人，他自然对古代文物略知一二，于是将这情况告诉了经常向他购买古董的天津人王襄。当时在座的有个天津秀才名叫孟定生，孟氏怀疑是古代的简册，叫范寿轩去找一些来看看。第二年（1899年）秋天，范氏果然带来若干甲骨，以每字一金的价格求售。王、孟二人由于财力不够，只买了一些小片的，范氏又将余下的拿到北京王懿荣处，这王懿荣是当时有名的金石学家，对古文字学有很深的造诣。他一见之下，便断定这"非篆非籀"的文字是比金文更为古老的文字，于是用重金全部买下。此后不到一年内，王氏共从古董商处收购了一千多片甲骨。由于甲骨初出，王懿荣又严密其事，因此除个别学者外，

甲骨文宝库：殷墟

殷墟是殷代甲骨文的主要埋藏地，位于今河南省安阳市西郊。殷墟的科学考古工作始于20世纪20年代。自1899年甲骨文被发现以来，殷墟出土的有字甲骨据统计已达十五六万片，著录甲骨文的书刊至少也达100多种。

甲骨文仍然鲜为人知。

1900年，八国联军侵华，王懿荣被清廷任命为团练大臣，组织民间武装抗击侵略。秋七月，北京城陷落，他在自家后花园内投水自杀，表现了一个爱国者的民族气节。王懿荣尚未来得及对甲骨文进行研究就死了，这是很可惜的。王懿荣死后，他所收藏的甲骨逐渐流散，其中大部分落到了另一个收藏家刘鹗手里。刘鹗，字铁云，号鸿都百炼生。此人在近代史上小有名气。八国联军占领北京时，他曾通过联军之手从太仓（国家粮库）里购买粮食，用以赈济战乱中的饥民，后因此获罪被流放到新疆，并且死在那里。他也有些文才，曾有小说《老残游记》发表于当时报刊，颇受时人推崇。刘鹗还喜欢收藏古董，如玺印、古陶、封泥、古钱等，而最有价值的是他所收的甲骨。刘鹗至少在1901年即已开始搜求甲骨。他通过古董商之手和派其子前往河南收购，获甲骨四千余片，加上王懿荣旧藏数百片，前后共

金石学家　刘鹗

得五千余片。1903年，他从藏品中选拓出1058片，编辑成《铁云藏龟》一书。这本书是石印本，拓工不精，印刷粗糙，但它却是第一部著录甲骨文的著作，是首批公布于众的甲骨文资料。此书出版后，甲骨文才真正广为世人知晓。

但是，在此后相当长的一段时间里，还有两个基本问题悬而未决。一个是学者们弄不清楚甲骨文究竟是从哪里出土的，另一个是对其时代难以确定；古董商人为了专擅其利，对真正的出土地点秘不告人，或者乱指一气，一会儿说是汤阴，一会儿说是卫辉。而首先解决

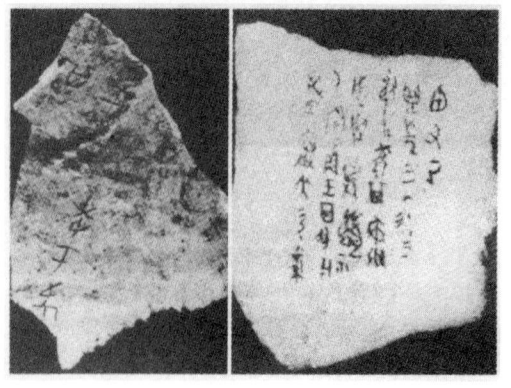

西周甲骨文

近年在殷墟以外又发现不少西周时期的甲骨文，主要出土于陕西省岐山县凤雏村古周原遗址，1977年出土17000多片，其中有字卜甲289片，内容有记事刻辞、占卜记录和数字卦象等。

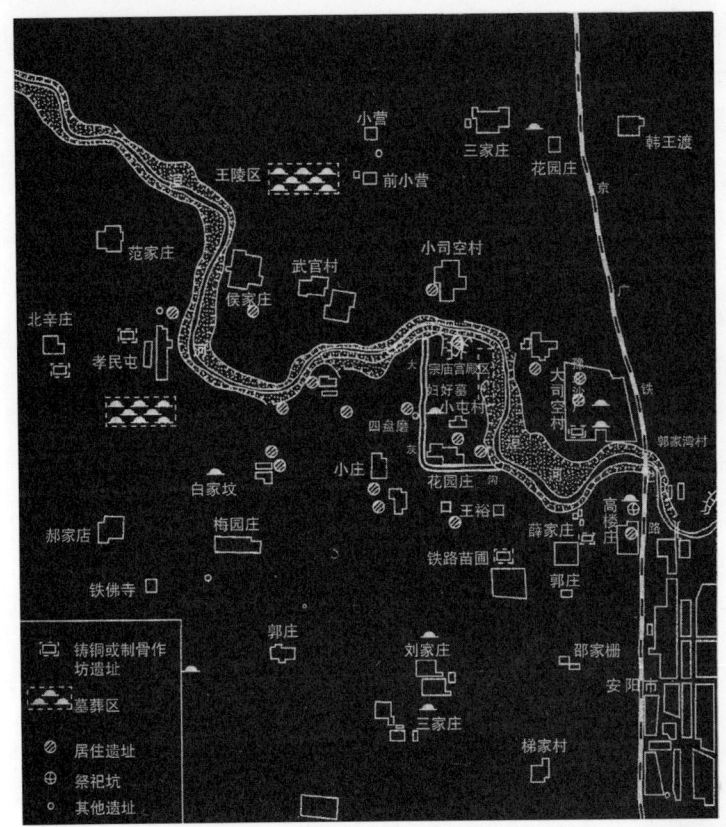

殷墟商代后期主要遗址分布示意图

　　殷墟遗址是商代后期的王都所在地。河南省安阳市西北2.5千米的小屯村是遗址的中心，洹水两岸10多个村庄都在遗址的范围内，总面积约24平方千米。经多年的考察和发掘，殷墟的范围和布局已大体清楚。洹水南岸的小屯村东北地为商代宫殿、宗庙区，周围分布有手工业作坊、居民区及平民墓地；北岸分布有大面积的王陵区。

　　这两个问题的，是甲骨学大家罗振玉。罗振玉，字叔言，号雪堂。此人在辛亥革命后以清朝遗老自居，后来又跟着溥仪在东北伪满政权做官。但他酷爱收藏，精于考据，学术造诣很高。他早年曾在刘鹗家中做过家庭教师，与刘鹗是儿女亲家。1902年，罗振玉首次在刘鹗家里见到甲骨，惊为奇宝，于是怂恿刘鹗编印成书。书成后，他又代为撰写了一篇序文。因此《铁云藏龟》的出版面世，罗氏也功不可没。

　　1906年，罗振玉到北京做官，开始搜集

罗振玉

　　罗振玉（1866—1940），中国近代考古学家、古文字学家，"甲骨四堂"之一。

甲骨。1908年，他用重金收买了古董商，终于探听到甲骨的真正出土地点是河南安阳西五里的小屯村。随后，他经过一番研究，考证出此地就是《史记·项羽本纪》中项羽和章邯"乃与期于洹水南殷墟上"的"殷墟"，为殷代王都遗址，甲骨文则是"殷室王朝之遗物"。1909年到1911年，他三次派他的亲友到安阳搜求甲骨和了解情况；1915年，他又亲自去安阳实地考察，前后共获得甲骨三万多片。因此，罗振玉不仅是最早弄清甲骨出土地点并首先考证出甲骨文时代和性质的人，而且成为个人收藏甲骨最丰富的学者。他所出版的甲骨文著录书多达五种，其精品纷呈，蔚为大观，对甲骨文的搜集、流传和研究作出了巨大贡献。后人因此将其誉为成就最高的"甲骨四堂"[①]之一。甲骨文的发现，不仅使人们见到了一种楷隶篆籀之外的且更为古老的文字，同时为解决许多历史问题以及了解中国上古政治、经济、军事、法律、思想文化、生活习俗、自然环境等方面，提供了非常珍贵的第一手资料，因此被列为19世纪末20世纪初的"四大考古发现"[②]之一。

[①]学界流传有"甲骨四堂，郭董罗王"之谚，是指四位对甲骨学作出过巨大贡献的大学者。郭指郭沫若，他在日本时曾用郭鼎堂之名发表学术文章，是第一个用历史唯物主义方法研究甲骨文的人。董指董作宾，号彦堂，多次参与、主持殷墟发掘工作，他对甲骨的分期断代至今仍被广泛采用。罗即罗振玉，号雪堂。王是王国维，号观堂。他首先将甲骨文运用于历史研究，开创了以出土文物与史籍记载互证的治史方法。

[②]除甲骨文外，其他三大考古发现为：一、敦煌石室。1899年道士王圆箓在敦煌一个石窟中偶然发现了一个藏经洞，里面藏有唐至西夏时期的文书、经卷、文物等共4万余件。二、流沙坠简。1907—1908年，英国人斯坦因和俄国人科兹洛夫在甘肃、内蒙古沙漠中的汉代烽燧遗址里，发现两批汉代简牍，共有万枚左右，以后又多有发现。三、新疆文书。从1901年到1915年，斯文赫定（瑞典人）、斯坦因及俄、德、日的探险队多次在新疆古楼兰、高昌等遗址中发掘出大量古代文书、文物，多数被盗运到国外。

第三节 有关甲骨文的常用词语

古文字学自东汉以来,在漫长的发展历史中形成了一套完整的研究体系,也形成了自己的特殊习惯用语,这对于初学者来说应首先加以理解认识。同时,我们在学习甲骨文过程中,也不可避免地要接触到大量的背景知识,这也需要有所了解。下面我们就把最常用的几个术语和相关的名词给大家作一点浅近的介绍。

殷商: 这是中国历史上的第二个朝代(第一个朝代是夏),时间约为公元前17世纪至公元前11世纪,历时600余年。第一个王即历史上有名的汤,最初建都于亳,国号曰商。至第20代王盘庚时(约公元前14世纪末至前13世纪初)迁都殷(今河南安阳小屯村一带),于兹273年,直至纣灭。所以,我们也常把商代后期称为殷代,或者概称殷商。甲骨文差不多就全是殷代的遗物。

周朝: 它是中国历史上的第三个朝代,开国君主是武王。先是建都镐(在今陕西西安市西南),历史上叫西周,时间从公元前11世纪后期到公元前771年。后因西北游牧民族的侵扰,到周平王时被迫东迁洛邑,叫做东周,时间从公元前770年至前256年。东周又分为春秋(前770—前476年)和战国(前475—前221年)两段。整个周朝历时约800年。

甲骨记事刻辞 商代晚期
甲骨文绝大多数都是占卜记录,但也有很少一部分是记事刻辞。图中这片甲骨所记的内容是"四方风名",是四个方向和相应风神的名字。

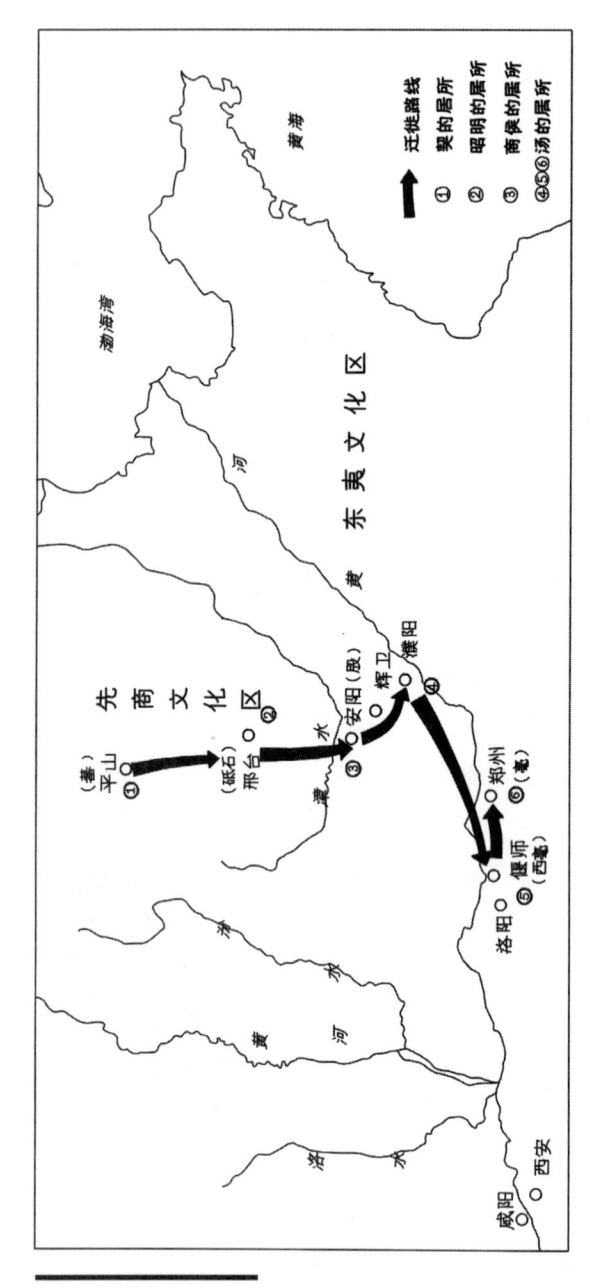

先商文化迁徙路线示意图

先商文化指商朝建立之前的商民族文化。商人是个爱迁徙的民族,但关于先商民族的迁徙路线,人们至今仍众说纷纭,未有定论,这是其中可能的迁徙路线之一。

先秦:对秦朝以前夏、商、周三个朝代的统称(也常称为"三代"),时间为公元前21世纪到公元前222年,主要是指商周时期。

先公先王:先公指古人建国前的直系祖先,因其未做君主,故称公。如殷人始祖契、王恒、王亥、示壬、示癸等,都是著名的殷先公。先王则指古人建国后已逝的各个王,在世的王(叫"时王")称已逝的王都叫先王。

金文:铸刻在殷周青铜器上的文字,也叫钟鼎文。虽然殷代也有金文,但量很少,以周代金文居多。其特点是笔画较粗壮,结构比甲骨文更规范、更美观,多长篇大论。金文上承甲骨文,下启小篆,字数多,延续的时间长,是汉字发展史上一个非常重要的阶段。

小篆:战国时,由于长期的分裂,汉字的形体在各国已出现相当大的差异，即所谓"文字异形"。针对这种情况，秦始皇统一六国后便进行了文字改革，命丞相李斯以秦国文字（秦文最接近西周金文）为基础，加以规范和美化，创造了小篆字体，颁行全国。小篆的特点是结体圆润，美观大方，高度规范。这是汉字发展史上带有图形意味的最后一个阶段，到汉初隶书流行后，汉字就成为结体方折的纯符号文字了。

《说文解字》：简称《说文》，中国历史上第一本文字学研究著作，小篆字典，东汉许慎著，所以又常称"许书"。全书分为540部，14卷，13余万字。书中搜集了小篆字体9000多个并逐一加以解释，另外还收有一些"古文"（多数是战国文字）和籀文（西周金文），保存了丰富的古代文字学资料。所以《说文解字》在古文字学上具有十分重要的地位，是学习古文字学的必读书和入门书。清人段玉裁为其作有详细注解，颇多阐发，也有重要的参考价值。

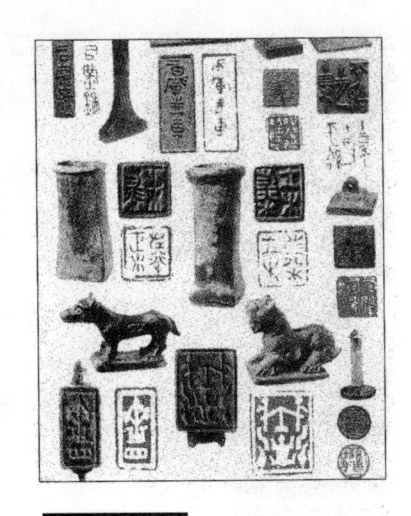

玺印文字　战国

玺印即印章，最早出现于战国，属刻印文字的一种。

文字学家许慎　佚名人物画

许慎（约58—约147），字叔重，汝南召陵人。东汉经学家、文字学家。博通经籍，有"五经无双许叔重"之评。著有《说文解字》一书，集古文经学训诂之大成，为后代研究文字学及编辑文字书最重要的根据。

六书：许慎在《说文解字·序》中总结出的汉字的六种造字方法，即指事、象形、形声、会意、转注、假借。至今绝大部分的汉字都是用这六种方法造出来的。

指事：许慎解释指事是"视而可识，察而可见，上下是也"，意思是看到它便知其所指，观察它便可了解其义。这是以指明其部位特征的方法来造字。常用一个简单的符号如小点、短横、半圆圈等来指示所要表达的部位。如在一横之上打一点，表示点在横上"⌐"，即上字，一横

金文与甲骨文对比表

甲骨文特点主要有：一是形体不很固定，笔画有多有少，写法有正有反；二是行文的程式不统一；三是笔画细而硬，圆笔少，方笔多。金文特点为：一是曲笔较多，线条粗而自然，字形趋向工整；二是金文一般都是先在模子上刻字，因此字形显得浑厚质朴，到周朝末就趋于瘦挺流利；三是字体多而不固定，一个字往往有多种写法。

下面一点就是下字，刀口上加一点就是刀刃的刃字等等。

象形： 许慎谓："象形者，画成其物，随体诘诎，日月是也。"即描画物体的具体形象来表示所指的事物，一般多是常见名词，像日（☉）月（☽）牛（♈）羊（♓）之类。

形声： 许书曰"形声者，以事为名，取譬相成，江河是也"。即以事物取名，配以声符。这是用字形的一部分表示相关的意义，另一部分表示这个字的读音，如江河二字以水形表示与水有关，工、可表示其读音（因古今音变，常与实际读音有差异）。形声是最常用（因其最简单明了）的汉字造字方法，所以现代汉字中形声字的数量最多。

会意：《说文解字·序》："会意者，比类合谊，以见指㧑，武信是也。"是说会意以两个或两个以上相关联的字形来表达一个较为抽象的意义，如止戈为武，人言为信。会意字多半是合体字，但也有单体会意的，如交、夫、母等，参见后文有关考释条目。

转注： 许慎给转注下的定义是："转注者，建类一首，同意相授，考老是也。"但千百年来关于转注的含义聚讼纷纭，莫衷一是。从字面意义看，似应为建立

《说文解字》书影　许慎著　东汉

《说文解字》是中国最早的一部古文字字典，成书于东汉安帝建光元年（121年），许慎著。全书以小篆为主，兼收古籀，按偏旁归纳为540个部首。全书共分为14卷，加卷末叙一篇，总共为15卷，收录汉字9353个，重文1163个。

在同一部首基础上的字，其意义相近，可以辗转相注。如《说文》就释"老，考也"；"考，老也"，即以耂为部首的老、考二字意义相同，可以互为注释。

假借："假借者，本无其字，依声托事，令长是也。"若需要表达的意思太抽象难于造字，或干脆懒得造字，便用一个同音字代替，有时甚至是写了错别字然后习惯成自然，约定俗成就沿袭下来的。秦国实行郡县制，大县设令小县设长，没有现成的字可以表现令、长的身份，就借用号令之令和长幼之长来代替，这就是假借字。假借有两类，一类是单纯借音，与原义无涉，一类是既借音又借义，借义与原义有一定相关性。使用假借字可以少造新字，使汉字的数量不至于无限制地增加，但也使汉字的形义与读音分离，因此部分假借字只有在词句中才能分辨其确切含义。

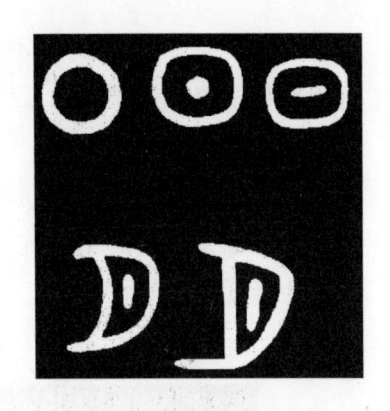

甲骨文的"日"和"月"

甲骨文中的"日"和"月"就像一轮红日和一弯新月高悬天空。

隶定：古文字学术语，意思是将甲、金文或小篆写定为后人能认识的隶书。现在虽然都是写定为楷书，但仍然沿用隶定这一传统术语。

从某（字或形）：指一个字由哪些部件构成，一般指主要构形部件，会意与形声多用。如信为从人从言，北为从二人相背，河是从水可声。

初文：或叫初形、本字，一个字最初的形状，区别于以后有所变化的形态。如闻字初文是 🖬，齿字初文是 🖬，臀字初文是 🖬 之类。

最后作个特别说明，讲古文字本来应该以繁体字为主，但现在繁体字

封泥文字　东周

古代封扎箱箧、文件时，在绳结或封口处用泥封固，上面加盖印章，就像现代用火漆加封一样，这种加封的泥就叫"封泥"。这种文字较准确地反映了应用中的印章情况。

久已不用，许多人读起来不太习惯，因此我采取了一个变通的办法：字头用**繁体**（包括异体），以合于甲骨文本形；说解内容主要用简体，以便于阅读。但这样有时会产生说解内容与字形脱节之感，需要在阅读时随时与**繁体**字或甲骨文字形相对照。为了尽量避免这种情况，我又在觉得必要的地方于说解中插入个别繁体（异体）字。至于这样做好还是不好，只有让读者朋友来评说了。

图画式甲骨文

甲骨文大多图形意味浓厚，文字学上称为象形文字。它是现存中国最古老的文字系统，目前发现大约有 4500 个单字，可识者约 1/3。其基本的词汇、语法、字形结构与后世汉语基本一致。

第二章
甲骨文中的人体形态

　　人首先是从自己、从自己的同类那里来认识自己的身体。由于对自己的身体非常熟悉，所以甲骨文往往能抓住人体的主要特征，准确、形象而又简略地勾画出所要表现的主体。其中有整体的人形，也有人体的各个部位，大多能使人一目了然。我们各举数例来介绍之。

甲骨文卜辞

　　此片为殷墟牛肩胛骨，安阳小屯出土一期卜辞，最早罗振玉于1914年著录在《殷墟书契精华》，编为第2、3片，后《甲骨文合集》收入，编号为6057，记载土方和卫方侵扰商朝东西边境的战争。

第一节 整体人形

大 🧍 这是大小的大字,像一个伸手叉脚正面而立的人形。由于甲骨文是用刀刻在龟甲或兽骨上的,故其笔画只有单纯的线条且没有粗细之分,但它仍然把人形的头、手、身、脚明白无误地表现出来。而差不多同时代的金文(铸刻在青铜器上的汉字)就更加形象,写作🧍,像个现代健美运动员。但为什么用这个字来表示大小之大呢?古人认为人类在自然界中居于十分重要的地位,是万物之灵,把人与天、地并立,合称"三才",即三种最具创造能力的事物;并进一步认为人的作用更在天、地之上,叫做"人定胜天"。因此东汉文字学家许慎在他的名著《说文解字》中说:"天大地大人亦大,故大象人形。"这个四肢伸展正面而立的全身人像,由于象

周公辅成王　汉砖

甲骨文中的"夹"字是中间一个大人,左右两个小人搀扶这个大人,为辅助之意。"夹"字的本义是"在左右辅佐",例如《左传·僖公二十六年》:"昔周公太公……夹辅成王。"

征着人类巨大的力量和宏大的气概，所以就借用为大小之大。

天 🙂 人的头上加一横，象征人头顶青天。这个字形要表示的不是人形，而是以人作标准，用一横来指明是人头顶上的东西（青天）。这种画出某一形象，而又用一个简单符号指明其要表现的部分，是"六书"中指事（又叫象事）最常见的结构。

夫 🙂 成年男子称为夫。古代男子到20岁为成年，要举行"成丁礼"，叫"冠礼"，即把头发束起来用簪子别上，再戴上帽子。所以有人以大上一横表示簪子。

伕 还有人则认为与冠礼无关，说一横像扁担之类，表示可以荷担重物即从事体力劳动的人为夫，即人伕之伕的本字。

交 🙂 像一个人双脚交叉，盘脚而坐。这是古代南方少数民族的坐姿。《礼记·王制》记载："南方曰蛮，雕题交趾。"雕题是文面，交趾即盘腿。意思是南方人叫蛮族，有文额头和盘腿而坐的习俗。秦汉在南方设交趾郡（大部在今越南境内），其名称即来源于此。交趾又称交胫，《山海经·海外南经》有交胫国，郭璞注："所谓雕题交趾者也。"后抽象其字义为交互之交。像这样用某种具体形象来表现抽象的意义，是六书中"会意"（也叫做"象意"）的一种，即单体会意。

立 🙂 像一个人站立在地上（一横象征

位 地面），即站立的立字初文。若是两个

商代泥塑人形

"人"是万物之灵。在甲骨文中，人字是侧立着的一个人，上端是头，向侧下方伸展的那笔是臂，中间是身子，身子以下是腿。图为殷墟出土的正、侧面泥塑站立人形。

并

人并排站立,作 㚘,就是竝字,或者又写作 𣎴,即并,前者是二人并立的正面像,后者则是二人并立的侧面像。为了和二人相跟从的从字（𠂇）相区别,两个人之间还用一短横连起来,表示这是并排而行不是前后相跟。这两个字形就是竝、并二字的初形。这两个异体字到近代仍在通用。

人

𠁼 这是个侧身而立的人像,即人字。竖立的曲笔表示人的头、身、腿,左边一短笔表示人下垂的手臂。以这样简单的两画居然能如此明白形象地表现人体这么复杂的事物,我们真要对发明此字的人五体投地了。这充分反映了古人准确把握事物特征和高度概括抽象的思维能力。人字在汉字中除了用作单字外,还广泛用作构字部件,如单人旁"亻"之类。其演化脉络如下:

$$\text{𠁼} — \text{𠂉} — \text{人} \begin{cases} \text{亻} — \text{亻} \\ \text{人} — \text{人} \end{cases}$$

| 甲文 | 金文 | 小篆 | 隶书 | 楷书 |

卩

音节 jié

𠃌 像一个人蹲坐在地上之形,这种屁股着地、双膝高耸的坐姿,又称为蹲踞或高坐。古代坐姿有三种,除蹲踞和前面"交"字所表现的盘腿而坐外,还有一种叫做"跽坐",即膝盖着地,臀部坐在脚后跟上,现在又叫跪坐。甲骨文中有卩字,作 𠃌,即跽坐的形象。上古房屋低矮,人们进屋只

跽拜者 汉砖

《说文解字》说:"跽者,长跪也。"双膝着地,臀部坐在脚跟上,就叫做"跽坐"。

能坐在地上，跽坐就是古人席地而坐的一种习惯坐法，也是礼貌的坐姿，跪拜之礼便是起源于它。秦代以前，人们无论男女，都只在外面穿裙袍，里面是不穿裤子的（有的少数民族至今犹存此风），如果蹲踞或盘腿而坐，万一露出些什么来，岂不羞煞人也！这当然也是极不雅观、极其失礼的行为。而跽坐则可以避免这种令人难堪的事发生。因此古人甚至把是否习惯跽坐作为衡量一个民族文明开化的标志。大约而言，中原民族习惯跽坐，东部海岱各族习惯蹲踞，南方少数民族则习惯盘腿。殷周人用"尸"字来称呼东方少数民族（也就是后来的夷字，即东夷之夷），即含有鄙视其不知礼仪之意。跽坐的方式则一直沿袭到隋唐时期，以后才改变为坐高脚椅凳。至今日本人仍较多地保留了这种跽坐方式，就是从唐朝学过去的。而现代日语中仍把盘腿叫做"胡坐"，则从语言学上证明了这种坐姿的起源。

夷

女 这是女性之女的两种写法。前一种像人双手交叉扶膝跽坐，这是表示恭敬、顺从的姿态。女子性情柔顺，在社会和家庭中地位也较低，这个形象正是其写照。这是从身体姿态上突出女性的性格特征。后一个字形则像人胸前双乳巨大，是从身体形态上突出女性的生理特征。隶楷的女字就是把字形中的身子拉直并横写而演变来的：

| 甲文 | 金文 | 小篆 | 隶书 | 楷 |

跽坐妇女图　汉砖

　　甲骨文"女"字就像一人跽坐，双手交叉胸前，与此图的姿态完全一致。

每 　　👤 女字头上一横，像女人头上插笄（音机 jī，簪类）之形。古代无论男女，童年时都是披垂着头发的，到成年时才束发。女子束发用笄别起来，所以女子成年也叫"及笄"。男簪为夫，女笄为每。及笄的女子（女十五岁及笄）已是大姑娘，可以出嫁为人妻母了，所以字或从母作 👤，与楷书每字从母相同。

老 　　👤、👤 这是老字的两种写法，都像个披发、佝背、拄杖之人。在上古只有老人和儿童才披散头发，青壮年由于要劳动，所以必须把头发挽束起来。不束发的是野蛮人，不像今日披肩发、披头士是时髦。这两个字形不仅披着头发，而且佝腰驼背，手里又拄着拐杖（下部那一竖笔），活脱脱一个老人形象，把老年人的特征很准确生动地描绘出来。另外甲文中有考字作 👤，与老字形似义近。后人称过世的父亲为考，即考妣之考。

兒 　　👤 兒（儿）字。人（👤）上面的 👤 像张口露齿之形（参见后面齿字条）。人仰头张口，表示对食物的企望，这一形象令人想起小鸟儿向妈妈要食的样子。这是突出小儿嗷嗷待哺的特征。发明这个字的人也是非常善于抓住事物特征的。

子 　　👤、👤 这是孩子的子字。原本为婴儿之形：上面的方框表示婴儿的大脑袋，因为甲骨文是用刀刻的，难以画圈，故以方代圆；左右两笔是婴儿的小手手，或一上一下或双手上举，表示婴儿的活泼之态；婴儿都包存襁褓中，看不到双脚，俗话叫"蜡烛包"，所以字形下半截只有一笔，表示已裹成一团了。

《甲金篆隶大字典》中的"子"字

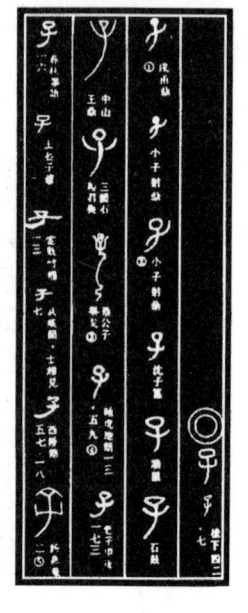

| 亟極 | 🗝 像个顶天立地的侧视人形。人能顶天立地，肯定极高，为世界之最，所以此字的本义就是最高，隶为亟，即今极字繁体——極。《说文解字》："极，栋也。"栋指屋脊下面的那根檩子，为屋内的最高点，这是以引申义为解。后但凡至极、顶极之义，不论长短大小、具体抽象，都可用极字形容，如极胖、极瘦、极好、极坏、极香、极臭，如此等等。

| 从 | 🗝 二人相跟从之形，所以有随从、服从的意义。这种以两个或两个以上的形象（不一定是相同的形象）去表示另一种意义的字，是"六书"会意字中最多见的字。如现代汉字中的不正为歪，上小下大为尖之类。

| 北 | 🗝 二人相背而立，即背离之背本字。这本来也是个会意字，后来却被假借（借之声）为北方之北，而以形声字背字代指其本义。

"从"字图　汉砖

　　甲骨文中的"从"字，是两个面朝左边站立的人，一个跟随一个，表示是前后相从之意。

第二节　局部形象

一、头面部

首　首脑之首，即脑袋之形。这虽然不大像是人的脑袋，但头发、眼睛、嘴巴俱全，与上古两河流域苏美尔人的头字极近：，竟然都是长嘴。若在下面加个跽坐的人形，如 ，则是頁（简体作页）字，页也是脑袋瓜子。画个人形而突出其脑袋，表示这是人的脑袋而不是其他什么东西的脑袋。所以现在汉字中许多从页的字都与脑袋有关，如题是额头，顾是回头看，颗是小脑袋等等。金文首字作 ，只剩头发和眼睛，小篆为 ，脸部已变成"自"（鼻子，详见下），成为隶楷首字的直接渊源。

頁

長　这是 長（长）字，像人头顶之上有长发飘飘，古代无论男女都从不剪发，因为"身体发肤受之父母"，是不敢随便毁伤的。上古把剪发作为一种刑罚而施于犯罪之人，叫做髡刑（髡音昆kūn），类似于剪阴阳头、剃十字。人身上最长的"零件"莫过于头发，若任其生长，一般可达人体全长的三分之二到四分之三，个别的还会超出体长，这是用长发之形表示长短之长的原因。长发的原义在现代汉字结构中仍有迹可寻，一些与毛发有关的字就从彡（長字的变体），如髻、鬓、髦等等。

玉面人目　商代

甲骨文中的"目"是画的一只眼睛。图为商代的单眼人面玉饰像。

面

甲骨文長字又写作 ↗，像披发拄杖的老者（老年人可披发），所以长字又有年长、长老之意。

㋐ 脸面的面字。外框表示脸框，中间是个眼目的象形（见下目字条）。为什么脸框上只画一只眼就表示人的面部？大约因为人脸上最引人注目的东西就是眼睛。一则它黑白分明，反差大；二则它最不安分，随时都在东瞅西瞧、左顾右盼；三则它表情最丰富，据说可以从中窥见人的心灵深处，就像窥视他人窗户。所以人看人，首先是盯着别人的眼睛。我想这就是脸面之面只画眼睛而省略口鼻、眉毛的原因吧。

目

👁 眼目之目，像人的眼睛。蒙古人种（黄种人）和其他人种的眼睛相比有个最大的区别，即内眼角多个皮肤褶皱，叫"内眦褶"或"蒙古褶"，它使我们的眼睛看起来显得内大外细并略向外上挑起，俗称"丹凤眼"。这个字形很准确地显示了这一典型特征。如果另外在眼目之下加个人形，作 𥃩，表示人睁大眼睛，有所见也，即看见的见的繁体見字。

见

媚

𡠺 千娇百媚的媚字。上半部之 ⚘ 为眉毛之眉，但其

人的面部表情　骨管刻纹　仰韶文化

人的面部表情十分复杂多变，喜、怒、忧、思、悲、恐、惊是人的七种表情。图为仰韶文化时期的骨管上，刻画有哭、怒、笑表情的人面。

人面纹　青铜器　商代

甲骨文中的"面"字，外部画了一张脸的轮廓，中间是一只大眼睛（目）。这恰是后世所说的：有面有目，谓之"面目"。

眉 形不像是眉毛，倒像是长着长睫毛的大眼睛，并且是丹凤眼；下半部分是个女字，合起来就是一个女子睁着一双毛茸茸、扑闪闪的丹凤大眼，娇媚之态跃然眼前。人美之处，以眼睛为最，不能想象一个虽有蛾首蛾眉桃腮樱嘴的女人却生就一双三角眼或疤拉眼还能美得起来。自古形容眼睛美丽的词句很多，如眼含秋水、美目盼兮、勾魂摄魄……可见眼睛的美学价值极高。媚字从女而突出其美目长睫，真有画龙点睛之妙。

耳 耳朵的耳字，人耳朵的象形。但我看它似乎更像是一把板斧，尤显阳刚之气。大约那时的男人们都不怕老婆，扬眉吐气，所以耳朵也硬伸伸的，不像如今有这么多的炮耳朵。耳朵的功能是聆听，所以听（繁体作聽）

聽 字甲骨文作 ，从耳从口，表示耳朵生来是听话的，尤其是听父母或长辈的话。这上下两个口，不知是不是指父口和母口，要是父母一致，众口一词倒还罢了；如果公说公有理，婆说婆有理，各执一词，那就惨了，不知究竟听谁的。但若有那兼听明理、通达四聪

聖 之人，就成了人间少有的贤哲，称为圣（圣），写作 ，从耳从口从人，表示圣人就是能听会说的人。

"耳"字

甲骨文中的"耳"字就像人耳朵的样子。

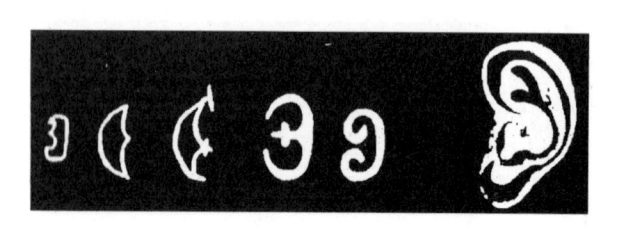

闻

甲骨文中还有一个听闻的闻（聞）字，作 ⽿、⽿，在人的头上特别画上只耳朵并且以手拢之，表示有所倾听。以手拢耳相当于增加了耳廓的面积，像个雷达一样，加强了耳朵接收声波的能力，可以使人听得更加清楚。可见这个字也造得十分生动。

自

⾃ 自字，人鼻子的象形。画了眉间和鼻梁上的几条皱纹、部分眉弓以及鼻翼。人在自指时常习惯用手指着自己的鼻子，所以用鼻子的形态来表示自我的自。到现在也还有人爱跷起大拇指点着自家鼻尖说"我……"如何如何。比如大歌星费翔在唱"一把火"时，就反复比画着这个动作直喊"照亮了我！"可见古今皆同。

鼻子还有初始的意思，这是因为动物出生是鼻子先露出产门，然后才露出全身，所以把始祖也叫做"鼻祖"。人出生时则是脑袋先露出产门，所以叫做"首先"。

口

⼜ 像个张开的嘴巴，口字。口在构字中用得很广泛，但也并非所有的口形都表示嘴巴，它还有一些其他的含义，如表示祭器、神坛以显神圣之义等。人口的功能有二，一是吃喝，二是说话。能吃能喝是人的福分，打胡乱说却容易招祸。西周时，厉王讨厌老百姓说他的坏话，抓住乱说的人就杀，以致熟人在街上见面也不敢打招呼，只能以目示意。这口的功能便失去了一半。他的大臣劝他说："堵老百姓的口比堵河里的水更危险。河水堵了就会溃决堤防，造成灾害；老百姓的口被塞住了，还能拥护你多久呢？"厉王不听。不久，忍无可忍的百姓们终于造起反来，把厉王赶出了国都，让他凄凄惨惨地死在外

甲骨文中的"自"字

"自"字在甲骨文里像个鼻子，因此《说文解字》说："鼻也，像鼻形。"

头。这真是个发人深省的故事。

齿 ▢ ▢ 一繁一简的两个形象，都像口中有上下两排牙齿，不过似乎有点稀稀落落的。从殷人到今人，牙病都经常困扰着我们。殷人常患齿疾，见于甲骨文记载；今人牙病之多，也能在我们嘴里体现——很少人牙齿没出过毛病。俗话说："牙疼不是病，疼起来真要命"，我就见过因受不了牙疼而呼天抢地要投水上吊的。这都说明我们实在应该重视口腔卫生，加强口腔保健。

中国人的牙齿结构很有特点。人类学家发现，自北京猿人以来，中国境内所有的人类牙齿化石几乎无例外地都具有铲形门齿结构，而现代华北人的门齿也同样具有这种铲形特征，这显示了北京猿人与现代中国人的连续演化关系，证明了中华民族至少自五六十万年以来就是这块土地的主人。

齿字到战国演变成 ▢ 形，或者又加上一个表示其读音的声符"止"成 ▢，变为一形一声的形声字，即楷书齿（齿）字所本。

舌 ▢ 口中伸出舌头，不仅发了个岔，还唾沫四溅，舌头的象形。《山海经·海外南经》有"歧舌国"，据说舌尖就像蛇一样分为两爿，因而特别灵活，能言善辩，这大概就是画其形态，以特殊代表一般。由此可知古人已深入了解舌头在说话中的地位举足轻重，所以汉语中有"舌绽莲花""巧舌如簧""嚼口舌""舌战"等词语，对舌头在说话中的作用予以充分肯定。也因此之故，

言 甲骨文中言语之言和声音之音不分，都作舌头之形，同

音 为 ▢、▢，所以后来又在口中另加一横作为音字（▢），以示区别。

须 ▢ 人口之下生毛，胡须的鬚（须）字。这个人当然

是男人了。人身上的毛发都有特殊的功用，如头发能防晒、保暖、抗意外击打，眉毛、睫毛可以防水防尘保护眼睛，腋毛有减少摩擦力的作用等。但胡须的功能却令人费解，而且为什么男人长胡须而女人没有？这个奇怪的现象连科学家们都还没有完全明白。一种流行的说法是：远古男人外出打猎，需要在烈日下或风雨中追逐猎物，常顾不上擦去满脸的汗水雨水。为了不让这些脏水流进嘴里喝进肚里而生病拉稀，所以便在嘴巴周围进化出许多又粗又密的毛来起到引流的作用。而女人在家里带孩子做家务，没有日晒雨淋之虞，所以下巴光光的。我个人认为还应该补上一条，即男人在脸上长些乱草似的东西更有助于隐蔽自己，接近猎物，否则一张张小白脸在森林里乱晃，野兽们早吓得远走高飞了。这好比美国枪战片中的士兵脸上都抹些乱七八糟的油彩是一个道理。到金文，鬚字变作 ，像人满脸胡须，已近楷书。

而　　另外，甲骨文中还有个"而"字，作 、，《说文解字》释为"颊毛也"。因此而字本义也是胡须之形。汉朝有所谓"耐罪"，相当于二至四年有期徒刑，

耐　　被判这类罪的人要被剃去胡须和鬓毛，比全剃去头发的髡刑要轻一等。耐字小篆作 ，从而从寸，寸同又，手的象形（见后手足部又字说解），以手向须，正合去除胡须之义。

二、胸腹部

乃　　 有人以为像乳房之形，即奶的初文。但其结体太过简单，难以确定，暂录于此，以备查询。甲骨文中多

奶　　用为虚词。

亦　　 在人的胳肢窝下点上两点，以标明所指部位，即

腋 腋窝之腋的本字。这原是个指事字，但因这个字后用作虚词，其本义渐失，所以另造形声字"腋"以代之。

身 身体的身。画个侧立的人形。再画一个ᴄ形体号，表示所指人身上的这一截部位，即躯干，而不包括头部和四肢（但后来也概指全身）。这种在整体中指示某一局部的符号叫做"指事符号"。类似的指事符号还有点（如上举"亦"字两点）、短横、小圆圈等。有人以此字为孕妇的形象，说"有身"即是有孕，这是误把指事当成象形了。金文更在ᴄ下加一短横表示从这里"截止"，以强化其所指部位，写作 ，楷书身字即由此而来。

心 心胸之心，像一颗心脏。用桃形来表示人的心，直到今天也还很流行。譬如画上两人在谈恋爱，一方双手捧出一颗红颜色的桃子，那就是他（或者她）献出的爱"心"。

殿 屄 臀 看了前面的"身"字，大约也不难猜出这个字形所指了，即人的屁股，臀部的臀之本字。这个字演变到小篆时就失了本形，变成 （屄），那个指事符号ᴄ转了个九十度的角变成"几"，还跑到最下面去了；中间又被加上个"兀"（兀、几都是矮凳子），表示臀部是用来坐的。到楷书又加上"殳"（音书 shū）和"肉"（月），表示这里的肉特别肥厚是最适合挨板子的地方（殳是一种武器，又是一种刑具），于是演变成现在的"臀"字。另外，因为臀长在身体的后部，所以把最后边的位置叫做"殿"。如走在最后叫做"殿后"，比赛的最末一名叫做"殿军"。

三、手足部

又 人手之形，这是以三个指头代表一只手。奇怪的

第二章　甲骨文中的人体形态 | 33

手 是甲骨文没有"手"或从手的字，凡是从手者全都从"又"。金文手作 🖐，像五指之形，但似乎已是较省变的形象了。而甲骨文中的"又"字在单用时也没有了手的含义，只有在作左右之义时还与手有一点关系（用右手 ㄐ 之形为

右

左 右，左手 ㄏ 之形为左，至于在行文中是用作左右之义还是其他意义，要联系上下文来看），但在作构字部件组成其他字时，却都表示人手。除 ㄐ、ㄏ 外，又字还有一些变体，

爪 如 ㄟ（爪、⺤）、ㅌ（彐）、ㄐ（力）

力 等等。

丑 ㄋ 像指爪勾曲之形。以手抓物，若想抓住不放，指爪必然勾曲用力，才能抓紧抓牢，此所谓扭住不放是也，因此我以为丑的本义就是扭。扭字于指爪之外又加扌旁，是强调其用手，同时也为区别于坐了地支第二把交椅的子丑寅卯的丑字。至于丑用作丑恶之丑，则是后来的借用简化字。

九 ㄋ 像手肘屈曲，"肘"的本字，后借其声为数目字九。

肘 我认为甲骨文中的数目字从一到十多数是"算筹"的形象，算筹是我国古代特有的一种计算工具，用小竹、术、骨条等制成，大概是由原始的树枝草茎计数法发展来的。这种计算方法

手　达·芬奇　素描

　　甲骨文中的手字就像一只大手，上部是手指头，下部是手臂。

龟甲记数卜辞
　　现在已发现的甲骨文中，记录的最大数目是三万。这些数目的记数法和我们现在用的十进制记数法已完全一致，这是数学史上的巨大的贡献。我国是世界上最早应用十进位记数的国家。

一二三四五六七八十 廿 卅 卌 百 千 萬 蠆

音念 niàn
音萨 sà
音系 xì

称为算筹法，是珠算的前身。一根横放的算筹代表一，两根代表二，三根代表三，四根代表四（☰）；五则是用两根算筹斜着交叉 ✕（也写作 ✖），六是摆成向上的尖角 ∧（也写作 ⋀），七是一横一竖 ╋，八是一左一右 ⋏（也写作)(），十是一根算筹竖着放，与一的横放不同。只有九例外，是个假借字，不知在地上如何摆法，这些数目字，不禁令人想起半个世纪前仍在中国旧式商人中流行的"码子"。这是一种主要用于记账的数目字，其 123456789，写作 Ⅰ、Ⅱ、Ⅲ、✕、 乂、⊥、т、⊥、攵，这也是从算筹演变而来的，因此很有点像甲骨文。

再顺便介绍一下其他数目字：将两根竖放和一根横放的算筹交叉 ⊥⊥，即廿，二十；三根竖放一根横放 ⊥⊥⊥ 是卅，三十；四十是 ⊥⊥⊥⊥，隶定为卌；甲骨文百字写作 百，是一种容器之形；千作 千，像人腿上一横，其原义不明；万（萬）作 萬，是蝎子之形，即虿（蠆）的本字。万是甲骨文中所见最大的数目单位，其最大的数字是三万。从民族学的角度看，原始民族的数字概念很差，一些部落最大的数字只有三，再大就是笼统的"多"了。商人已有了百千万的概念，但这三个字都是假借字，大约也不能用算筹摆出来，只能书写。可见这些较大的数目概念都是文字产生以后才有的。

左 肱 尋

同肱
音公 gōng

以 ⊃ 形符号表明指的是手臂（上臂），因此这也是指事字，即股肱之肱的本字。上臂是最显肌肉的地方，凸起的肱二头肌是强有力的象征，所以旧时常把皇帝倚重的大臣称为"股肱之臣"，犹如现在说"左右手"或"得力臂膀"。

像双臂张开以量长度。古代度量不精，以人身体的某一部分为长度标准，如以腕横纹处为寸，金文寺字

寺寸　作 ![字], 下面所从之寸就是以一长点指向手腕以表示, 现在中医也把这叫做"寸口"; 前臂为尺, 甲骨文、金文中都没尺字, 秦代小篆作 ![字], 大约是由 ![字] 讹变而来, 原本是指前臂, 所以近掌下缘那根前臂骨现仍叫尺骨; 双臂平伸为寻（尋）, 这是比尺更大一级的单位。周代规定十寸为尺, 八尺为寻。到近代, 西南一些少数民族仍以双臂为丈量布匹等的长度单位, 叫做"一排"。

疋　![字] 人的腿足之形。《说文解字》："疋, 足也, 上像腓肠, 下从止。"腓肠指小腿。从字形看, 实际上这是包括大腿的整个下肢。

止　![字] 由人脚板 ![字] 形省变而成, 即"趾"的本字。和手形"又"一样, 也仅由三趾代表五趾。这个字在构字中也用得很多, 其形态有左有右, 时横时竖, 或正或倒, 常隶定为止、㐅、夂、屮等等。

吴城殷代陶文

吴城遗址位于江西省清江县一处有名的商代文化遗址。考古工作者在该遗址出土了一大批商代文化遗物。

第三章
甲骨文中的衣饰装扮

人为什么要穿衣服？通常的说法是为了御寒和遮羞。但是为什么只有人才需要遮羞？而且热带的人类也不须御寒。

这是个谜。按一些外国学者的看法，丈夫的嫉妒是衣物的主要起源（间接地也是羞耻的起源）。说是在一些民族中，男人和未婚少女都赤条条来去无牵挂，因为他们是自由的；但已婚妇女则必须穿衣服，因为她已"名花有主"了。衣物在这里成了所有权的标志，起到了保护已婚妇女不受他人侵犯的作用。有利于此说的证据是，贞节观念越强的社会，女人被包裹得越紧，反之则越暴露；不利于此说的证据是，在那些非常自由开放的民族中，完全裸身的例子毕竟是少数，难以用妇女赤裸与否来证明男权是否产生，二者之间没有必然的联系。我们目前所知道的仅仅是，衣物起源的时间至少已有两万年之久，在北京山顶洞人遗址中就发现了骨针和身上佩戴的饰物，说明其时人们已会缝制衣物，且有了爱美之心。

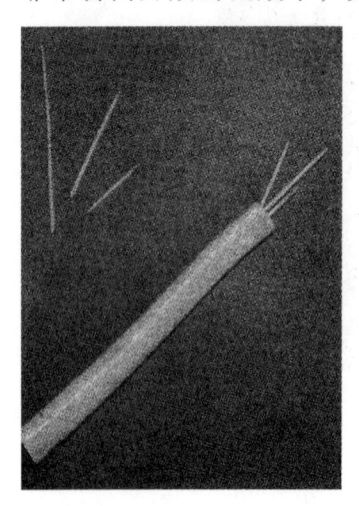

骨针（附针筒）

距今 5000 多年，1980 年内蒙古包头东郊出土。针最长 10.5cm，最短 3.8cm；针筒长 15.3cm，用动物肢骨加工而成。

第一节 发型与头饰

人的头部，既是长毛最多的地方，又是最显眼的地方，所以从古到今，都是人类爱美之心体现的重点。尤其是女人，发、耳、眼、鼻、唇、齿、脸、脖，无一处不狠下功夫，必欲完美无缺而后快，为此甚至不惜挨刀、挨枪（激光枪）。柏杨先生曾说，做女人的头发最遭罪，吹烫剪染，捆扎卷缠，与受刑差不多（大意如此）。以至有人发誓诅咒说"谁他妈要是不'落教'，下辈子变成女人的头发！"殷人也不例外，头上的饰物也是多种多样。除前面谈到的簪、笄（见"夫""每"二字说解）外，还有其他种类：

免 冕 像一个人头戴 形帽子，这是免字，即冠冕之冕的初文。从字形上看，这是一种圆顶并将头发几乎完全盖住的帽子，有点像瓜皮帽。这种帽子古代叫"皮弁"，用皮革制作而成，是一种礼帽。冕字后来成为帝王所戴"旒冕"的专称，其实最初只是称普通的帽子。但即使在上古，普通老百姓（庶人）也是不能戴冠着弁的，而只准戴头巾。

皇帝旒冕图

妍 、 像女子头上螺髻高耸、上插双笄之形。1983年4月，河南省光山县发现一座春秋墓葬，女性墓主名叫

双笄螺髻

"孟姬"，其发型正是这种高耸的螺髻，并且也交叉插着双笄，笄的样式同样也作 ▮ 形，与此字完全相合。从妍字看，这种发式早在殷代已经流行。女子梳这种发式显得高雅清丽，所以妍字引申义为形容女子容貌美丽。

美 美丽的美字。像人头上插了些羽毛。许多民族都有在头上插羽为饰的习俗，认为这是美的象征。至近代，我国一些少数民族（如羌族）以及美洲、非洲、澳洲等地的一些部落仍然流行此俗。从这个字形看，中国人古代也以此为美。一般所饰都是鸟身上最长、最漂亮的尾羽，而且以野雉（野鸡）尾羽居多，至今我国古装戏中的一些角色也用雉尾插在头上，以表示英武、勇猛。金文美字作 ，尤其形象如画。

参 关于这个字的所象之形，说解颇多。我认为人头上的品字形小块应为珠玉之类，整个字形就像人满头珠玑，珠光宝气，所以参（參）字本义是指一种头饰。周代金文至小篆，字上半又从晶莹之晶，从 作 ，可为一证。因人头上的这类装饰物总是掺杂使用，参差点缀，所以引申出参加、参差之义。后借用来指天上的星宿名——参宿，即猎户座。《诗经·唐风》有"三星在天""三星在户"之句，即指此。这是全天空中最美丽、璀璨的星座，就像人头顶上一簇晶莹剔透的珠宝钻玉，所以用此字来命名它。又因参宿以三颗排列成一线的亮星为特征，所以在金文中或又借用作数目字叁（參），并在字下加三撇示意，作 ，这便是楷书"参"字所本。

允 人头上饰"英雄结"，即用一块布将头缠起来，并在额顶挽个结，类似现在彝族男性的头饰。"允"也是上古少数民族名，居住在河套地区，头饰英雄结是其特征。至西周时叫猃狁，秦汉间称匈奴。

羌 𐩱人头上饰羊角之形，即头戴羊角冠。羌是西北少数民族，为"西戎牧羊人"（《说文解字》语），以牧羊为生，头饰羊角是其特征，所以用羌字来表现。字又或作 𐩱，羊角冠下垂一条大辫，知羌人也梳辫子。此字下面的人形也可写作女（甲骨文中"人"与"女"部常可互用），即姜

姜 （𐩱）字，羌人即以姜为姓。

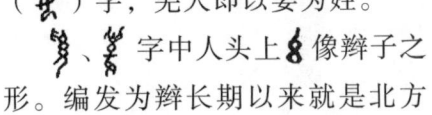

奚 𐩱、𐩱字中人头上 𐩱 像辫子之形。编发为辫长期以来就是北方一些少数民族的习俗，沿至近现代仍有满族人的长辫，蒙古族人的短辫，维吾尔族姑娘的小辫，以及藏族、彝族妇女的大辫等等。金文孼字作𐩱，像个小孩子（𐩱 为

孼子 子字异体）头上梳两条辫子，表明上古中原儿童也有编发为辫的习俗。奚字所表现的辫子在人顶门上而不在脑后，与殷墟曾出土的一种玉人（其身份为奴仆）自头顶中央辫发相同。字上 𐩱 为手形，整个字形像以手抓人发辫，有俘虏之意。因此，奚是被殷人俘虏的周围少数民族转变而来的奴仆，他们主要从事家内劳动。

妾辛 𐩱字从辛（𐩱）从女，女子头上有"辛"。关于辛形的含义，说法很多，我以为此处的辛形应是表示一种发式，即现在民间称为"顶顶髻"或"冲天髻"的发式，古代称为"椎髻"或"总角"。这是一种儿童发式，在

童 头顶作 𐩱 形。金文中"童"字也从辛作 𐩱，即僮仆之

捧奁女奴　画像砖　南朝

图为出土于江苏省常州的捧奁女奴画像砖。

第三章　甲骨文中的衣饰装扮 | 39

僮

僮的本字，男奴为僮，女奴为妾。普通男女成年要行冠笄礼，把头发挽束起来，表示可以嫁娶。而僮仆是奴隶，没有自己独立的家室，无所谓嫁娶（古语"娶则为妻，奔则为妾"，可见妾是不论婚嫁，只算是私通性质的），所以到老都是总角装扮。在甲、金文中，凡从辛在人头之上的字，多半与奴仆罪隶有关。

辫发玉人像

图为河南殷墟出土的辫发玉人，头上发式为殷商时期奴仆们最常见的发式。

第二节　衣物与体饰

上古人穿着较为简单，但身上的装饰物却不少，而且可能比衣物出现得还早，这可以从近现代一些少数民族几乎裸身但却遍体饰物可见一斑。殷人衣物的种类也不多，相比而言，身上的饰物则丰富一些。

衣　像人的上衣形。古衣形制：三角形交领，左襟掩住右襟，并从右边绕到腰后，再用带子束住，称为"右衽"，这是中原汉族的习惯；右襟掩压左襟称为"左衽"，是少数民族的习惯。所以古人常以"左衽"代指少数民族。古衣的形制，类似的上衣直到现在也还有人穿。字形即衣形的省变，省去了衣襟，只是画出交领和衣袖之形。初民无衣，先是以兽皮裹身，方法是斜披在肩上然后左右一抄一掩，腰部再捆上一根绳子，这种衣服式样即由此演变而来。

初　字右边是一把刀（见第十三章第一节刀字），举刀向衣，表示裁剪衣服。《说文解字》释："初，始也。从刀从衣，裁衣之始也。"非常正确。最初的衣服很简单，也不讲究样式，只要能穿就行，所以裁衣之前并不比量，也不画线，估量着拿起刀就开裁，因此裁衣之形的"初"字就有了

商人的衣服

开始的意义。

乍 作

徐中舒老师解作缝衣之形：像刚做成衣服的领襟部分，像缝纫的针脚线迹。省去线迹，就成了后一字形；若再加上人旁，就成为作字。卜辞中乍、作不分，是一个字的两种写法。缝衣就是作衣，由此作字又引申出造作、兴起之义。

制作衣服是精巧活儿，所以"作"一般是妇女的事。男人则是做工，工字表示的是手工活儿（见第十三章第一节工字条）。推而广之，针线活儿也叫"女工"（也写作女红），即女人的手工活儿；或者把所有的活儿都统统称为"工作"，以示男女平等。

依

人在衣中，衣裹人体，即穿衣之形，因此这个字的本义就是穿衣，即作动词用的衣字。后借为依倚之依，而穿衣之义仍用无"人"的表字，如《史记·淮阴侯列传》："解衣衣我。"后一个衣字就是穿衣的意思。

卒

衣上有 乂 或 ×，表示衣服已经破烂不堪，已成网状（甲骨文网字作 、 ），不能再穿了。所以卒字有终了、完结之意。如事毕为卒事，人死为身卒。或又将字形看作衣上有花纹，《说文解字》卒字下说："卒，衣有题识者"，并云是皂隶穿的衣服。所以卒又作兵卒走卒之卒。

裘

衣上有毛，裘皮衣服之形。古人穿皮衣是毛在外，大概最初人以兽皮为衣，就向兽学习，将有毛的一面穿在外头。后来人们发现翻过来穿更暖和，所以就有现在毛在里面的穿法。不过至今兽毛在外的皮衣仍叫做裘皮大衣，那是十分昂贵的高级时装。这个字后来发生讹变，变成手上长毛的 形，即"求"字，以表伸手求告之意，于是又另造从衣求声的裘字来表示原义。

朋

金文中还有图形文字 。这两个形象一

第三章 甲骨文中的衣饰装扮

玉
贝

个侧面一个正面；一个项戴玉饰（甲骨文"玉"字作 ¥、丰，串玉之形），一个项戴贝饰（甲骨文"貝"（贝）字作 ⊃，货贝——一种海贝——之形），这是古代的项链。上古常以骨、角、牙、玉、贝等作装饰品，而最珍贵的还是玉石和贝壳。玉、贝（货贝）在当时还是货币，使用时也如项链一样串成一串，每两串为一个计算单位，就叫做朋，从字形上看，串玉是"珏"，串贝是"朋"。每朋两串

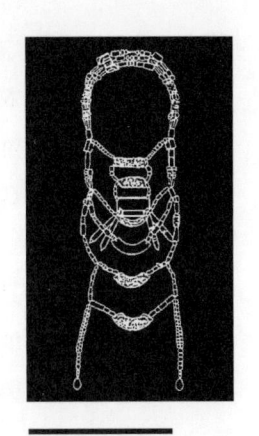

四珩四璜联珠串
这是妇女颈上挂着由玉、贝等做成的装饰品。

珏

（因此朋有成双成对之义，如朋比、朋友），每串三枚。而珏字后来则成为一种玉饰的名称。

黄
璜

黄、黄 按郭沫若先生的解释，人形中的 ⊖、⊐ 为玉佩之形，字即"璜"的本字。璜是玉佩的一种，半环状，作 ⊂ 形，双璜则成环。若在腰上左右各佩一璜，就成字形所示的样子。古代男女都喜好在身上佩玉（但也只有贵族才有资格佩），除美观外，还认为有避邪除秽的作用。

不过以黄为璜的说法很难令人信服，字形中本来没有半环，哪能强把一个环一分为二？依我之见，黄字本是腰带之形，字像一个人腰际围了一个圈，甚至再加一横以强调其腰带之义。金文多有赐"赤市朱黄"之语，一般据《礼记·玉藻》注，释黄为"佩玉之璜也"。但璜与市（即蔽膝，类似围裙）相对，唐兰先生认为是一种服饰，应该不错。具体而言，应是腰带，就像后世赐蟒袍玉带一样，是两件一套的官服行头。

因腰带横系在人的腰间，所以黄又有横义。不仅横

字从黄，璜、簧、潢等字也都有横义。古代腰带用于束衣，扎在衣服外面，其装饰性很强，既能悬挂一些小佩饰，本身又可染成各种颜色，绣出各种花纹，镶嵌金银珠玉等等，所以黄字又借用为黄色之黄。

文 紋　🯄、🯅像人身上的花纹（繁体作紋），隶定为文，其本义就是花纹之纹。从字形看，这是文身之象。文身的习俗在许多民族中都广泛存在过，如古代东夷、西南夷、吴越、三苗等，近代黎、壮、傣、高山族等，国外如澳洲、太平洋诸岛等，都有文身的记载。并且是越近赤道越流行，这和气候炎热少穿衣物有关。北方寒冷，衣裳遮身，文身再多也没人看见。文身的意义、作用因民族、地区、时代的不同而各异，有以作装饰的，有以辨族属的，有以表身份的，有以别男女的，有以分长幼的，有以示婚姻的，等等。事实上文身的习俗自古以来一直没有间断，如岳飞在背上刺"精忠报国"，《水浒传》中九纹龙史进身上文了九条青龙，以至于现代流行于一些青少年之间的刺青。只是其意义已大为不同。

尾　🯆像人拖着一条尾巴，这是古人的一种装饰——尾饰。《说文解字》尾字条下说："古人或饰系尾，西南夷亦然。"是说四川先民有在屁股后面装一条假尾巴的习惯。其实古代许多狩猎民族都有这种模仿鸟兽形态的习俗，如马家窑文化的陶器上就有系着尾饰跳舞的人形。大约他们很是不明白，为什么鸟兽都夹着尾巴而人类却独独没有？因此愤而安上一条假的以示对造物主的不满。

第三节 梳妆与洗浴

从近现代原始民族来看，没有哪个不爱美的，无论男女，多少都有些装饰物。但对于清洁卫生就不一样了，有的民族爱洁成癖，有的虽满身珠玉，却也满身怪味；甚至还有的一辈子只洗三次澡：出生时一次，结婚时一次，死亡时一次；平时则不失足落水不洗澡。从甲骨文看，殷商人是既爱美又爱卫生的民族，梳妆洗浴是他们每天必做的事情。

監 左边一个容器之形，即器皿之皿（见后面"皿"字条），右边一人而突出其目，为"見"字。整个字形像一人睁大眼睛在往器皿里窥看。古人没有镜子，要看清自己的面容只有"临水而照"，即用一种大口浅腹盆装上清水，以作梳妆打扮时照面之用，如字形所示的样子。由窥看义，监（監）字又引申为监视、监督之监。

鑑 这种照面用的盆子也叫做"鑑"，后来把镜子（铜镜）也叫鑑，加金旁是因其用金属制成。

若 像人双手上举梳理长发。梳头的目的是使头发柔顺，就像电视上洗发水打的广告："它使您的长发更柔顺。"所以若字有顺从、顺应的含义，

神兽纹铜镜　三国吴

《说文解字》："镜，景也。从金，竟声。""景"是"影"的古字。这里说镜子照物而呈影像。由于古代没有玻璃，都是用金属制镜，铜制特别多，因此"镜"字从"金"。

诺
沬
沐

也许就是"诺"的本字。

像人在"皿"边用双手洗头洗脸之像,这是沬字,也是沐浴的沐的本字,其义为洗头。古人工作一段时间后(一般是十天)就要放假一天,让大家洗头洗澡,搞搞个人卫生,叫做"休沐日",犹如现在的星期天。传说西周初年周公摄政时,因忙于治理国家而没有一点休息时间,连吃一顿饭洗一次头都三番五次地被人打断。后来就用"一饭三吐哺(吃到嘴里又吐出来叫吐哺),一沐三握发"来形容求贤心切,善待人才。

汰

人身上下有水,像人正在洗澡冲凉之形,即汰身之汰。引申为涤除杂质,即汰涤、淘汰之汰;又因洗澡水很脏,故汰又有脏的意思,比如形容人不讲卫生,身上污浊肮脏为"埋汰"。不过美人的洗澡水就不同,不仅不脏,还别有一股清香味。比如当年王昭君洗过澡的一条小溪,就名为"香溪"。据说常用溪水洗浴的姑娘,不仅体蕴芬芳、香气袭人,还手如柔荑,肤如凝脂,欺霜赛雪,比当今的名牌护肤系列还神效。

温
浴

像人在皿中,周围有水,也是洗澡之形。不过这是盆浴。洗澡水既不能过冷,又不能太烫,只能是温水,所以用作温和、温暖之温。也有人释此字为"浴",从字形上讲可通,但以卜辞中用为地名看,还是释温较好。

沚
湔
凡

足周围有水滴,洗脚之形。民间俗话说是"每天洗脚,当吃补药",可见经常洗脚对身体大有好处。现在大街上开了许多"洗脚房",在广告中大谈洗脚的健身作用,不过一般工薪族消费不起。甲骨文中还有一个"湔",作 ,字形下半部为凡字,是盘、盆类容器的形象,与皿同义,这又是在盆中洗脚之形。

第三章　甲骨文中的衣饰装扮　｜　47

澡堂洗浴　线描　清代

　　"浴"字本义是洗澡，甲骨文中的"浴"（temp）字下部是一个大器皿，中间站着一个曲背弯腰的人；人的周围有四个"点儿"，表示有水。图为清代澡堂洗沐的情形。

第四章
甲骨文中的饮食习俗

国人特别重视口腹之欲,号称"饮食文化",连圣人也"食不厌精、脍不厌细"。这部分就给大家介绍一些古人的各种饮食器具、食品以及与饮食有关的行为。

酿酒图 汉砖

第四章　甲骨文中的饮食习俗　｜　49

第一节　饮食器具

从传世和出土文物看，殷周的饮食器具种类繁多，制作精美，而且大多已演变为包含政治意义的"礼器"，可见这饮食文化至少也形成三千多年了，值得骄傲。大概而论，这些器具可分为炊器、食器、酒器等几大类。今各举数例于下。

一、炊器

鬲 音利lì。

𠕄、𠕅 字即形的剖视图：鼓腹，三足。鬲的最大特征是三足肥大，而且中间是空的，称为"袋足"。上古无灶，凡炊器都有足，在足下烧火以使器内食物得到烹煮。由于四壁无遮挡，所以热利用效率很低。而袋足可以使受热面积增大，提高热利用率，起到节约柴火、缩短烹煮时间的作用。这种科学的炊具在新石器时代晚期便已出现，可见我们的老祖先早就知道节省能源，以预防能源危机。

陶鬲　春秋
鬲，为古代的煮烹炊具，此鬲出土于江苏省六合县程桥镇程桥中学校址。鬲高17cm，档高5cm，口径17cm。

鼎

具

鼎最初是一种烹煮食物的器皿，其形制大体而言，和后世的香炉仿佛。如今考古出土的一些陶鼎铜鼎，下部就还留有烟炱痕迹。至殷周时代，鼎已由炊器演变为礼器，专用于祭祀、朝聘、宴飨等重大场合，成为宗庙重器、宝器。甲骨文具字作，正像双手捧鼎上献之状，所以具字有具备、准备好的意思。殷周时作为礼器的鼎多用青铜铸成，胎体厚重，花纹繁缛。

司母戊大方鼎　青铜　商代

鼎是青铜铸成的礼仪用器，象征权力和用于祭祀。在商周时代，青铜被称为"金"，是一种贵重的金属，只有君王和贵族才能拥有。这个鼎重832.84千克，是世界最大的古代青铜容器。

从这个字形看，口沿立有双耳，腹部饰以弦纹，足上有扉棱装饰，正是铜鼎形状的写照。鼎作为所有礼器中最主要的宗庙重器，在先秦统治者的心目中其重要性非同一般，是权力、地位乃至江山社稷的象征。按周代礼制，天子拥有九鼎，诸侯七鼎，大夫五鼎，士三鼎，不得僭越。传说，周天子的九鼎是大禹所铸，由夏、商、周一代代传下来的。公元前592年，

列鼎　青铜器　商代

鼎是西周最能显示等级的礼器，九鼎代表周天子，诸侯用七鼎，卿大夫五鼎，士三鼎。

楚庄王北伐陆浑戎（一支少数民族），把大军驻扎在周都洛邑附近，并举行阅兵式，有向周天子示威的意思。当时王室衰微，周天子只好派人去犒军。使者到了楚营，楚庄王不怀好意地问九鼎的大小轻重，流露出觊觎周天子政权的野心。这就是"问鼎中原"的故事。到战国时，却不知何故，这传国之宝沉没于泗水之中。秦始皇统一中国后，为了证明自己"受命于天"的合法地位，曾发动上千人去泗水打捞。据说刚把鼎捞出水面，忽然从水中跃出一条龙来，咬断了系鼎的绳索，鼎又复沉入水中，九鼎就此失传。

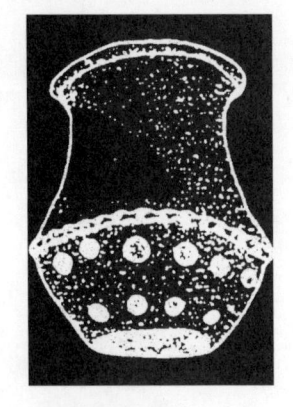

陶甑　龙山文化

"甑"是古代的蒸食炊具。新石器时代已有陶甑，商朝和周朝又有用青铜制成的甑。甑的底部有许多透蒸汽的小孔，可放在鬲上蒸煮，很像现在的蒸笼。此甑出土于河南省郑州的龙山文化遗址。

鬳
同甗

甗
音演 yǎn

这是一种蒸煮器，由上下两部分组成。下半部分一个鬲；上半部分一个无足漏底的鼎，叫甑。有的两部分铸为一体，有的则可以分合。这实际上就是蒸锅。甑底有箅，使用时将食物放在箅上，在鬲中烧水，利用产生的蒸汽把食物蒸熟。后来在字的右旁加瓦，作甗。

甗

甗有青铜制的也有陶制的，上部是透底的甑，下部是鬲，上下之间有一层带孔的薄箅子，这种炊具盛行于商周时期。这个带有饕餮纹饰的甗，出土于陕西省长安县。

二、食器

皿 、《说文解字》释为"饭食之用器也",是盛食器的通称。字形即像一个盆的剖视图,有的还带双耳。皿器既然可以盛食,自然也可以盛水,所以凡盛食、盛水之器,都可用皿字作为构字部件。

皀 簋 殷
音轨 guǐ

、字形主体部分 像食器"簋"。上面冒尖像盛的食物,这是簋字初形。此字也作 ,隶为殷(同簋),像以手持匕(勺匙)取食之形。簋是"黍稷方器也"(《说文解字》),即盛粮食米饭的容器,所以凡与吃饭有关的字,常以此形作构字部件。但我们在考古和传世中所见到的簋都是圆形,而不是方的,只有部分有方座;一般是浅腹有耳,矮足或圈足,有点像盆子。铜簋在作为礼器时,其重要性仅次于鼎,所以和鼎一样上面常布满繁缛的花纹,西周铜簋上还多有铭文。

乙公簋

此簋为圆腹,有盖,四足,底部圈足。器和盖对铭,文为"白(伯)作乙公尊簋"六字。

豆 一种高足器,字形正显示其高足特征。《说文解字》说:"豆,古食肉器也。"文献中常笾豆连称,笾也是一种盛器,都用于祭祀。

三、酒器

商人嗜酒，多见于文献和金文记载，传说中也有殷纣王"酒池肉林"的故事。其实周人也爱喝酒，不仅金文中常有赏赐"秬鬯（音巨畅 jù chàng）一卣（音有 yǒu）"（黑米酒一罐）的记载，而且传世与考古发现的西周酒器其数量、质量也不让殷商。殷周酒器种类繁多，有贮酒器、温酒器、注酒器、挹酒器、饮酒器之分，其中以贮、饮二类器物为多。

覃醰 覃，醰（坛字的异体）字的初文。其下半部像一个敞口束颈尖底的坛子。上半部也写作 ，像一袋包裹起来的粒状物。金文作 ，也是一包沙粒或者米谷之类。现在我们可以看到在一些小酒店中，常用一块布包上一袋沙子，作为酒坛的盖子使用，这样既能密封坛口不使酒走味，又能方便开启。这个字所表现的也是这种覆以软盖的坛子，因此应当是贮酒用的酒坛，此字即今坛字。

壶 、  字形就是壶（壺）形的

铜卣　商代

卣，古代的一种盛酒器。在商代一般的庶民阶层所用器皿大多为陶制，但造型与青铜相似，他们死后，照例少不了在墓中随葬一两件陶爵、陶觚、陶卣等酒器，以表明他们饮酒的嗜好。

㪍父壶

这件西周晚期的青铜壶造型硕大，盖上雕刻有莲瓣，壶身两侧雕刻兽神衔环，口和腹部饰波浪纹，圈足饰重鳞纹，有铭文。1966 年出土于湖北省京山县。

爵 青铜器 商代

商代早期的爵，为束腰、平底、短足、圆柱无纹饰；中期则没有明显束腰，三足也较长，普遍有饕餮纹或圆圈纹等带状纹饰；晚期出现了雷纹、龙纹、蝉纹、蚕纹、龟纹、鸟纹等多种，具有极高的艺术价值。

写生：小口长颈，鼓腹圈足，双耳有盖，十分形象，考古出土的壶正是如此。壶是盛酒器，常用于祭祀，其形制既有圆形，也有方形。先秦的壶许多是通体花纹，造型精美，艺术价值很高。

爵 、 爵是饮酒用的杯形器，也有人认为是温酒器。它的形状为：三足，腹部有耳，口沿上有双柱，口沿前端伸出部分称"流"，后端伸出部分叫"尾"。字形与器形密合。上古只有贵族才能主持祭祀，拥有一套祭器。而在主要祭器中爵是最小的一类，所以贵族最低限度也"有爵"；如果连爵都没有，则肯定没有受过封赏，自然就是庶人。由此引申为爵位之爵。按徐中舒老师的考证，殷人有四种爵：侯、甸、男、卫。后世则有五等爵位：公侯伯子男。

勺 勺是舀酒水的器具，即长把瓢，便于从坛中把酒舀出来。所以《考工记》注谓："勺为酒尊中勺也。"

斗 甲骨文还有斗字，作 ，也是一种长把瓢，天上的北斗七星就是排列成这个形状，所以称为"斗星"。中国

虎逐羊勺 青铜器

虎逐羊勺为古代的把酒器。以动物造型为器物的装饰，具有北方原始文化色彩。

古代叫斗的星座有两个，北斗以外还有个南斗，又叫斗宿，是二十八宿之一。但斗与勺究竟是一物二名还是有所区别？《考工记》注曰："勺，尊斗也"；《说文解字》则云："枓，勺也"。斗勺互训，可知二者的区别有但不大。有人说斗是舀水的，勺是舀酒的，恐怕古人没那么严格的区别。《诗经·小雅·大东》："维北有斗，不可以挹酒浆。"挹就是舀。天上的斗不能用来舀酒，人间的斗自然就是舀酒用的了。可见斗不仅用来舀水，也用来舀酒。又有人从形制上区别二者，说是柄安在器身腰际者为斗，在口沿上为勺，但无旁证。以我之意，二者应是大小的不同，大者称斗，多用来舀水，也可舀酒浆；小者称勺，多用于舀酒，也可以舀汤水。证据是二者容量不同。《考工记·梓人》："勺一升"；《说文解字》："斗，十升也"。

升　　另外，甲骨文升字作 $\mathcal{F}$，形状像斗而另加几小点以示挹酒水，可见升也是一种勺斗类的器具，同时也作为容量单位，十合为升，十升为斗。

秦代量具"升"
　　甲骨文中的"升"字就像一把勺子，其口中的一点表示盛的东西。

第二节　食物饮品

　　古人的食品，种类也很丰富，有荤有素，主食为粮食，肉类的食用也很普遍，家畜家禽、野兽野鸟都是口腹之物；上古无茶，尽管畜牧业相当发达，但不知为什么，好像不大吃乳品（此俗至今犹存），饮料只以酒为主。

米　像米粒之形。古人称米，不是单指某一种粮食，而是五谷的通称，凡去皮去壳的粮食都叫做米。现在把稷叫小米，黍叫黄米，稻叫稻米等等，就是米泛称的遗迹。米是古人的主食。南方人吃稻米，用以蒸或煮。煮饭用鼎，多熬稀饭，大约也有"焖锅饭""随水干"之类；蒸饭用甗（见前饮食器具类），类似现在的"甑子饭""沥米饭"。北方人吃粟米，是磨成粉吃，主要是煮面糊和烙饼，故在北方考古中常出土石磨盘、石磨棒和鏊锅。

烝　蒸（音蒸 zhēng）　蒸字的初文。中间之甑形，其上热气蒸腾，应是表示甗甑之类的蒸煮器；最下面为"禾"字，示意所蒸为粮食类。当时已有的粮食品种如稻、麦、粱、稷等，都可以蒸着吃，以历来出土甗甑之多，也可见殷商人喜欢吃蒸食。到现代，无论是南方人或北方人也仍然偏爱蒸饭蒸馍。也就因此之故，烝字又有众多的意思，如先秦典籍中的"烝庶""烝民"，就好比说"众百

第四章 甲骨文中的饮食习俗 | 57

姓""广大人民"。蒸的食物除了吃以外，还经常用来敬神。此字形两边的手，就表示以双手捧之，含有进献之义，因此献祭也称为蒸，如冬天进行的祭祀叫冬烝，以半边牲体为祭叫房烝。蒸饭时，热气从下往上冲，由此又喻义以下淫上的行为，即地位或辈分低的男子与地位或辈分较高的女子发生性关系叫烝。如春秋时晋献公娶了其父晋武公的小妾齐姜，《左传》就说是晋献公"烝于齐姜"。

齍 音姿 zī 这是个商代金文。《说文解字》："齍，黍稷在器中以祀者。"字形中的 ，即齊（齐）字，也是黍稷类粮食颗粒的象形，也兼声符；最下面的 颇疑是火字，上面为匕匙（用于取食）之形，如此则此字不是以黍稷为祭，而是煮饭之形了——这是将米和水放到一起煮至水干饭熟的"焖锅饭"。

肉 就像一刀"饱肋肉"（胸肋处的肉膘厚而饱满，故称）。小时候看捏面人，那活灵活现的"小媳妇回娘家"，就提着这样一块令人馋涎欲滴的肥肉，给我印象极深。若是两块肉重在一起，就是多，写作 ，有两块肉就多，可见吃肉不易；金文"有"字作 ，就像手中拎着一块肉，表示拥有的意思，可见吃肉是钱"多"富"有"人家的事。《左传·庄公十年》有"肉食者谋之""肉食者鄙"之语，老百姓常年吃素，当官的随时吃肉，以至"肉食者"成为官僚们的代名词，犹如现在说"吃公款者"不会是指老百姓一样。

會 膾 金文作 、 诸形，都像在食盒中盛有细碎的食物，即膾（脍）的本字。脍是切碎的肉末，孔子说"食不厌精，脍不厌细"，此之谓也。古人吃肉，爱做成羹、酱、末等，大约因其耐吃，肉少人多，可以一人尝点。又装脍的器物为"合"，甲骨文作 ，下为器

鼎
音酱 jiàng

酱

上为盖，盖与器身必相密合，故合有会合之义。

🝑《玉篇》释鼎字为"煮也"，字像在鼎中煮肉之形（上左 🝑 为声符，表示读为"牂"音）。甲骨文、金文中有"鼎隤""鼎享"等词，即以鼎为祭享，可见这是一种食品，也就是现在称之为酱的东西，字也是酱（醬）字初文。不过这不是甜酱、辣酱，而是肉酱，即典籍中的醢、羹之类。上古醢还是一种酷刑，就是将人煮成肉酱吃掉。当年楚汉相争时，项羽捉住了刘邦的老爹，放到阵前一个大案桌上，要刘邦速来投降，否则就要将他爹宰了熬汤锅。谁知刘邦说："我俩是结拜兄弟，我父亲就是你的父亲。你一定要煮了你父亲，煮熟了请分我杯羹。"弄得项羽倒没了办法。

鬺
音商 shāng

羞

𦎧
同炖

炖

獻

🝑《说文解字》："鬺，煮也"，字像皿中有羊，这是煮羊肉之形。先民们似乎对羊情有独钟，特别偏爱，凡美味字多从羊，如鲜、羹、羞（馐）、善（膳）等等。羞字甲骨文作 🝑，像以手抓羊肉之形，表示有馐馔进献；骨文中还有 🝑 字，隶为𦎧，《说文解字》："𦎧，孰也。从𦉢从羊，读若纯，一曰鬻也。"这个字现在写作炖，炖肉之炖。肉炖久了就会烂在锅里，成为一锅肉粥，所以说是"一曰鬻"。

🝑 左边一鬲，右边一犬，烹狗之形。上古狗肉的地位是很高的。经常作为祭品贡献给神灵祖先，所以用

单耳有流鬲　青铜器　商周

这件鬲出土于山西省曲沃县曲村晋国墓地。它与一般的鬲不同，在宽宽的口沿部位做出了短而粗壮的流，并与之相应地在对称部位铸出了结实的把手（即鋬），这样在烹煮完毕后，无需借助其他工具就可把羹粥美食倒出，功能上较为进步。

第四章 甲骨文中的饮食习俗 | 59

作献享之献（獻）。但不知为什么，中古以来狗肉的名声每况愈下，先是把它看作鲁莽粗俗之人的代表性食物，如樊哙、鲁智深便是屠狗啖狗的名人；近世甚至连普通百姓也不大吃狗肉了，说是腥膻之外，还会"燥火"，让人流鼻血或屙不出尿等等，民间因此有"狗肉上不得宴席"的俗语。当年我下乡当知青时，馋慌了捕捉流浪狗，也要放许多柑子皮一起煮才敢吃，据说这样可以减少副作用。

音获 huò

镬獲蒦隻

鬲形中的 为捉获之获（獲）的初文蒦，也是一只鸟的只（隻），上半是"隹"字，即鸟的象形（参见第九章第一节·三·隹字条）；鸟身周围数点表示汤水。合在一起看，整个字形就像捉到一只鸟放在鬲中和水煮之，这是吃鸟肉。但后来镬字的煮鸟之义渐失，变成名词，为鼎镬之镬（大锅），它不仅用来烹鸟煮肉，还用来烹人。这是古代的一种酷刑。秦末汉初的人似乎尤爱此法，如当时的名士郦食其、蒯通还有前面讲过的刘邦父亲就被烹或差点被烹了。

音吾 wú

虖盧爐

、 或又释为盧（卢）字，像在 （炉架）上穿着一条鱼，烤鱼而食之形。字下或又加火成 ，亦即爐（炉）字，更显烤鱼的本义。因炉上不仅可以烤鱼，任随什么东西都可以烤，所以甲骨文中卢为烤肉之义，如"卢豕"，意为烤猪肉。

酒酉

字形左边为"酉"，酒缸之形。从大汶口文化到河南安阳殷墟都曾出土过这种敞口尖圆底的大型陶缸，大约是半埋于地下的酿酒之器。酉字又

大口尖底陶缸
出土于山东省莒县杭头遗址；为大汶口文化典型陶器。

写作🍶，似乎器形为小口细颈折肩尖底，但殷周考古中从未见这类器物。其实🍶是🍶形的讹变，因为甲骨文是用刀刻出来的，所以笔画显得方折。右边三点，像酒香外溢或酒液外流。酒因其香醇，令人陶醉，古今中外因饮酒误己误人误事误国者，何止千万！商人嗜酒，从殷王、诸侯到朝中百官，都沉湎酒中，荒废政事，最后导致了亡国。周初以此为鉴，周公因作《酒诰》，列举殷人以酒丧国的恶果，告诫臣民不可贪图安逸，耽于享乐；并严禁酗酒，如有违反禁令聚众私饮者，要处以死刑。一篇《酒诰》，现在读来仍如《警世通言》《醒世恒言》《喻世明言》。

酿酒图　汉砖

图为汉代画像砖中酿酒场景。

鬯　音畅 chàng

鬯，酒名。《周易》郑注："鬯，秬酒也"，是一种以黑米为原料加香草酿造的酒，所以字形为器中有米粒状物，下承以另一容器，表现的应是"包茅缩酒"之形，即用香草滤酒，以增其香醇。《左传·僖公四年》记载，齐国想找借口讨伐楚国，就指责楚君说"尔贡包茅不入，王祭不共，无以缩酒"。意思是你久不进贡香茅草，让周王祭祀时连滤酒的东西都没有，可知这种酒多用于祭祀。金文和文献中还常见周王以"秬鬯一卣"（即黑米酒一罐）赏赐臣下，这种用作祭祀和赏赐的御酒，当然是顶级品牌的美酒，相当于今天的茅台、五粮液，味道肯定好极了。

录　同录

像吊起一个口袋，上面紧束袋口（ㅂ为束形），

第四章 甲骨文中的饮食习俗

渌 漉
音录lù

周围有液体下滴，这是滤酒之状。字同渌，即漉之本字，其义为过滤之滤。《说文解字》中漉字或写作渌，解作"浚也"。而沥字也解作"浚也；一曰水下滴沥"。正合字形所示。旧时农家酿酒，要将酒与糟分离，就用布口袋过滤；方法是将口袋吊在屋梁上，下面接一个容器，先让酒液自然下滴，最后则不断绞紧袋口，挤出剩余酒液。这个字表现的就是这个过程。可见殷人曾用过的这种造酒之法，直到近代仍在民间使用。

曹 糟 甘

上面两个口袋（参见第十四章第四节東字说解），下面一个容器，这也是滤酒之形。不过这里要表现的不是滤酒过程，而是滤酒后剩下的酒滓，所以这里没画酒液下滴；同时，为强调所指为上面口袋中所装之物，还画了两个口袋，因此这是酒糟之糟的本字。《说文解字》糟字籀文作 ，下从酉；金文曹字则作 ，下从甘。从酉从甘，都指明其为酿酒之糟。

一般情况下，人只吃酒而不吃糟。不过我倒是吃过多种糟。一种是醪糟，那是美味，人人都爱吃；第二种

酿酒图

是农家酿酒剩的糟，还可以吃；三是酒厂的糟，那真是糟粕，味同嚼蜡。灾荒年间，有一次养猪场从城里酒厂拉回一车玉米糟来喂猪。刚卸下车，一个约七八岁的农村小孩突然将手伸进桶里，抓了两把糟就往嘴里塞，被管理员逮住，让其在冬天的寒风中站了几个小时。过后我也偷偷尝过那糟，不是饿昏了的人根本就难以下咽。

汉代画像砖　酿酒图

第三节　吃喝拉撒

这一部分包括与饮食有关的行为。

盥　　🖐 盥洗之盥，像皿中盛水而伸手其中，洗手之形。先秦时代没有筷子，吃饭都用手抓，所以饭前必先洗手。吃抓饭主要用拇指和食指，而尤以食指最重要。古人爱食肉羹，尝羹时多用食指蘸起来吮，这是把这个指头叫做食指的原因。春秋时楚人献了一只大鳖给郑国。子公因事去见郑灵公，走到门口，食指忽然无故自动，于是对同行者说："只要我的食指一动，那定是有好吃的了。"一进门，果然看见厨子正在剖鳖。郑灵公知道了子公的这一"特异功能"，在请众人吃鳖羹时虽把子公叫来，却又故意不让他吃，意思是看你的特异功能这回还灵不灵。子公火了，不顾礼仪抢步上前，硬将指头伸进鼎里蘸了一下（"染指于鼎"），到底尝到了鳖味。这就是"食指大动"和"染指"的典故。前者的意思和馋涎欲滴差不多，都是形容极想吃东西的样子；后者则是喻指插手谋取不当利益或权力的行为。

方匜　青铜

匜是一种"盥器"，即洗手洗脸的用具。前有流，后有鋬，便于装水后倾倒出来以供洗沃。

歙飲 ▯、▯ 这个字通常隶定为歙，是飲（饮）的异体字。字形像一个人张口伸舌俯身在酒坛上，饮酒的形象十分明确生动。此人定是个酒鬼，才如此抱着酒坛子牛饮。

食 ▯、▯ 下面一簋，上为簋盖，正在揭开；揭开盖子见食物，可以吃饭了。食物上的几点表示饭的香气蒸腾，香味四溢，说明簋中食物已熟正热，引人"食指大动"也。

即 ▯ 一人跽坐于食簋旁边，表示"来就餐"之意。所以《说文解字》释"即，即食也"，小徐注："即，就也。"有凑近、靠拢、接触的意思。如就位也称即位，触景生情也叫即景生情。

饗（音享 xiǎng）**嚮 卿 鄉** ▯ 字形中间为一装满食物的簋，左右各一人相对，表示大家在一起吃饭，这是宴飨之飨（饗）的本字；因字形中二人相向，所以又是向背之向（嚮）的本字；古代大官豪强家都豢养着大群鸡鸣狗盗之徒，称为"卿"，卿也是飨，就是食客，意为吃白食者；又上古人们都聚族而居，一个大家族往往包括几代人都在一个锅里舀饭，尤其是祭祀年节之时，常是全族人在一起宴飨，所以这个字又成为乡党之乡（鄉），意即在一起吃饭的人，后来演变为一级基层行政单位并沿用至今。总之，此字一字四义，是饗、嚮、卿、鄉四字之源。

既 ▯ 字右边部分为一跽坐之人转头后向之形，表示已吃完饭，即将转身离开。所以"旣"（既）有完毕、终了的含义。如金文中有月相叫"既望"，就是指望日

宴饮图　汉代画像石

（满月）过后；现在把日食或月食终了也叫做"食既"等等，都是用其本义。

盡聿 下部为皿字，表示锅盆碗盏；上部为聿字，本为手执笔形，但在这里表示手执刷把，合起来像人正在用刷把刷锅洗碗，说明饭已经吃过了，什么也没剩下，所以用此形表示完、光、净等意思。这与前面的既字在含义上有相似之处，其区别在于，"既"通常表示过程的完成，"盡"（尽）则多表示物的消失。

屎 屎尿之屎，像人蹲着拉屎之形，下面数点表示臭屎正一节节往下掉。这个字在甲骨文中作动词用，意思是以屎肥田，可见殷商人已知道给庄稼施人粪尿，至今人畜粪便仍是上好的有机肥。

溺尿 像一个人站着在小便，是男人无疑；后来人形变成弓形，作 形，即溺（尿字或体字）所本；到小篆却变成"尾水"，作 形，像个人蹲着小便，无疑又是个女人了，其字即是尿字之源。看来古人把小便都进行了性

西汉画像砖 宴饮娱乐图

别区别，以男为溺女为尿。

对于拉屎撒尿这个人人每天必干的事，因其不雅，于是有许多指代之词，如上厕所，去洗手间，还有暗号叫"上一号"。古典小说中还有一个雅称叫做"出恭"。原来旧时私塾上课，没有课间十分钟，连堂到底不下课。为了不让学生把屎尿憋到裤子里，又不因频繁进出影响课堂秩序，于是定了一条规矩：凡是想去厕所的，必须在先生那里领一块小木牌，拉完回来交还先生，让下一个学生再去。这块木牌上写着"出恭入敬"四个字，有教育学生恭敬出入安静守纪之义，因此这块木牌就简称"出恭牌"，并由此把拉屎撒尿也叫"出恭"了。

第五章
甲骨文中的建筑居止

  人类的居住之所,最早是住天然岩洞,叫穴居。穴居是直接从动物那里继承过来的。无论是亚洲的北京人、山顶洞人,还是欧洲的克罗马农人,都以天然洞穴为居。穴居有许多优点,如冬暖夏凉,遮风挡雨,安全隐蔽等等,所以人类穴居的时间长达几百万年之久。但穴居的缺点也是明显的,如潮湿、黑暗、通风差、数量少。所以人类一旦有了能力时便很快搬出天然洞窟,住进更为舒适的建筑中。

  在南方民族中还有一种居住方式是在树上搭窝,称为巢居,如《庄子·盗跖》篇中所载"有巢氏",云南佤族人20世纪50年代以前也仍有在树上筑巢而居者。在北方干燥地区人们则挖洞为居,《诗经·大雅·绵》所载"陶复陶穴,未有家室",就是挖窑洞以为居处。黄土高原是中华文明的重要发祥地,窑洞是这一地区的一大景观,早在新石器时代即已有之。在平原地区则有半地穴式房屋,就是在平地上挖一个坑,再在坑上搭盖屋顶,这种形制的房屋最早出现在约8000多年前的山东章丘龙山镇西河遗址。到了夏商时代,人们的建筑技术已有很大进步,房屋种类增多,建筑规模巨大,如发现于郑州的商代早期城市,其遗址范围达25平方千米。从甲骨文字形看,除巢居外,从穴居到地面建筑都有所见,在一定程度上体现了上古人类居住条件的变迁情况。

第一节 居 室

这一节讲一般人居住的地方或室内设施，以小型简陋的平民建筑为主，这是古代最普通、最常见的建筑。

宕石 ⌂ 这是崖下居屋之形。按《说文解字》的解释，宕是"洞屋"。字形内的 ⊓ 是石字，表示石崖，其 ⌐ 为 ⋂ 之半（见下"丙"字条），是浅崖洞之像。从石，说明是石洞而不是土洞，因此这应是天然洞窟。《说文解字》："厂，山石之崖岩，人可居。"可见这种崖洞是先民住宅中的一种。加上 ⌒（义见后"宋"字条）表示和房屋一样是供人居住的。这种崖洞式居址，至近现代在云贵等贫困山区仍可见到。20世纪90年代有人在云南广南县就发现整个村子两百多人世代居住在一个大崖洞中的事例。

丙 ⋂ 郭沫若先生说是此字像鱼尾。我将从 ⋂ 之字综合起来考察了一番，认为实像洞穴之形。左右两角有斜木支撑，可见是经人加工过的，这应是人工开凿的窑洞。在黄土高原这样的特殊地貌区，土崖多，易

原始人的房屋模型

在母系氏族村落中，这个圆形尖顶的房屋在当时是十分普遍的建筑。这个房屋模型屋顶是用划痕模仿茅草盖顶的形式制作的。

挖掘，可以按人的需要挖；黄土不透水，黏性大而不易垮塌，当地气候较干燥，土洞中不潮湿。这些特点既保持了穴居的优点，又可减轻甚至避免其缺点，因此很适合掘洞而居。为了防止万一洞顶崩塌，所以要加木棒支撑，正是字形所示的样子，因此这个字也是穴字初文。

综上，⟨丙⟩形演化出两个字，一是穴字，保持了洞穴初义；二是丙字，被借作天干名之一。也只因丙字坐了天干第三把交椅，其洞穴的初义于是不显，让后来的学者们费尽了脑筋。

窑洞是人所居止，人常在内，故由⟨丙⟩形小变，生出一个内字来。甲骨文内作⟨内⟩，与丙字并无大的区别；若在中间加个口以表示门洞，供人入内，作⟨容⟩，就是容纳之容，古纳、内一字，容、内也同义；又若在字前加个脚板，写作⟨各⟩，这是"各"字的又一种写法，各的意思是来，表示自屋外入到屋内。

甲骨文还有更字，其形为⟨更⟩，这是手持工具挖窑洞之形。开挖新窑，是想改换门庭，迁居新址，因此更字有变更之义。金文更字作⟨更⟩，从二穴，我想此为旧穴新穴之像，表示废旧掘新，变更居处，其义至显。

另外，商人自称大邑商、天邑商，地位高于其他部族。商字甲骨文作⟨商⟩，像窑洞上方有装饰物，好比凤头龙首上的冠状饰物，是神圣的象征，表示商人崇高无上的统治地位。

由以上分析可见，将丙字释为窑洞形，不仅能解其本形所像，而且能顺利释出从丙之字或变形丙字的含义，因此我认为这样解释应该是说得通的。

⟨余⟩这也是房舍之舍的初文。金文舍字作⟨舍⟩，表现的是一种原始的房屋建筑形式，即用独木支撑的半地穴式房屋。其建法是先在平地上挖一个坑，中央竖立一根柱子，再以柱子顶端为顶点搭盖屋顶，看起来就像一把盖在坑上的大伞。这种形制的房屋，在8000年前的新石器时代早期即已出现（山东龙山西河遗址），沿至殷墟时期仍在使用，其剖视图与"舍"字字形密合。这种建筑比起人字形窝棚来更为坚固，并且可以造得更大些，其关键就在于中间这根顶梁柱，整个房屋全靠它支撑。因此之故，"余"也成为有地位有权力之人的自称，以表明自己的重要性和核心地位。如商王自称"余一人"，贵族在商王面前也自称"余小子"。后来余成为通用的自称之词，于是另以下面有口的舍字表示房舍之义。先秦以军队行军30里路为一舍，成语"退避三舍"就是后退90里。《左传·庄公十年》说"凡师一宿为舍"，一天才走30里，约合现在20多里地，这样的行军速度也真够迟缓的。

原始房舍　新石器　半坡村

此为新石器时期半坡村"独木撑"式房屋复原图。

宋　其 或作 ，为房屋的剖面图，隶定为宀。这种房子的屋檐不落地，檐下有两根立柱，已有了四壁。从外部形制和基本构造看，这已经与后世的房屋没有什么本质的区别了。但宋字所表现的内部结构却仍留有原始痕迹，其 为木字，即在屋子中间仍然有一根木柱支撑屋顶，

房屋　龙山时期

这种房屋体现了甲骨文"宋"字形象，有四壁，中有独木支撑的支柱，是一种房屋建筑的过渡形态。

这应是一种从屋顶落地式到四壁式的过渡形态。

安 字形下半部是个女字，屋内有女，表示家中有了女主人。俗话说"没有女人的家不叫家"。单身汉无家无室，生活不安定，要结婚娶妻后才算是"安家"。不仅生活安定下来，也安下心来，不再到外面晃荡。正所谓"有女则家安，无妻则家乱"。

寮 字形最下面是一个火的象形，中间是木字，木周围还有象征烟灰飞舞的数点。合起来看整个字像是在屋子里燃木烧火，这是火塘之形。近代许多少数民族如彝、傣、佤、纳西等民族每家都有火塘，火塘周围是全家活动的中心场所，吃饭、议事、单身汉睡觉都在火塘边。因此寮字后转义为指房屋，即小屋为寮。现代日语中把宿舍就叫做寮，单身宿舍叫"独身寮"，女宿舍叫"妇人寮"。

叟 在屋内手持火把，我想这应该是表示"掌火者"之义。先民家中，火塘最为重要，因为初民取火十分不易，如果没有火种，就只能钻木取火，非常费事，不像现在有火柴、打火机，一点就着；因此每家必备一堆长明不熄之火，亦即火塘，以保存火种。在民族调查中常有为保护火塘不被雨淋熄而以身护之，致胸膛烧伤的事例。一般家家都有专人保证火塘常燃不熄，这一重任通常由年长者负责，由此"叟"也成为老人的敬称；而这位老人多半也是一家之主，如今一些方言中仍把主持、

火　远古

火是人类掌握的第一个自然力量。有了火，人们可以吃上熟食，可以照明，可以驱寒，可以防毒虫猛兽，还可以用之狩猎。因此人工取火具有划时代的伟大意义，有人喻之为人类历史上的第一次技术革命。

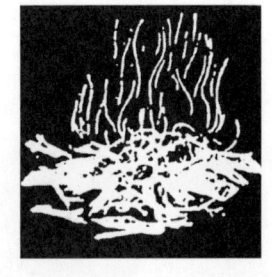

宾

方

负责之人叫做"掌火的"，盖出于此乎？

⊡ 屋下有人而特画其足，足尖向着屋内，表示"有朋自远方来"，即宾客之宾（賓）的初文。宾客对主人自然恭敬，所以宾有敬义；又屋下之人或作 ㇀、方，即方字，卜辞中常把周围少数民族叫做"某方"，如土方、羌方等，则宾字本义或为外方来宾。而作为中原大国的殷商，外方来宾多半是来称臣纳贡的（至少他自认为是如此），所以宾字又有服从、依附的意思，即《史记·五帝本纪》"诸侯咸来宾从"之宾。金文不从止而从贝作 ⊡，就含有四方来朝，持币纳贡之义。字形也即今賓字所本。

第二节 宫 观

一个时代的建筑，其最高水平常是体现在皇宫豪宅和宗教庙宇上，即我们这节要谈到的宫观建筑。历史上有名的如阿房宫、未央宫、铜雀台、大明宫、十三陵、明清故宫以及国外的卢浮宫、巴黎圣母院等等，无一不是美轮美奂，巧夺天工，令人叹为观止。不过就殷代而言，那时生产力还不发达，以后世的眼光来看，其宫观也相当简陋，殷王所住也是草房，宽大轩敞些而已。

宫 一个屋顶下有几间屋子，即"连室"之形。先秦时代称宫，不专指帝王所居，凡成幢的房屋都叫做宫，秦汉以后才专指帝王宫殿。古代帝王把大量嫔妃养在后宫，为了保证这些女人的清白，所有在宫里服役的男人都必须阉割，所以割掉生殖器的酷刑就叫做"宫刑"。

宣 像屋下有回廊之形。这种带回廊的屋子必定是一般人住不起的高级住宅。《说文解字》释为"宣，天子宣室也"，原来是皇帝老儿居住的地方。因宣室的回廊通达房屋的四周，所以宣字又引申出"周达""遍及"的意思，即宣布、宣传之宣。

宗示 、 屋下有"示"之形。关于示字本义及其象征物，说法很多，我以为示为神主的说法较近情理。凡祭祀，先要立一个神主牌位，上书"某某神仙（或祖先）之神位"，才知道祭的是谁。这便是"主"。但甲、金文中都没有主字只有示字，卜辞称商先公"示壬""示

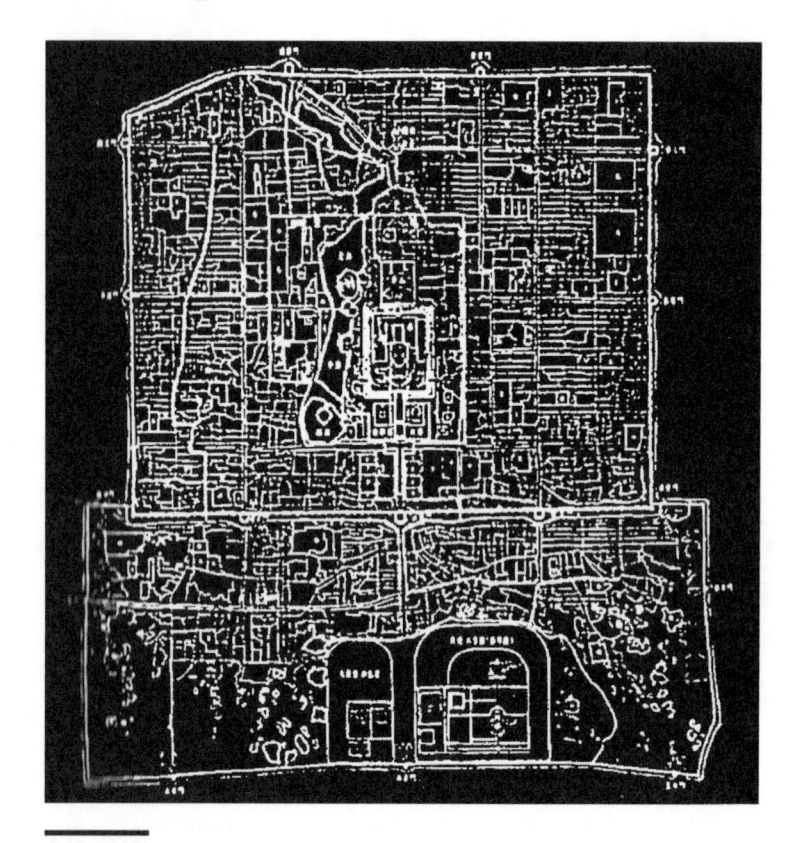

宫城平面图

《说文解字》："宫，室也。"在甲骨文中"宫"字的外形像一座房子，内部有两个"口"表示里面有多个房间。此为北京内外城平面示意图。内城中轴线上的紫禁城为宫殿区。

癸"。《史记·殷本纪》作"主壬""主癸"，可证示、主本来相通。宗字像屋内立示之形，则这幢房屋必定是祭祀祖先的地方，也就是宗庙。只有同一血缘关系的人才能在同一个宗庙内祭祀，因此同一祖先的人也称为同宗，祖先也因此叫祖宗。

享 🈳、🈳 像建在一个方形台基上的房子。古代但凡高大轩敞的房屋，都先要用夯土和石头砌筑一个高出地面的台子，然后再在上面修房建屋，这样既可以避免潮湿，看起来又能显示威仪。现在我们见到的古代宫殿寺

殷墟宫殿复原图

这是据安阳殷墟甲四基址复原的商代宫殿图。别看它是草房，若从同时出土的雕琢精美的建筑构件看，却是豪华奢侈得很。

观无不如此。殷周时，大型贵族墓上都建有一个专门用于祭祀死者的屋子（秦汉以后则建在墓前），叫做"享堂"，是墓地中最重要的建筑，也是建在台基上的，就是字形所示的样子。这种享堂在一些至今尚存的大型陵墓建筑中仍可见到，如明十三陵、清东陵、清西陵等。由于享堂是向死者祭献供品的地方，也是死者灵魂接受祭品的场所，所以享字由名词转为动词，有献祭和享用、享受的含义。

京 字形所示为一种高台式建筑。我以为这也是一种墓上建筑，即"京观"之形。京观和享堂一样都是建在墓上的，但二者意义不同。在形式上，战国以前一般的墓上没有高大的封土堆，享堂直接建在墓葬上方的平地上（只有不高的建筑台基），而京观则是在墓上用人工堆起一个高大的土冢，再在顶部建一小室。在作用上，享堂用于祭祀死者，京观则是为了炫耀战功。《吕氏春秋·禁塞》注："战斗杀人，合土筑之，以为京观"；

颐和园墙垣及台榭

《左传·宣公十二年》载，晋楚邲之战，楚军大胜，有人劝楚王"收晋尸以为京观"。可见京观是战场上的胜利者收集敌人尸首而封埋筑台以为纪功的，带有纪功碑的性质。

这种"京观"的遗迹，最近已被发现。在河北易县燕下都遗址中，考古学家们发现数十个高约10米，直径数十米的圆形夯土墩台，里面共堆埋着数万颗布满刀枪箭创的人头颅骨，这显然是大规模战争的遗物。从各方面情况分析，可能与公元前284年燕国发动的"合纵伐齐"有关。据史书记载，当年燕昭王为报齐国攻燕之仇，联合赵楚韩魏军队，以乐毅为上将军，率军伐齐，在济西大败齐军，先后攻克七十余城，差点灭掉齐国。我想，为炫耀这一巨大胜利，燕人将斩获的敌人首级封埋筑台以纪战功，当是情理之中事。

古人建台都用夯筑的办法，即用泥土一层层堆高并夯实。但土性软散，若是台高而面积又不大，就容易垮塌，所以要在夯土中栽入若干根立柱来进行加固。禸形下半部的中间一竖画，应即这种立柱之形。也正因其高，所以古籍中京字有高大或"人所为绝高丘"之义。

高 𩙿 重楼之形。字形下半部中之口像底层屋子的窗户，上面又有一层房子，这是两层楼房。《考工记》说"殷人重屋"，既然是屋，当然可以住人，所以重屋就是屋上加屋，楼房无疑。甲骨文中还有一个 𩙿 字，其重楼之形更是明显之至，可以确证殷代已有楼房。楼房比一般的房子高，上古人工所能建造的最高建筑也只有楼房了，所以用重楼之形来表示高的概念。

中国传统房屋图

第三节 城 邑

古代的城邑都由又高又厚的城墙包围着，这种城墙仅有一个意义：防止敌人的进攻。城墙起源于城壕，挖壕沟挖出的土就正好堆成墙。在西安半坡仰韶文化村落遗址中就有了用于防守的壕沟，龙山文化时期则出现了城墙。早商、中商的地址现已发现不少，其城墙遗迹多保存较好，如郑州、偃师的商城，规模都很大；而从殷墟的地位、作用和规模看，这里也应当有规模宏大的城墙，但在近百年的考古中却一直没有发现一点遗迹。不知是已经完全湮没还是根本就没有筑过城墙抑或是虽有但还没被人发现？

庄园建筑 壁画 北朝
图为北朝壁画中有围墙的庄园住宅建筑纹样。

亞

、中国人传统是聚族而居，一个大家族往往居住在一个四合院里，因此我觉得亞（亚）字正是这种四合院的平面图形。金文中一些族徽常在外面框以亞形，如 、 等等，正说明亚字表示家族之义，卜辞中有亚氏、亚旅、多马亚等武官名目。因商周时没有或缺少常备军队，若有战事须临时征兵，通常由族长率领族人组成一级级军事单位，这大约就是卜辞所谓子族、多子族，其首长自然由族长担任，这个官职就是"亚"。

《尚书·酒诰》中"百僚""庶尹""惟亚""惟服""宗工"并列，而所有这些都是王畿之内的各种官吏，由此知道"亚"是列于贵族之中的，且地位不低。

邑

城邑之邑。上面方框像城墙四围，下面人形表示人所居止。《史记·五帝本纪》里讲舜十分受人爱戴，他住到哪里，人们便追随到哪里，以致"一年而所居成聚，二年成邑，三年成都"。可知邑是比聚落大、比中心都市小的一般城市。正因其一般，所以在作地名用时，不论大小都可称邑，如甲骨文中把商王畿也叫大邑商、天邑商。《周礼·小司徒》则以"九夫为井，四井为邑"，把邑作为一级农村基层行政单位。因此一些古老的城邑地名，往往在字的右边有个邑旁，即今右"包耳"旁之源。

"邑"的铭文 青铜器

在汉字中凡是由"邑"（即右阝）所组成的字大都与城镇、地名有关，比如"鄙""郡""郭""都""邦"等等。

墉 音庸 yōng

《说文》："墉，城垣也。"字中口像四边城垣，像垣上城楼。中国古代的典型城邑平面呈四方形，四边各有门，门上修建城楼，以作守关望敌之用。此字正表现出城垣与门楼之形。墉与郭同义，因此这也是城郭之郭的初文。

郭 鄙

鄙的初形，像在城邑之外有房屋，表示郊野的意思。秦代以前城市里称为国、称为都，郊外称为野、称为鄙。如边鄙，荒鄙等。旧时人又常自称为"鄙人"，犹如说自己是"乡巴佬""土包子"，这是一种自谦的称呼。诸葛亮在《出师表》里就自谓"卑鄙"，卑，下也，这是说自己是地位低下的荒鄙之人。因为城里人自来就轻视小看乡下人，认为他们不开化，不文明（全然忘了自己的父祖辈也多是从农村来的）。但后来卑鄙变成骂人的话，指责他人不知礼义廉耻时就说是"卑鄙小人"。

城郭　壁画　北朝
　　中国古代城池都围以四方城墙，并设四门（小城二门），门上有城楼。这都具有军事防御的作用。

第四节 门 窗

中国的建筑，在质材上与欧洲以石头为主根本不同，而是以木材为主的。这决定了中国建筑的几大特色：一是门窗宽大，通风透气性好，连墙壁也常做成花格，既通透又美观；二是为防风雨侵蚀同时又不遮光挡亮，屋檐伸得又远翘得又高，再加上木材易于雕镂绘画，使整体建筑风格优美灵动，没有石质建筑的冰冷沉重感；三是易朽易燃，保存不久，尤其遇到战乱，更是大批被毁，所以弥足珍贵。

门 门（門）字，像欲开未开的两扇门，并且还画出了门楣（上边一横）和门枢（门轴），这是双扇门的形象。一般的正门、大门都用双扇门，这和中国传统的四合院整个建筑布局左右对称相关。其他的门则多用单扇门，在甲骨文中表现为户字，作 ，门字的一半。古语双扇称门（門），单扇称户，门、户二形，正合其义。

户 中国传统院落的典型布局，以北京为例，是坐北朝南，左右对称，大门开在南边。一些宫观衙署正面有三道门，中门最大，装饰复

门

"门"字为门户的形象，甲骨文中的"门"字，上部是一条嵌入门枢的横木，下部是两扇门的形象。

杂,尽显威仪,但轻易不开(有的根本就是一堵墙),只有迎官接圣时才用,平时进出则走两边小门。而民居四合院的正南边不设门(若是北向院子,则是正北无门),修成照壁,只在东南(西北)角开一道门以供出入。对于大门,人们把它看成是人的脸面,称为门面,所以特别重视。大至皇宫的大门,如天安门、端门、午门,小至老百姓的柴门,都显现主人的身份地位和文化修养,一如现在的家庭装修,不仅有金钱的区别,更有品位的高低。门的种类也多,如广亮门、金柱门、蛮子门、如意门、小门楼以及优美的垂花门等等;门上的装饰和附属物,有门柱、门檐、门槛、门匾、门联、雀替、望板、斗拱、砖雕、影壁、石狮、抱鼓石、门阶……以及大门布局格调彩画等等,都有许多讲究。要说清楚这些讲究,可以写出厚厚一本书来。

向 《说文解字》"向,北出牖也",即朝北的窗户。字正像屋壁中间开了一个口,即窗户之形。《诗经·豳风·七月》"塞向墐户",其中的户和向就分别指的是门和窗。

中国的门窗是最能体现中国文化传统的地方之一。仅就窗格而言,或疏或密,或繁或简,花样丰富,变化万端。民间去走一遭,你可以见到各种各样的窗格花纹,美不胜收。若是

毛公鼎 铭文

毛公鼎铭文是西周晚期的金文经典名作。铭文铸在鼎上,有32行,共497字,是现存青铜器铭文中最长的一篇。它是研究西周社会的宝贵文献。

窗格

《说文》："囱（窗），在墙曰牖，在屋曰囱（窗），象形。"图为中国传统的木格窗棂图样。

到了年节之时，各种窗花更是争奇斗艳，不啻是一场民间剪纸艺术的展览会。由于现在传统建筑已越来越少，而门窗中又包含着深厚的传统文化，所以近年人们已开始搜集以雕花门窗为主的传统建筑饰件，将其稍作修整，往墙上一挂，就是一件精美的艺术品。

冏　明　朙　启（音窘 jiǒng）

《说文解字》释冏为"窗牖"。字像窗户中有光透入，所以这个字有明亮的意思。甲骨、金文中明字也有从此字作 等形的，即朙字，明的异体，像月光从窗户中泻入，有点李白"床前明月光……"的意境。

像用手开门之形，即开启之启（啓）。但字在卜辞中的意义已有所转变，与晴雨之晴相同，即云开日出为启。字或作 、 ，以开门见日月而会晴意。今启字仍用原义，不用转义。

第五节 歇 宿

人歇宿的地方称为寝室、卧室，帝王的则称为寝宫，这是住宅中最隐秘的地方，也是最让外人产生遐想让主人感觉温馨的地方，因此一般是不让外人进入的。当然我等住房狭小把卧室兼做会客室、餐厅、书房者例外。凡有客人，我只能请入卧室就座，否则只有委屈你门外等候了。

宿 屋内有人席地而卧之形。其下右边之 因，是编成人字纹的席子。唐宋以前，人们坐卧多在席子上，所谓席地而坐、席地而卧，如现代日本人一样。宿的本义就是歇宿、睡觉，所以一夜也叫一宿。中国古代天文学上又有"二十八宿"，是将赤道附近的星空划分为二十八个区域，每区叫做一宿。郑文光先生认为这是以土星的运行轨迹作标准，即土星每一年所运行的天区距离为一宿，犹如说土星每年歇宿在这一段天区内。土星约二十八年绕天一周，于是有二十八宿。直到现在，民间口语中仍常把天上星星叫"星宿"（宿读如秀xiù）。

因 像一个人伸展四肢仰面而卧于席、垫之上。但这个字所想要表现的不是睡卧之人，而是睡卧之具，即说明这是用于坐卧的席、垫。后来"因"字用为虚词，遂另于字上加草头作"茵"，以表本义。《说文解字》释茵为车上席子，其实凡坐卧用的席垫蓐子都叫做茵，成语"绿草如茵"即用此义。

茵

爿 爿、爿这两个字形像一个立起来放的床形，隶定为

牀床

爿，后加形木字为牀，即床字。上古的床既可以卧又可以坐，兼有休憩和办公的多重功能。当时人们既席地而卧也睡床，《诗经·小雅·斯干》之"载寝之床"，就是卧床。不过这时的床与案差不多，长大厚重些而已。床又名榻，榻有低矮义，可知这时的床很低矮。日本人从隋唐学过去低矮的榻，直到现在仍然睡地铺，还叫做"榻榻米"。中国人则在宋元以后普遍睡上了高足床，且此时床也仅存卧的功能而不再有坐的用途，其做工也越来越精美，虽民间也雕镂刻绘，描金涂彩，极尽装饰之能，有的简直就像一间小巧玲珑的迷你屋。这类旧式床现在也成为人们争相收藏的宝物。

夢

字形左边为床，右为人形而突出其眼目，表示有所见。人睡在床上而有所见，一定是在做梦（夢），"梦见"周公了。此字是将横的形象竖起来画，这在甲骨文中很常见，前面的因、牀以及宿字下半部分也都是如此，这大约因为甲骨文是竖行书写。

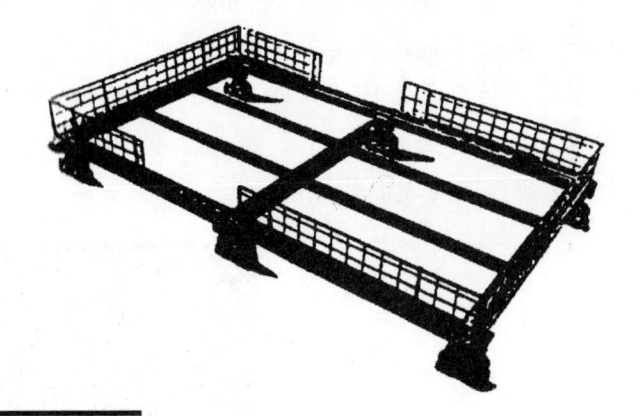

短脚木床　战国

床在唐以前是供人坐卧的用具。甲骨文中的"床"字形体就像竖起来的一张床，有床腿床面，也就是"床"字的初文。

第六章
甲骨文中的交通出行

　　古人外出，无论多远，多数都是靠自己的脚板步行。甲骨文中凡与行路有关的字多从止，正是步行的反映。但商代已有车船也是无疑的。以牛马驾车就是商人的发明，《世本·作篇》载"胲作服牛""相土作乘马"，胲（即卜辞"王亥"）、相土都是殷先公。商人是长于经商的民族（因此后世把做买卖的人叫"商人"），在长途贩运中用牛马拉车可以减轻人的负担和增加运输量。这是个非常了不起的发明，因为它首先用一种自然力来代替人力，以驯化动物来分担人类的部分劳动。此后，人们驯养家畜不再仅仅是为了吃肉喝奶，而有了更为广泛的用途。在上古，车与牛马总是连在一起的，尤其是马车最为普遍。王力先生曾说"一般地说，没有无马的车"，据此推论，车应当也是商人发明的，至今考古中也确实未发现商代以前的车。

轩车出行图　汉砖
　　图为出土于四川新都的汉画像砖，画面反映的是人们乘轩车出行的情景。

第一节 道　路

　　自有人类，就有道路。最初的道路就像鲁迅先生说的一样，世上原本没有路，走的人多了，就踩出一条路来。但自从发明了车，就开始有人工修筑的路。当然最初也仅是斩草铲石，将地面稍稍弄平就行。《左传·宣公十二年》有"筚路蓝缕，以启山林"之语，路在这里指车，筚路就是柴车，蓝缕是破衣服，这是说驾着柴车穿着破衣去开辟山林。可见创业先要修路，搞好交通，就好比现在流传的"要致富，先修路"的口号一样。

行　　㭁、㭁像十字路口之形，表示四通八达的道路。《诗经·周南·卷耳》："置彼周行"，周行就是大路。中华民族的中心区域在中原，这里是一望无际的平原，其道路多是笔直规整的，因此行字有整齐排列的意思，如成行、行列；引申为人在路上走也叫行，即行走、行人之行。在甲骨文中，凡与行路有关的字多以 㭁 或

彳　　彳（后者为前者的省变，即楷书的"彳"旁）为构字部件。

德

直　　㭁、彶字形中的 𢓳 像在眼睛前面竖一细长之物，这是考校某物是否笔直的一种简单方法。从前我在农村当知青时，就常见农民用细草茎竖于眼前来检验所栽的秧行是否笔直。实际上 𢓳 就是直字初文。加"行"旁或"彳"旁表示与道路有关。合而观之，此字的含义是指"笔直的道路"。引申为人心正直不走邪路就是德，

桓徊回

《道德经》 书影

《道德经》是中国古代一部伟大的哲学著作，其精练的上下两篇，八十一章，仅以简洁优美的五千文字，洋洋洒洒、深邃博大，构造出一个朴素、自然、豁达、飘逸的宇宙观、人生观、方法论的宏大框架。《道德经》是道家哲学思想的重要来源，对传统哲学、科学、政治、宗教等产生了深刻影响。

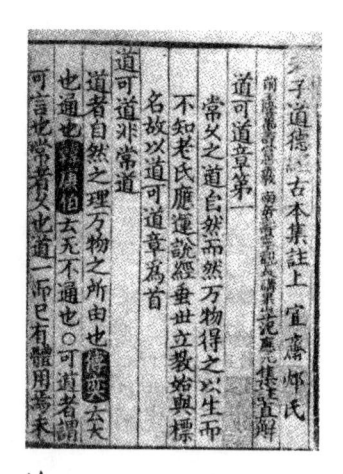

即道德之德。金文在字下加心作 ，正表示"心直"之义，并由此演变成楷书的德字。

、 字也可释徊。其中的 像一条小路曲折盘旋，即回转之回；加止形表示这是人所走的路。有路盘旋周回则能四达，可以巡视四方，所以古代谥法中以克敌服远、辟土兼国为桓，如齐桓公、汉桓帝等，这暗示古人已很了解交通在军事上的重要性。从另一角度看，道路盘旋绕曲则人难前行，所以桓字又有盘桓之义，盘桓就是徘徊，二者同音同义，都是表示人在原地绕圈而不向前。

第二节 出 入

上古交通不便，人们无事很少外出。直到现在，那些边远山区还有一辈子没出过村的老人。当年我在农村当知青时，生产队里就有好几个老头、老太从未进过城，而那里离城市不过五六十里路。但殷商人好像不同，一是他们爱做生意，赶着牛车搞长途贩运；二是经常迁徙，建国前迁了八次，建国后迁了五次。所以即使普通老百姓也时不时外出奔波一阵。至于殷王更不消说，征战、田猎、游玩占去了他的大部分时间，所以守在宫中的时候更少。

出 ▫、▫字形下半部分有人释为鞋子形，有人释为半地穴式居址形，而都不能确证。但不论究竟是什么东西，它表示的是出发的起点则是无疑的。而其足趾向上，表示人正在向外走，出外、出发之义即在于此。另外，甲骨文"去"字作▫形，像一个人在▫外，与出字义近，也有出走、离开的意思，引申为背离、违背。《说文解字》释"去，人相违也"，就是以引申义为解。

去

各 ▫这个字与出字相反，是脚趾方向朝内，表示来到、过来的意思，卜辞和金文中就用作来、到等，典籍则写作"格"。如金文中"各大室"，意为"来至大室"；《尚书·盘庚》"格汝众"，犹如说"你们过来"。

之 ▫上面为脚板之形的止（趾）字，下边一横象征地面。脚在地下走，表示有所往，故之字有往、去、到的含义。李白有诗名为《黄鹤楼送孟浩然之广陵》，其之字即用本义，"之广陵"就是到广陵去。但在卜辞中之字多已用作代词，表示这、此等义，如"之日""之夕"，意为这天、这晚。

往

若在止形下面加个王字（参见后面第十三章第一节王字说解），成 ![图] ，就是往来之往。止形表示往来要用脚走路，王表示这个字读音同王，因此是个形声字。

途

![图] 上半部是"独木撑"房屋（参见前面"余"字条），下半部分为一趾形，路途之途。这里似乎包含着深意：脚在屋子之外，表示离家外出，正在路途之上；脚又朝向屋子，表示人虽在外，却也恋着家。旧时结婚，新娘在新婚之夜必须把新郎脱在床前的鞋子摆放成一只向外一只朝里，据说这样可让丈夫日后出门在外也不忘回家。家是世界上最温暖最安全的地方（家庭不和者除外），人行千里，最终也要回家，像有一根无形的线将他拉着，割也割不断。有首流行歌曲唱道："外面

婚礼流程：做衣裳和送嫁妆　清代刻本
　　婚嫁是男女一生中最重要的大事。图中反映了女方赶做新衣和往夫家送嫁妆的情景。这一套详细的流程在今天很多地区还在沿用着。

的世界很精彩，外面的世界很无奈。"真是一针见血。尤其现代社会竞争激烈，人情淡薄，家更是一个舔伤抚创、养精蓄锐的避风港。譬如现在有找"第三者"养情夫姘妇的，但绝大多数人并不是真的想"升级换代"（流行语言，女的另外找个有钱有势的叫升级——地位升级；男的找个年轻漂亮的叫换代——换成"下一代"），只是想"找一个爱我的做夫妻，找个我爱的做情人"，尝尝脚踩两只船的滋味。而家是根据地，是大后方，绝不能放弃的，偷情只是偶尔"出击"一下，寻求点刺激而已。如果哪个当了"第三者"的痴心汉多情妹妄想对方休妻再娶或抛夫再嫁，那就有得苦头吃了。所以俗话说得好："金窝银窝，不如自己的草窝。"从途字包含的意思看，古人也有同感。

第三节　行　走

人是地球上唯一直着腰仅靠双足跨步行走的动物。有的灵长类虽也能像人一样走路，但它们不仅腰不能完全伸直，而且只能短时间为之，同时还要不断地用手触地以作帮扶。鸟类、袋鼠等虽也是两足动物，其行走姿态更是与人类大相径庭。人的这种独特之处意义非凡，它把人的双手彻底解放出来，成为灵巧无比的劳动"工具"；手的进化反过来又大大促进了人脑的进化，成为人脱离动物界变作万物之灵的重大动因。——这是恩格斯的观点。

走　马叙伦以此形为走字初文，很有见地。古代汉语中，走的意思是"疾趋"，与现代汉语中的跑字同义。字形正像人跨步甩手，奔跑的意思非常明显。金文在字下面又加上一个止（趾）形，作 形，强调用足，即今走字所本。金文中还有一个奔字，为 形，下面加三只脚板，表示快跑为奔。

奔

奔跑的猎人　岩画

"走"字本义是跑。甲骨文中的"走"字形体，就是一个甩开双臂的人形，正在跑呢！

甲骨文　金文　小篆　隶书

步

一左一右一前一后的两只脚板，表示人向前行走，即步行之步。至小篆仍作 步，还是一正一反的两个止；到楷书则写作"步"，因下半部为反"止"变来，所以像"少"而没有右点。

人类独有的行走姿势表明人的平衡机能别具一格。如果这种机能受到破坏，人就会歪歪倒倒，走不稳路。《庄子·秋水篇》中有一则寓言，说是燕国有个人到了赵国都城邯郸，看见那里的人走路的样子很好看，于是便跟着学。谁知他不仅没学会邯郸人的姿势，连自己原来的步法也忘掉了，最后只好爬着回去。又过了两千多年，到了20世纪90年代，"邯郸学步"居然又蔚然成风起来，但见满街的摩登女郎们不约而同地向时装模特儿学习，走起了扭腰甩臀的"猫步"，真让人担心哪一位小姐要是不小心闪了腰扭了脚，难道也要爬着——不，肯定是"打的"回去。

延延廴辶

一些学者把这两个字形释为延、廴二字，多半是为了符合《说文解字》的分部。其实甲骨文中 、 在作部首时没有区别，一个繁一个简而已。如前举德字，后面徙字都是例证。在卜辞中 、 的用法也完全一样，都作延长解，《说文解字》："延，安步延延也"；又"延，长行也"。延、延同形同义，可见二者是同一个字。从字形看，道路上有足，表示人在路上行走，《说文解字》的解释是其本义。然而在作部首时，这个字形又的确应隶定为廴，即今"走之旁"——辶。但《说文解字》释廴为"乍行乍止也"，却又是以后起意义为解。

徙 👤、👤《说文解字》："徙，移也"，字正像双足行于道上，即迁徙之徙。殷人爱东迁西徙是出了名的，最后一次迁到殷地（今河南安阳小屯村一带，即出土甲骨文的"殷墟"），所以商代后期又叫殷代。至于商人好迁的原因，学者们说法各异，有说是为避水患的，有说是为逐水草的，还有说是为了方便做生意的，不一而足。

逅 👤、👤《说文解字》："逅，遇也。"字形中 👤 像两条鱼头碰头，以此表示相遇的意思。加上 👤（即辶旁）则表示在路上相遇，故逅有遭遇、相逢之意。因男女交合也叫逅（媾），所以有人以两鱼碰头为雌雄变媾之形，误。交媾是交尾，怎会交头？这是以转义为解。

逆 👤 字中之 👤 是一个倒着画的人形，本义为不顺，这是逆字的初文；加 👤，表示倒着走路，逆向而行。一人从对面来，另一人迎面而上为逆，即反行为逆，所以《说文解字》训逆为"迎也"。但在现代汉语中逆的迎接义已失，而用"倒人"本义，即逆反之逆。

双鱼蛙陶盆　新石器

这个新石器时代的彩色陶器，出土于陕西省临潼姜寨遗址。

第四节　跋　涉

长途旅行，最累的就是跋山涉水，尤其是还肩挑背负着重物。年轻时，我虽体弱多病，但也曾背着几十斤重的东西上午走上六七十里山路，下午又到生产队干活挣工分。如今不说跋山涉水，就是散步走远了一点都觉得累得慌，原因是生活好了，出门就赶车，因此体力就大不如从前了。

陟　阜　阝

右边为阜字，是山或丘字的竖写，代表高高的山岗；左边脚步向上，示意上坡上坎，所以陟字本义是登山。《诗经·周南·卷耳》："陟彼崔嵬"，即用本义。引申为上升、高处等。

在楷书中，汉字有左"阝"和右"阝"之别。就大多数而言，"阝"在字左边的是由"阜"变来，在右边的则是由"邑"变来；前者所从之字多与高下有关，后者所从之字常为城邑地名。

降

与陟字相反，这是脚板朝下，正在下山之形，因此降字有降低、下降的意思。下降则低伏，所以降字又有降伏、投降的意义。这个字和陟字一样，是以脚步的方向与山坡会意，是个会意字，而《说文解字》却说降是"从阜，夅声"，认为是形声字，误。

队　隊

像一个人（或小孩）从高坎上倒栽下来，坠落之坠的本字。字本从倒子或倒人，至金文却讹变从豕，成　（即隊字），再后来又加土成　（即墜

墜

字），更失本形。以后隊字又借为隊伍之隊，而队字反又成为隊的简化字。——一个圈又转了回来。

涉水

⿱ 字中 ⿱ 为水字。徒步在水中走叫涉，《说文解字》："㳺（同涉），徒行历水也。"字正像双脚走在水中，涉水过河之形至为明显。字或省水字之点作 ⿱，或从川作 ⿱。涉水必然要将脚伸入水中，所以比喻插手某件事情或进入某个区域叫"涉足"，不该管的事硬要去管叫"干涉"（干，犯也）。

泳

⿱ 右边像人在水里，游泳之形。古代交通不便，缺桥少船，人外出遇浅水则徒涉，遇深水就要游过去。古代游泳不是一种运动或娱乐，而是远行的一种本领。这是字之所以从 ⿱ 的道理。

第五节　舟　车

人发明舟船算不了什么，因为自然界中借助浮力踏在水面的现象很多，如水鸟站在鳄鱼背上，落水的动物趴在浮木上游向岸边等等；但发明车却很了不起，因为自然界中没有可资借鉴的现成事例，且车的结构比船复杂得多。有谁见过不长脚而长着轮子的动物？轮子将滑动摩擦变为滚动摩擦，取代了人或动物直接负重的运输方式，而且中国一开始出现的就是畜力车，这是减轻人类繁重劳动的一大革命性发明。

舟　　、　字像船形。传说黄帝时，有大臣共鼓和货狄二人共同发明了舟楫，但近年人们却在距今七千多年的河姆渡文化遗址中发现了木桨和陶舟，比黄帝时代早老鼻子了。从典籍记载看，舟船的出现经历了三个阶段：先是借着某些浮力较大的东西助泳，比如"腰舟"，《国语·晋语》："夫苦匏不材，于人共济而已"，是说匏（音袍páo，葫芦）没多大用途，只能助人渡河；

陶舟和独木舟　新石器时代
　　古代人们把一根很粗的木头从中间一剖两半，再从剖开的平面上把中间的木头刳去，像半个瓢一般能浮在水面上，这就是舟（船）。

《诗经·河广》"虽谓河广,一苇杭之",是说靠一捆芦苇渡过黄河。再就是用竹木编成筏子,《论语·公冶长》:"乘桴浮于海上",桴即木筏。然后出现舟船。早期的舟应是"刳木为之"的独木舟:将一棵大树一剖两半,然后把中间掏空即成。这种独木舟还处在舟船发展的初级阶段,由于受材料限制,不能造得很大,而且使用起来稳定性也很差。直到发明了拼木为之的造船之法,人们才能够自由航行于江河湖海之中而不惧大风大浪。

前 字从止从舟从行,像人举足登舟欲行。李白《赠汪伦》诗句"李白乘舟将欲行",简直就是给这个字形作注解。《说文解字》:"前,不行而进谓之前",坐船固然是不行而进,但坐车、坐轿、骑马、骑驴也是不行而进,这种解释似乎太宽泛了点。后省行旁作 ,小篆则作 ,即楷书"前"字所本。

航 像以双手持篙撑船,航行之航的初文。河中行船有两种,一是横渡,其作用等同于桥梁,坐船过河,过河就弃舟,属于渡水工具;另一种是顺航,把江河作为航道,以船代步或运送物资,属于运输工具。后者显然要比前者进步,所需的船也更大更坚固。先秦的船主要还是用作横渡,典籍中既缺少顺流航行的记载,考古中也未发现大型船只遗迹。但这并非是说完全没有运输船,只是不常用,运输量小而已。

车 、 马车之形。别看这个字这么复杂,这已是有所省简的了。有一个殷代金文 ,差不多把当时马车的主要部件结构都画了出来:有车轮,车厢,车轴,中间的车辀(即独辕),前面的衡木,架在马脖子上的轭等等,十分形象逼真。然而这种写法作为文字却太过复杂,所以又减省为只画双轮和车辖(轮子旁边的插销，用来防止轮子从轴上脱出），作🚗；再后来省作一轮，成审，变成隶楷的车字。

从以上字形看，殷代的车是双轮马车，独辕，双轭，由两匹马拉着走，乘车者从车厢后面上下（车厢后面有缺口）。从考古发掘和古籍记载看，在整个先秦时代，无论是兵车还是出行之车，基本上是这种形制，与字形符合得很好。不过按规律推测，两轮车之前似乎应该有一个四轮车阶段，可惜现在无从考证。欧洲长期以四轮车为主，而中国则自来以两轮车为主，两轮车比四轮车更省力，因此也更先进。而独轮车据传是诸葛亮发明的，即木牛流马，至今四川等地仍有所见，俗称"鸡公车"，很适宜山地崎岖小道。至于三轮车，应是近代才从国外传来的。

马车　汉砖

图为汉代画像砖上的三种马车模型。

辇　　这也是个殷代金文。车轭下有二人伸手做挽车状，这是人力车之形。《释名·释车》："辇车，人所挽也。"秦汉以后，帝王后妃在宫中常以人力车代步，辇逐渐成为帝后车乘的专称，而不论是否使用人力。由于这个缘故，天子脚下的京城也常被称为"辇下"。到唐代，又把一种宫内小轿也称辇，叫"步辇"，实际是人抬的坐榻。唐代著名画家阎立本作有一幅名画，就叫《太宗步辇图》。

舆　　字形中间所示为车厢，周围有四只手做共抬状，

步辇图　阎立本　绢本设色　唐代

以表示沉重，所以舆的本义是指载重用的车厢。因为车厢是车上最主要的功能部分，因此舆也泛指车，如车舆、舆马；后来也指轿子，如肩舆。上古只有贵族才能坐车，贵族们坐在车中无事，就爱议论时事，这种议论常被国君搜集用作为政参考。后来便用"舆论"一词泛指众人的议论。

驭　左边是一匹马的简笔画，右边是一只手拿着一根棍子，全字像手执鞭朴赶马，即驭（繁体作馭）马之形。古代车用马拉，驭马即是驾车，所以常是驾驭连词。上古贵族子弟学习的内容有六门必修课程，即所谓"六艺"：礼、乐、射、御、书、数。御就是驭，驾驭马车。因为当时战争频繁，而兵车又是最主要的军种之

骖车　汉砖
一辆车套了三匹马就叫"骖车"。画面为骖车过桥的情形。

一，贵族作为天生的战士，必须是合格的驭手。屈原在《国殇》中就曾以悲壮的笔触描写了一场车战。

奇 康殷先生释为骑马之形，即奇字初文，应该不错。一般认为，战国以前的马只是用来驾车而不用于骑乘。但这好像不大符合情理。殷周北方、西方都是游牧民族，骑马是极普通的事情，肯定会影响到中原民族，所以当时人们不可能不懂得骑马。造成这种误解的原因，是战国中期以前军事上只有兵车（马拉的战车）而没有骑兵，到赵武灵王时才学胡人穿短衣建骑兵，即"胡服骑射"。但这只是军事上采用骑兵的开端，并非中原民族到这时才开始骑马。从这个甲骨文字形看，殷代应该就有单骑了。不过，联系到秦始皇陵兵马俑的马鞍也很原始这一点来推测，殷周时代可能是骑光背马或最多只有一垫子。

女子驭马　汉砖

"驭"字的本义是驾驭车马，现在赶马车的人仍然称为"驭手"。甲骨文中的"驭"字左边是一匹头朝上的马，右边是一只执鞭朴的手，用手驾驭马之意。

第七章
甲骨文中的繁衍生养

　　一个物种要延续下去不被灭绝，必须不断地复制自己，让种群基因一代代遗传下去，这就是生物的繁衍。动物的一生实际上也就贯穿着两件事，一是吃，以保证个体的生存；二是繁衍，以保证种群的延续。而人类的一切活动归根到底也是为了这两件事。圣人曰："食色，性也"，真是至理名言。但不知为什么，长期以来，人类对"食"从不避讳，大肆张扬，美食者还可以成"家"，而对同是本能的"性"却有一种莫名其妙的恐惧心理，如"色是刮骨的钢刀"，"一滴精十滴血"，"脱阳而亡"等说法流传很广。也正因为恐惧，才把性说得十分丑恶、肮脏、羞耻、下流，好让人避而远之，灭人欲而存天理。圣人的话在这里也不起作用。尤其自宋明以来，性除了作为繁衍后代的手段之外，不能有任何其他的意义。也幸好圣人还说过"不孝有三，无后为大"，否则，说不定连这唯一的用途都要被取消掉。

　　美学家们坚持说，人的生殖器官没有美学价值，只会带来淫荡和羞耻感，而动物的阴部则尤其让人觉得肮脏和丑陋。但非常奇怪的是，植物的阴部——花朵，却被人视为美丽的化身。歌颂花儿的文艺作品何止千万？有画家专门绘

陶祖

　　陶制男性生殖器，考古上称为陶祖。这是上古人们的崇拜物之一。此陶祖出土于辽宁省，距今约 4000～5000 年。

画，诗人使劲吟咏，音乐家放声歌唱，舞蹈家尽情表演，可谁见过歌颂动物生殖器的，这也算是人类心理的一大谜案吧。

但动物根本就没有性羞耻，这只是人类特有的心理现象，而且早期人类对性问题也没有这么大的心理障碍。即使到了殷商时代，人们对性的观念仍还不到有罪恶感的程度。从甲骨文看，在与性有关的字形中，有时表现得还是比较直接、明显，以后世的眼光看，甚至稍涉猥亵。然而这类字也不多，仅屈指可数，说明其时"性的藩篱"已初步建立起来了。

生殖图腾　贺兰山岩画

第一节　性　别

母　女子胸部加两点，以明显其乳房特征。前人解释母字都说"像人乳形"。但从生理学的角度来讲，所有女性一到青春期乳房就会发育，而不论其是否生育过，这也是人类独有的现象（哺乳动物是生育后乳房才膨大）。其实妇女一旦生育，除乳房稍有增大外，更明显的标识是乳头的变化，即乳头乳晕颜色加深，发紫发黑，这是做了母亲的女性的一大特征。字形中的两点应该就是指的这特征，即提示其乳头的颜色变化，而不仅仅是表现"像人乳"。

妇帚　右边一女，左边的为扫帚的帚字，整个字形像一个女人和一把扫帚在一起，以表示从事家务劳动的女人，即是做了家庭主妇的女人。字也常省女而以帚代妇（妇），如殷王武丁的夫人名叫妇好，也写作"帚好"。从原始社会中期起，人类就完成了基于性别的劳动分工，即男子外出渔猎，女子在家抚育后代和在附近采集，形成男主外女主内的传统。从最初的意义上来讲，这种分工同社会地位的高低无关。就是在殷代，虽然已进入父系社会很久了，但妇女的地位也并不像有些人所想象的那样低。例如，武丁的妻子妇好可以带兵打仗且能征惯战；女性祖先与男性一样受到后代的尊奉祭祀；许多带美好意义的字形都从女旁，等等。因此，仅

执帚门吏　汉砖
图为河南省邓县出土的汉代画像砖中的执帚门吏。

仅由于婦字从帚，就把它作为殷商时妇女地位低下的证据，未免缺乏说服力。难道妇女非得要从事农耕或某种重体力劳动才显得地位高么？

男　妨

嘉　嘉

根据字形可直接隶定为妨或妨。这个字在卜辞中常与怀孕、分娩有关，如卜问是否"娩妨"或者"不其妨"，而结果是"妨"或者是"不妨，隹女"。郭沫若先生释此字为嘉，其义同嘉，形容词，美好的意思。"不妨，隹女"的意思是"不好，生了个女孩"。既然生女不嘉，这说明商代已有严重的重男轻女思想了。此说一出，就成为学术界的定论。

但是，在甲骨文中有个奇怪的现象至今没有得到解释，就是男女的女字应用十分普遍，而居然就没有一个男女的男字出现（卜辞中有男字，作 田 形，是一种爵称，不是指性别）。这种文字上的重女轻男、有女无男现象太不合逻辑了。基于这一点，温少峰老师提出，妨字就是男女之男的初文，在卜辞中用为名词，且与女相对，释为男字于卜辞句子中更加文从字顺，更好理解。如卜问"娩妨？"或者"不其妨？"意思是"生男孩？"或"不是男孩？"而"不妨，隹女"意思是"不是男孩，是女孩"。等等。从字形上分析 丿 为力字，是耒（一种原始的农耕工具，见后面第十一章第三节力字条）的象形；而甲骨文女字在作偏旁时常与人旁"亻"

承

通用，如 ⦿（羌）就是 ⦿（姜），⦿、⦿ 都是承受的承，因此 ⦿ 字可以看成是从人从力会意，表示从事农耕的人——男人。人在耒旁为男，与女在帚旁为婦是同样的道理。另外，甲骨文中还有个 ⦿ 字，从子从力，也应是妫的异构。因此把这个字释为男女之男从字形、字义和卜辞语意上都能讲通。我以为温先生的考释很有见地，是可信的，所以这里直接作为男女之男来看待。

士
斀 音琢 zhuó
吉
牡

⦿ 男性生殖器的象征，所谓"男根"之形，即"势"的本字，如雄性阉割就叫做"去势"。卜辞中从士之字如斀字 ⦿ 之左半，吉字 ⦿ 之上部等，象形意味尤其明显。甲骨文中还有 ⦿、⦿、⦿、⦿ 等字，即公猪、公牛、公羊、公鹿，字都可隶定为牡，即雄畜，其 ⦿ 形正表示雄性生殖器官，因此士字的初始意义就是指雄性（男性）。但后来因其涉嫌不雅，初义于是隐晦不显，而借以称呼贵族等级中最低的一级。但后世以士、女对称，则又显露出一丝原始意义的孑遗。至于现代把"女士"作为对女性的敬称，若考之以古义，倒有点男女不分之嫌了。

匕

牝
雌

⦿、⦿ 关于这个字所象征的事物，有说像女性生殖器的，有说像匙子的；但我横看竖看、左看右看、翻过去看覆过来看，却总也看不出这些意思，只觉得像人形，尤其像一个俯伏的人形（甲骨文常横形竖写）。因此我也同意温少峰先生的看法，即这个字实际上是从"此"字取义（参见后面"此"字条），即雌伏的意思，以其来表示雌性和女性。甲骨文中有 ⦿、⦿、⦿、⦿ 等字，都从 ⦿，即母猪、母羊、母马、母牛，都可释为牝字，即母畜，牝牡犹言雌雄。甲骨文中另有 ⦿，雌鸟之像，即今雌字所本。匕字在卜辞中还用于

妣 | 称呼女性祖先，即先妣之妣，如匕庚、匕丙等等。至于作匕匙（勺类餐具）之匕，应是以声假借。

侍女凤凰　汉砖

第二节 婚 媾

根据经典的说法,人类婚姻形态的发展经历了如下几个阶段:杂乱的性关系—兄弟姊妹为婚的血缘婚—族外群婚——对偶婚(一夫多妻和一妻多夫)—单偶婚(一夫一妻);而婚姻形态进化的原因是人类逐渐懂得了近亲结婚的危害。但我很怀疑,原始人真懂得"优生学"吗?《左传》有"同姓相婚,其生不蕃"之说,恐怕只是出于宗法关系和政治联姻的需要而造出的舆论,不然为什么不排除血缘关系同样近的姨、姑表婚呢?在欧洲至近代也不禁止堂兄妹相婚,甚至认为这是保持"高贵"血统的好方法,连进化论的鼻祖达尔文也是娶的表妹,生了几个"次品"。事实上,近亲结婚的危害是近代科学昌明以后才逐渐为人们了解到的,原始人没那么高的认识水平,整个古代也没有。最有力的证据是,许多实行严格族外婚的民族甚至连怀孕与性交之间的关系都茫然不知,他们把妇女怀孕同一些毫不相干的事物联系起来,如践巨人迹,吞燕子卵,做梦等等,又从何知道近亲婚配的危害?

因此我非常怀疑前面两种婚姻形态是否存在过。我们不仅在民族学中找不到任何血缘婚的例子,甚至在动物界也难见到这种情况。我们肯定相信动物决不会有"同姓不婚"的认识。但它们不是"其生也蕃"吗?根据大量的

龙交配 瓦当 汉代

生殖崇拜是人类生存和繁衍的观念的表现。动物的生殖是一种本能的、自然的行为。图为龙交媾时的情形。

调查，无论是独处还是群居的动物，一般情况下同母所生的雌雄性之间都不会发生性关系。这一点连在进化上相对落后的大熊猫都能做到（这是北京大学潘文石教授在对秦岭大熊猫作了长期研究后得出的结论），也有报道狼也是如此，更不用说灵长类了。英国灵长类学家珍妮·古多尔在《黑猩猩在召唤》一书中，详细地描写了她亲眼见到的情形：当一头雌性黑猩猩与群内的其他雄性黑猩猩交配时，她的成年兄弟在一边玩耍，对此毫不关心理会；如果她有成年儿子，他也许会横加干涉，但也决不会加入交配的行列。这当然绝不能说明大熊猫或黑猩猩已经懂得了近亲交配的危害，而是出于本能。据美国科学家的研究，一同在孤儿院里长大的男女成年后极少相爱结婚，原因是他们长期密切的共同生活使双方太过了解，没有了神秘感。而适当的神秘感恰恰是引起好奇心从而点燃性爱之火的必备条件。有一句流行的话说："因不了解而结婚，因太了解而离婚"，这里面包含了科学的道理。动物的这种本能是在亿万年的进化过程中逐渐形成的，人类同样也有。这是族外婚的生理学基础。

　　导致人类实行严格族外婚的社会学原因则是祭祀禁忌。原始民族几乎无一例外都是泛神论者，相信日月、山川、草木、鸟兽都有灵，因此事无大小都要求神问卜。为了表示对神灵的敬畏，在举行祭祀占卜仪式前就有许多禁忌，而禁止男女性交是其中很重要的一项。由于祭祀活动频繁举行甚至每天举行，族内的性关系差不多被完全禁止。但作为补偿则有两种例外：一是规定每年有几天实行全面的性放纵，如古罗马的狂欢节，这叫完全没有性限制；二是平时并不禁止与族外男女之间的性交往，甚至认为与外族人性交可以把噩运转移到对方身上而受到鼓励。这是族外婚制演变的基本动因。而上古同姓则意味着同族，无论亲疏远近都不能

交媾　岩画

这幅岩画反映的是男女性交合的情景。

交合图　岩画　史前

图为左江和临淄史前岩画上的交媾场景。

通婚，否则就犯忌，所以"同姓不婚"；异姓则异族，没有忌讳，所以近如姨姑表亲也可以通婚。

因此我认为血缘家庭的存在纯属子虚。至于后面三种婚姻形态倒确实存在过，不过它们之间是否是一种进化关系，也值得怀疑。从民族学的角度看，这几种婚姻形态可以出现在各种不同发展阶段的民族中，有的社会相当进步，却实行群婚，有的非常落后，却是一夫一妻。而有证据表明，婚姻的形态和妇女的地位密切相关。按照经典的说法，一夫一妻制家庭的出现，从生理方面讲，是由于群婚制带来沉重的性负担使妇女不堪忍受，而经过长期的斗争才发展进化来的。但我想这首先是低估了妇女的性能力和高估了男性的性要求，不过这个问题属于性学讨论的范围，为免"黄色"之嫌，在此从略。其次的一个问题是，族外群婚并不等于逮住一个通婚氏族的女人就可以性交，这事必须双方同意才行。况且在母系制下，主动权更多地掌握在社会地位较高的女性手中，女方不愿意男方也只能害单相思，并不存在"合法强奸"的问题。最后也是最重要的一个问题是，既然妇女是群婚制的受害者，为什么群婚制不在母系氏族鼎盛时期废除，而是在父权制建立后才逐渐消失呢？事实上，群婚制与母系制是同兴同衰、同始同终的。即以现代文明社会来讲，妇女的社会地位也与性的自由度成正相关关系：妇女的地位越高，社会的性自由度越大，反之则越小。

男女交合舞　岩画　史前

图为史前岩画上的男女媾和时的生命歌舞。

青铜鼎上裸男裸女　商代

在一些出土的石刻、砖雕、青铜器、陶器上，也都可以看到原始初民性崇拜观念的体现。这尊青铜鼎上，有男女二人裸身相对而坐，都暴露生殖器官，其性崇拜的含义十分明显。

这与上述理论完全相反。如在已经有人呼吁要开展"男权运动"的北欧地区，就是世界上性关系最开放的地区之一，其性自由的程度，足以让来自礼仪之邦的中国人瞠目结舌，掩面而逃，逃几步又忍不住回头看看。

如果一夫一妻制真是妇女们经过几千年的斗争才换来的，则她们无疑为自己争到的是副沉重的枷锁。在夫妻制下，妇女地位急剧下降，沦落为男人的附庸和奴隶。单从性方面讲，一夫一妻仅仅是对妇女而言，男人可以三妻四妾寻花问柳，女人则必须从一而终，嫁鸡随鸡，嫁狗随狗，甚至要求"饿死事小，失节事大"。我们从这些方面可以看出，一夫一妻制实实在在是男人的"杰作"，是男人把女人作为私有财产而严禁他人染指的心态表现，是禁锢妇女的道德法律手段。因此我建议学术界改变一下"一夫一妻制"的提法，改为"一妻一夫制"，这样更符合一妻只能一夫而一夫却可以不止一妻的实际情况。不知我这个建议有没有人响应？

言归正传，我们还是来谈甲骨文。

娶取　右边的　为手执人耳朵之形，即取字。古代战争中杀死敌人后割下其耳朵作为报功的依据，这是取字本义。由此引申出获得、拿取等意义。娶字以取女会意，表示获得了一个女人。在部落战争中，敌方的"子女玉帛"是主要的夺取对象,到原始社会末期发展为"抢亲"的习俗,去抢一个女人做老婆,这个娶字就似乎有点抢亲的味道。抢亲这种习俗曾广泛流行于阶级社会的早期,在近代一些少数民族中也还有残留,如我国有一些少数民族地区在20世纪50年代以前就还有抢亲的现象;国外如南亚、南欧也有一些地方存在抢亲。一般是一个男人看上了一个女人,便约同一些亲朋好友用武力把这个女人抢回家,而不论这个女人所属的部落是否敌对。

有意思的是佤族的"抢婚"。小伙子和某个姑娘好上了,他不是到女家去明媒正娶,而是邀约亲友埋伏在姑娘经过的路上,待姑娘走近时一拥而出背上她就跑;姑娘在小伙子背上又哭又闹、又捶又打,表示不愿意;女方的家人也大声呼喊着追一阵。其实,这是姑娘和小伙子早就约定好了的,不过演戏而已。事后,小伙子再把礼物送到女方家去,然后才正式举行婚礼。在这里,抢亲实际上只是象征性的,它更像是一道求婚程序,但我们却可以从中看出远古抢亲习俗的影子。

妻 像一个女子以手整理头发之形。在传统习俗中,女子出嫁时要把头发在脑后挽束起来梳成"髻",表示已婚。在婚礼前夕,女家为此要专门请一个有"福气"的老太太来为新娘梳头挽髻。因此有的地方把女子已出嫁叫"梳了头";另外,旧社会嫖客为妓女"破瓜"也称做

女式发髻

甲骨文中的"巾"字,就像挂下来的一些布条,古人用作装饰物。图为古代女子用来束发的发髻巾。

"梳拢"，都是用梳头来代表妇女已婚。𰀀 字也是如此，以用于梳理头发来表示已为人妻，可知此俗至少源于殷商。卜辞有"示壬妻匕庚"，"口丁妻匕己"等，即示壬（殷先公名）的妻子妣庚，口丁（某殷王名）的妻子妣己。有人释此字为敏，不确。

此

雌 𰀀 雌雄之雄的本字。字像一人匍匐于地，背上踏了一只脚。这是曲折地表现性交之状。动物交配时雄性常以前足踩踏于雌性背上，至今民间仍有把鸡鸭交配叫"踩蛋"的。所以这个字是从动物交配取义。由于交配时下伏者为雌性，因此 𰀀 成为雌性（包括人类女性）的象征。为了和"人"字（𰀀）相区别，也常写作 𰀀，即匕字。甲骨文中也有雌字，作 𰀀，但只是表示雌鸟，还不是泛指雌性。可参考上一节"匕"字条。

交尾瓶　瓷器　清代
此瓷瓶上的图案表现的是人类的始祖伏羲与女娲交尾时的情景。

第三节 生　育

好　𢀖、𢀗 女旁有子，表示妇女能生孩子就是"好"。中国传统道德"不孝有三，无后为大"，看来至少是起源于殷商以前。上古"人民少而禽兽众"，在以落后的手工劳动为主的生产力条件下，人力是一种极其富贵的资源，当然是人口越多越好，俗话叫"人多好种田"。因此，下至家庭，上至国家，都把人丁是否兴旺作为经济发展的重要前提，这是"多子多福""民众兵强"等传统生育观、人口观形成的根本原因。基于同样的原因，在国内外的一些少数民族中，也常认为能生孩子是妇女最大的本事。结婚前夫家往往要审视未来媳妇的

野合图　画像砖　汉代

孕妇　陶俑　唐代

这些孕妇陶俑或石俑，在汉、唐之际，仍有出现，造型比过去细腻、逼真，体现了当时的时代风貌。这也说明生殖崇拜对后世影响之大。

身架是否有多子之像，那些臀大胸高的姑娘最受欢迎，被认为是最会生育的。还有的民族女方结婚后不落夫家住娘家，在此期间必须先怀上一个孩子后才能算合格的媳妇而被允许回到夫家住，以此来检验其生育能力。当然这个头生孩子由于血缘可疑，是没有继承权的。

孕　像人肚子里怀了一个孩子，孕字初形。有人把这个字与身字混同，说有身即是有孕。但甲骨文中二者的写法结构是大不相同的。身字只是在人体胸腹部画一个指事符号"c"，作，表示所指为人的躯干，而不是大肚子之形。同样的指事符号还见于肱、臀等，见"人体形态"有关条目。至于古人把有孕又叫做"有身"，应是"身上有孕"或"有了身孕"的简称，并非身、孕同义。

冥　此字在卜辞中用为生育时的动词，郭沫若先生释为冥。为双手外分以表示张开，为产门，整个字像生育时产门开启之状，因此冥的本义就是分

娩　娩，即《说文解字》中的娩字。按历来迷信的说法，人一出生，便来到阳世，而出生以前则在阴间。这产门犹如阴阳之界，外面

分娩石刻　汉代

娩

毓

育

是滚滚红尘，里面是冥冥地府。引而申之，冥字于是有幽冥义。冥界不见天日，故字在小篆从日在内，冥字遂成为幽冥、阴暗的专字，而另造形声字"娩"以代冥的本义。

㐬、㐬 这是育字的异体字。字像妇人正在产子之状。左边从每（女）或从人，意义相同；右边 㐬 为倒着写的子字，表示婴儿正在降生。这种头朝下的出生姿势，产科临床术语叫做"头先露"，是胎位正常的顺产之形；字下的几点笔画，表示分娩时羊水等分泌物淋漓而下。从这个字我们还可以看出，古人是坐着或蹲着分娩的，不像现在躺着分娩。据专家研究，坐式分娩有许多优点，如省力，少痛，产程短等等。事实上，中国妇女在接受西医以前一直采用的是坐式分娩法。听老一辈讲，她们是坐在床沿上生孩子的，在身子下面放一个笤箕和一只马桶以接婴儿和污物。而欧洲人古代也一样，她们也是坐着生孩子，卧式分娩法好像是英国维多利亚时代才发明的。

孕妇陶俑　汉代

第四节 抚 养

孟 〔图〕殷代金文作〔图〕，都像一个小孩子在盆中洗浴，婴儿刚生下来时，头一件事便是洗去身上的污物，再不讲卫生的人哪怕一辈子不洗澡，也必须洗这第一次，这个字便是以此来表现这个孩子是新生儿。由此引申，孟字便具有开始、第一个的含义。如把几个孩子中的老大称孟，哭倒长城的孟姜女，翻译成现代俗称就叫姜大闺女；每一季度的头一个月也称孟，如春季第一个月（农历正月）叫孟春，冬季头一个月（农历十月）叫孟冬等等。

沐子图 木刻

甲骨文中的"孟"字形体就像器中有一个婴儿（子），表示给初生婴儿洗沐。

乳 〔图〕像一个胸前乳头突出的妇女双手抱个张口寻食的小儿正在喂奶，哺乳的形象明白如画。但到小篆变为〔图〕，上面的手形还在，却和人身子脱离了；右边的人更只剩下光身子〔图〕，若不与甲骨文比较，真不知它的含义究竟是什么。如许慎就没见过甲骨文，所以他解释乳字是"从孚从乙，乙者玄鸟也"。后面还说了一大串，也都不得要领。

保　殷代金文也作 ，都像一个人背上背了个小孩子，这是保姆之保的初形。上古有保氏，专门负责养育王子，西周金文常在头上加个串玉之形作 ，即表示所保之子地位尊贵。不过这里的保姆不是女保姆而是男保姆，而且由于王子日后是要成为天子的，所以保氏的权力往往很大，地位也很高，成为与太师、太傅合称"三公"的太保。金文保字又作 ，省去手臂，手指也只剩下一点；小篆作 ，在子下左边又加一点以为对称。其演变轨迹为：

　　　—　　　—　　　—　保　—　保
甲骨文　　金文　　小篆　　隶书　　楷书

此外，甲骨文中还有 字，金文中则有 、 等形。关于这个字的考释，说者多至几十家。丁山先生以字的上半部 释保，而以全字释翼，给人启发。其实，以整个字释保似更确当。温少峰老师曾讲， 与 是一个字的两种写法，一个是正面形象，一个是侧面形象，前者是族徽，为对称美观起见而画作正视图；后者为常用字，以省简可识为目的故作侧视图。由于正面难以画出背上的小儿，所以改画在人

《甲金篆隶大字典》中的"保"字

　　甲骨文中的"保"字形体是面朝左的一个大人，其手臂特别长，在其背后接抱着一个婴儿（子），关怀备至。

头顶上；再上面的 ⺆ 为床形，表示小儿在床（犹在襁褓），还不会走路，以象征其幼小。

以上列金文图形为族徽的铜器自宋代以来多有发现，其时代大多属殷周之际，而尤以周初为多，可见以此为徽的家族地位异常显赫，与周代保氏的显赫兴衰很是相符。周初召公为太保，地位仅次于周公。周公死后，召公便独掌王室大权，而且终西周一代，召公子孙世为王室重臣，可算是王室中最大的世家豪族，也因此与西周王室俱荣俱衰。所以，铸有这个族徽的铜器很可能大部分就是召公家族的。

教

字形右边为手执鞭朴之像。《尚书·舜典》："朴作教刑"，朴就是棍棒，相当于后世先生的戒尺、教鞭，学生不听话便按翻在凳子上打一顿屁股。中国人历来信奉棍棒教育法，相信"黄荆条下出好人""不打不成器"这类格言，所以教育的教字要以手执鞭朴来表现。

教字左边所从之 𡥉，下面是个子字，表示教育的对象是小孩子，这一点没有疑义，关键在于上面的 ✕，其所象征之物，颇令学者们费脑筋。在孔子以前，只有贵族子弟才有接受教育的权利，周代的教育内容是"六艺"，包含六个课目：礼、乐、射、御、书、数，即礼仪、音乐、射箭、驾车、语文、算术。有学者因此认为 ✕ 就是算筹之形，表示教小儿学习算术。但算术在六艺中并不重要，不能代表其

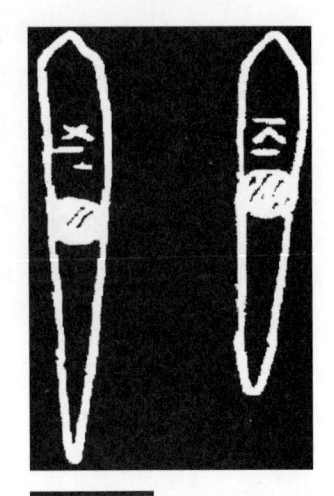

骨器刻辞

此骨器出土于陕西省张家坡西周文化遗址。从这两件骨镞的铤部，分别发现一组由三个数字符号组成的刻画卦象。

时的教学内容，何况殷商时是否教以六艺都还难说。又有学者提出像结网之形，但却不能说明为什么以结网来代表教育。还有学者说是结绳记事之形，但既然已有文字，还学结绳记事干啥？依我之见，教、学、孝（皆见下）诸字都从 ※ 来看，这两把叉肯定表示的是学习内容或学习工具。近年张政烺先生对殷周考古中发现的一些成组数目字加以研究，认为那是一种"八卦文字"——数字卦象。它一般以三个或六个数字为一组，如 ※（从上往下看：十八五），※（一一六一八五）等，还有一个铜爵铭文作 ※（五五五），与教、学所从近似。所以字应即卦爻之爻字，是数字卦象的象形；

爻

※ 是教小孩用蓍草占筮之形。卜和筮在殷周时代都是非常重要的活动，殷人信鬼，事无巨细都必须先卜筮而后行；周人也迷信，与殷人比不过是五十步与百步之差。《周礼·筮人》："凡国之大事，先筮而后卜。"一件事情，如果王和大臣的意见与卜筮结果相左，必须依卜筮行事，可见卜筮作用之大。因此，卜筮应是贵族子弟的基础课、必修课，是学习的主要内容。

學

※ 要办教育，就得有场所。學（学）字上面为双手捧爻，下面为房屋，正合学舍、学官、学校之义。根据卜辞记载，殷商时已经有了"大学"，殷墟小屯南地甲骨第60片有"于大学寻"之语。既有大学，自然就有小学，《礼记·王制》："小学在公宫南之左，大学在郊。"郑注："此小学大学，殷之制。"学校是接受教育之处，名词动化，学字就有了学习之义。

孝

※ 爻下有人，与教字左边所从爻下有子是一个意思，甲骨文从人与从子同义，因此教、孝二字是一个事物的两个方面：教是要人学习，所以加棍棒；孝是自己学习，就无须强迫。孝的本义是接受长辈的教诲，顺从

《甲金篆隶大字典》中的"孝"字

"孝"的本义是对老人"孝顺"。金文中"孝"字形体，上部是面朝左长着头发的驼背老人，老人之下有"子"（小孩），老人的手按着小孩的头，是小孩用头扶持老人行走，真是个大"孝子"啊！

长辈的意志，与教、学一起构成教育过程的三个方面：教强调的是授业，学侧重的是接受，孝提倡的是学习态度。后来孝被加以引申，变成孝道，孝到极处，就成了"父要子亡子不得不亡"的吃人礼教。可近几十年民智大开，民主风行，孝道已变得难寻踪迹，个别人甚至走到了另一个极端，以致常发生"子要父亡父不得不亡"的现象。

综合教、学、孝三字，它们都从爻作，爻在这里主要是以形表意，但它同时也有表读音的作用。《说文解字》称此类部首为"亦声"，是"也兼声符"的意思。这在汉字中并不鲜见，不少会意字、形声字的部首都是形符兼声符，如媚字所从之眉，此字所从之止，可参见有关字条。

改　　这才是纯粹的按翻了打一顿屁股之形。右边为床、案之类，让小子趴在上面，再手执鞭朴进行惩诫，责令其认错改过，真正体现了"朴作教刑"的作用，所以改有改正义。字或作（左边的在卜辞中常与通用），即今改字所本。

第八章
甲骨文中的疾病死亡

第一节 疾 病

据胡厚宣先生等专家的研究，甲骨文中所反映的疾病有一二十种，包括内外科、五官科、传染科、泌尿科、精神科、产科、儿科等科别，这是我国最早的病例记录。其中关于龋齿的记载，比国外早了700多年。殷人似乎特别为口腔疾病所苦，卜辞中有关口齿舌喉的疾病记录相当多，而且分类也细。似乎暗示殷人饮食习惯有问题或不太注意口腔卫生。

甲骨文中有关疾病的记载虽多，但绝大多数却只是从词句内容中表现出来，如像"疒足""疒齿""心疒"等等。还有些卜问人体某处疾病的字，是在相应的字上加个"C"形符号，如"有疒 "，表示病在小腿部位；"有疒 "，表示病在脚掌旁边（也有人认为这是指疖肿包块一类的病症）。这类疾病记载虽也表现在字形上，却又无法隶定。因此仅从字形上来看，甲骨文所反映的疾病不太全面。

甲骨卜辞　西周

此甲骨文出土于陕西岐山县周原。卜辞隶定为："八月辛卯，日其病取（去），往西亡咎，隻其五十人。"病为头痛，病去即头痛病愈。全文意为：八月辛卯日，王的头疼病愈，往西征伐没有灾祸，俘获五十人。

第八章 甲骨文中的疾病死亡

疒 音床 chuáng

▨、▨像人卧病在床而周身有汗之形。人生病常发烧发热，继而大汗淋漓，用这个字形来表示人卧病在床，真是形象生动。从字形上看，这大概是内科诸病。甲骨文中关于生病的记载常用此字作宾语或谓语，如"弗疒？有疒？""已疒，不死？"及上引"疒足""疒齿"等等，字或省点为▨，金文作偏旁时为▨。小篆作▨。《说文解字》："疒，倚也，人有疾病，像倚箸之形。"其解释正与甲骨文字形密合。从字形和意义上讲，这个字应是病字初形。

病疾矢

▨这箭矢之形▨，即矢字，字从大（与从人同义）从矢。像人胸胁之上中了一箭，受了外伤。从初始的含义看，疾与病（疒）应是内、外科的专字，一指外伤疾患，一指内科病症。但后来二字意义合一，都是概言各种疾病。又因字从人从矢，会意人行如矢飞，因此疾字又生出急速、飞快的意义来，如疾走如飞，疾如流星等等。

介疥

▨、▨像人身上有皮屑洒落，这是患了皮肤病，即疥癣之疥的本字。引起皮屑脱落的皮肤病主要有两种：一是疥疮，是由疥虫感染引起的，这种病过去较为普遍，与卫生条件差有很大关系。疥疮可发于除面部外的任何部位，其症状是奇痒难忍，以致影响工作生活，因反复抓搔，故可导致皮肤增厚并变粗糙，同时伴有大量皮屑脱落。另一种是牛皮癣，即神经性皮炎，在我国人群中发病率很高。它又叫银屑病，病如其名，患处表皮粗糙如牛皮，白色皮屑飘落飞洒，犹如满身的鳞皮甲屑。介字由此引申出鳞甲之义，如称甲胄为介胄，鱼类为介鳞等等。又因皮屑轻微，因此介又有纤小的意思，如一介书生，一介不取等成语，即用此义。

疑

▨像一人拄杖于路旁而东张西望，学者多释作问道之形。但问道者何须拄杖？以笔者愚见，因 ↑ 在绝大多数情况下只表示道路而不是指十字路口，而人在大路上还东张西望找不到路，定是白痴无疑。白痴在医学上叫做痴呆症，严重者往往伴有运动障碍，这是由于脑部运动中枢神经发育不全，表现为局部或全身性肌无力，身体不由自主地晃动，头部左右摇摆，走路不稳及张口流涎等症状。 形正像摇头张口拄杖之状，符合痴呆症患者体征。因此，疑字本义为痴呆之痴的异体字——癡。该症患者智力十分低下，往往什么都不懂，因此引申出疑惑、疑问之义。

矢仄

、《说文解字》："矢，倾头也。"字正像人头倾侧，即仄的本字。人头倾仄不正，作为一种疾病，西医叫"斜颈"，俗称"偏颈"。其病因有两种，一是由脑部有关末梢神经器质性病变引起的，属神经系统疾病；一是功能性的，如强迫症、不良习惯等等，属精神疾病。

蔑

像一人而突出其眼睛，脚下还放着一只戈（ 为戈字）。《说文解字》："蔑，劳目无精也……人劳则蔑然也。"人过度疲劳，会导致人目光散乱，眼神迷离，半睁半闭，似睡非醒，这种现象最易发生在军事人员身上，尤其是战争时期，精神高度紧张，以至于几天几夜不休息地行军打仗，因此蔑字从戈；戈上有人睁着眼睛，有如"枕戈待旦"的成语，说明这是人强打精神想睡又不敢睡，眼睛半睁半闭似睁还闭的样子，这正是疲劳症的体现。因此蔑然就是眯然，蔑的本义就是眯。又人眯着眼看，是一种轻鄙不屑的神情，也即蔑视、轻蔑之蔑。

䁣_{音渊 yuān}

、 像人眼球从眼眶里掉了出来，眼瞎之形。《说文解字》："䁣，目无明也。" 眼睛瞎了，自然枯陷无光,就好比井中无水。井的单位是"眼",称一眼井、两眼井,井中无水,失去光亮,就像有眼无珠。所以枯井又叫眢井,民间也叫做瞎井。

齲 音取 qǔ

⌀、⌀ 前一形为齿中有虫(虫字见后),后一形为舌下有虫,这是龋齿之病。民间认为,牙病是牙齿里长了虫,把牙蛀空了,所以叫做"虫牙"。以此形观之,殷人也是这样认为的。其实用现代医学的眼光看,牙齿上的空洞是牙缝中食物残渣发酵变酸,腐蚀牙釉质或牙本质而形成的。若空洞深入牙髓,则会因直接刺激牙根神经而引起疼痛;如果发炎,更会出现患者脸部肿胀、头痛、全身恶寒发热等症状,令人十分痛苦。所以有"牙疼不是病,疼起来真要命"的民谚。

歇骨 音押 yā

⌀ 右边的 ⌀ 形是骨头,即骨字初形;左边一人跽坐而嘴巴大张,表示被骨头卡住喉咙,欲吞不进,欲吐不出。这种如有骨梗在喉部的病症,除因异物噎着外,还有食道息肉、食道癌等等。此外,《说文解字》释"歇,咽中息不利也"。咽喉中气息不畅,即呼吸困难,气管有堵塞感(窒息感),这常见于一些下呼吸道疾患,如肺气肿、气管炎、哮喘等等。至于歇字到底是指食道阻塞还是呼吸阻塞抑或二者兼指,由于没有进一步的证据,不敢乱说。

恐龙骨骼化石
"骨"字的本义是"骨头"。甲骨文中的"骨"字左右的小竖画像骨头转折处突出之形,其中的斜线像骨架支撑之形。

痒 音呼 hū

⌀ 左下边的 ⌀ 为乎字,在这里作声符,右边为梦

（㝱）字（见第五章第五节梦字条）。字从梦（㝱），乎声，表示在睡梦中呼噜连声。后因 [字形] 与 [字形]（疒）形近而变为从疒乎声的㾓字。《集韵》癰字条下说："或作㾓"，是说癰字又可写作㾓；《玉篇》释癰义为"物阻咽中也"。人打呼噜就是因悬雍垂（俗称小舌头）阻塞呼吸引起的。因此这个字应是打呼噜之呼的专用字。

乎

疚 疛

音又 yòu

音纣 zhòu

[字形]、[字形] 像人躺在床上以手捂着肚子，腹疼之状；还有的写作 [字形]，身上有汗液，这自然是发烧发热了。《说文解字》中有疚、疛二字，解作"疚，颤也""疛，小腹痛"。实际上两者是一个字，古文字中从又和从寸是一回事。综合以上字形字义来看，这个字是表示下腹疼痛伴寒颤高热，这是急腹症中炎症性病变的典型症状，如急性阑尾炎、胆囊炎、腹膜炎等等，一些妇科疾病炎症严重时也有这类症状。

疝 纠

[字形]《广韵》音纠 jiū，《集韵》音绞 jiǎo。《说文解字》："疝，腹中急也。"右边的 [字形] 即纠绞之纠，示意腹疼如纠（纠）绞；下面的三点，表示拉肚子而有所下泻。这种腹部绞痛伴腹泻的症状，是急性肠道炎症的表现，常见于急性溃疡性结肠炎、细菌性痢疾及肠炎等等。

蛊 虫

音古 gǔ

[字形]、[字形] 皿中之 [字形] 为虫字，虫的本义是蛇，也泛指其他虫类。《说文解字》："蛊，腹中虫也。"按此，则蛊（蠱）是肠道寄生虫病名。另外，在传说中，蛊是

双蛇三轮盘

此双蛇三轮盘是吴越地区贵族使用的盥洗器，属于官营手工业的产品。

蚩
音吃 chī

它
蛇

一种吸毒虫，说是把一百只毒虫放在一起，让它们互相吞食，最后剩下一只最毒的就是蛊。用蛊制成的毒药，可以致人昏乱发狂。"蛊惑人心"的成语，就是取自这个传说。

🐍、🐍字下部为蛇形，上部从止，表示脚踩到蛇或被蛇咬了脚。这是蛇虫咬伤之疾。甲骨文"它"字作🐍，为蛇虫之象形。这是它字本义，也是蛇字本形。小篆它作🐍，即从此形变来。一般的蛇并不主动攻击人，多半是人踩到了蛇才本能地反咬一口。在炎热的夏夜，土路比草丛散热快，蛇常爱卧于路上乘凉，极易被人踩到。笔者当年在农村当"知识青年"时，就多次见到因踩蛇而被蛇咬伤者。有一次我也差点踩到一条小青蛇身上，幸亏我反应快及时收脚，才免去大难一场，但也吓出了一身臭汗。

上古人烟稀少，草木繁茂，毒蛇和猛兽一样是人类大患。传说中的蚩尤是中原民族最凶恶的敌人，蚩是被蛇咬，尤是灾祸的意思，所以蚩尤就是带来蛇虫之灾的人。那时人们见面的问候语是"无它乎？"即"没被蛇咬吧？"卜辞中便有许多卜问"亡它？""不它？"之语，与问"无它"同义。不同的问候语，常反映出不同的时代和心态特征。如在饿肚子的年代，老百姓见面便问："吃饭没有？"达官贵人没有饿饭之虞，只怕生病夭寿，于是相问"别来无恙？"商人见面是"恭喜发财！"嫌弃黄脸婆、窝囊汉者见面则问："离（婚）了吗？"现代人生活节奏快，说话洒脱干脆，便流行问"你好！"一个好字，把福、禄、寿、喜、酒、色、财、气全都包括进去了。

第二节 医 疗

有病必然有医疗。殷商人的治病方法大体有三种：一种最为常用的，是求神问卜、祭祀祈祷以求病愈，甲骨文中所反映的几乎全是这类医疗观念，可见当时真正的医学还处在原始阶段。第二种是药物治疗，但这类记录迄今为止在甲骨文中几乎没有发现，笔者仅考释出一个瘵，即疗字。可喜的是，在1973年河北藁城台西村商代中期遗址发掘中，发现有作为药物使用的桃仁和郁李仁。这两味药都有活血、润燥的功能，证明在商代人们确实已经知道使用药物来治疗疾病。商人治病的第三种方法是采用针刺按摩。根据康殷先生的研究，甲骨文中有一些字就是以针刺治病的形象。藁城台西遗址还出土了一把装在漆盒中的石镰，据认为这是一种古老的医疗用具——砭镰。砭镰的作用有二：一是引流，割破痈疖脓肿以放出脓液；二是内病外治，在一定穴位割破皮肤放血以治病，这是我国古代传统的"针砭药石"诸种方法中的一种。由此可以推断，针砭疗法至少也可以追溯到三千多年前的商代中后期。

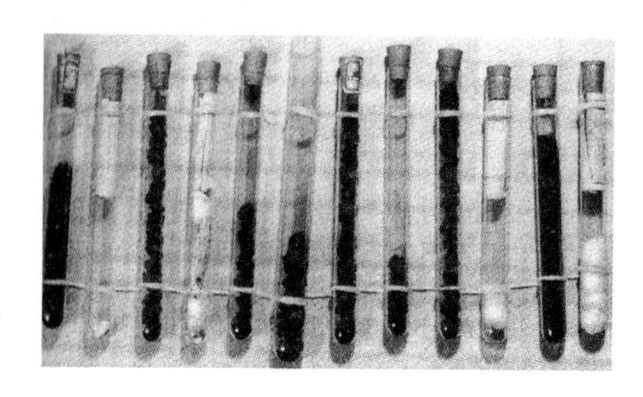

药材　商代

图为1973年河北藁城出土的桃仁、郁李仁等药物。

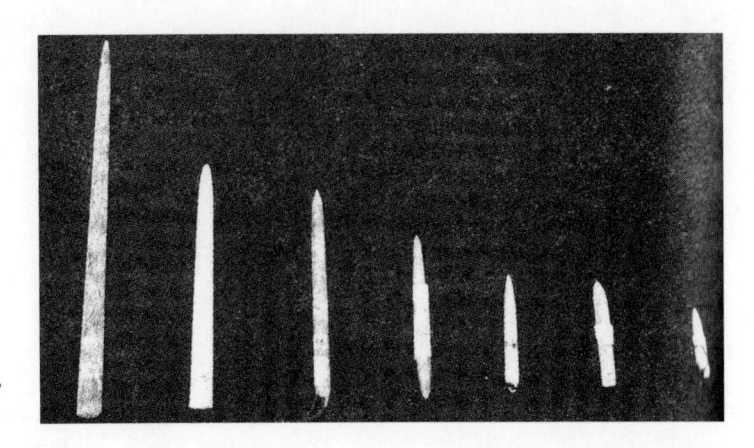

第八章　甲骨文中的疾病死亡 | 129

玉石针　商周
最长的针为 18cm，
最短的针为 2.5cm。

殷 殹 医　这两个字形康殷先生都释为殷，认为即殹（医）字初文。从字形上看，像针刺人身以治病之形，这是殷代已有针刺疗法的证明；从声类上讲，殷、医同音，殷是本字，医是后起字；从字义上说，殷有治理、调正之意，是从医疗之义引申出来的。

伊　像持针刺人之背，也是针刺治病的形象。从字形、字音、字义上都与殷、医相同，只变刺腹为刺背。这似乎暗示殷人掌握的人体穴位已经不少，可以针刺不同穴位治疗不同的疾病。针刺疗法是中国的一大发明，其理论基础是经络学说，曾与鸡血疗法、冷水疗法等一起广为流行，但因其效果作用可疑，故至今毁誉参半。其实，针刺疗法确实对某些病症有一定疗效，如针刺激活神经以治疗肢体功能性障碍，对非器质性病患也有暗示疗效。像针刺麻醉，就是在强烈暗示作用下达成的。

尹　像以手执针之状，也表示以之治疗疾病。因此尹也有治理的意思，也同样是从治疗引申而来。尹又是官名，如大尹，府尹，这是由治理行为转义为治理者。商初有贤臣名叫伊尹，曾协助商汤治理天下，大约也是因他善于治国而叫这个名字的。

以上三字，都是引自康殷先生的观点。不过依我之

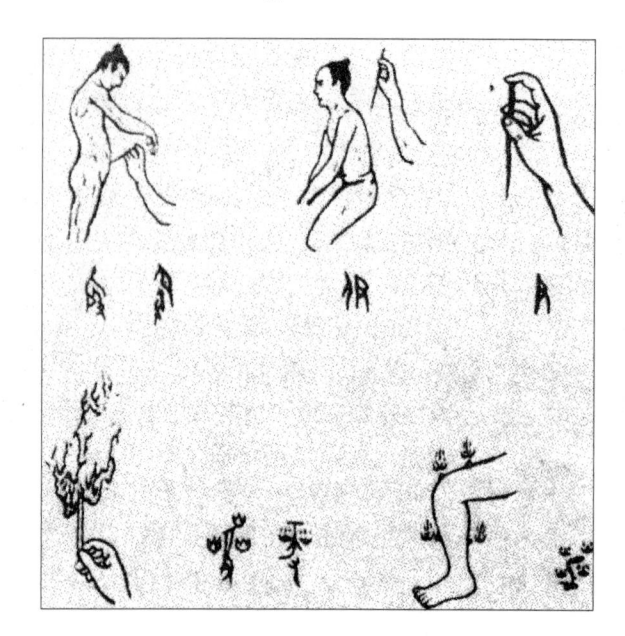

甲骨文中的针刺治疗方法

"尹"字的甲骨文像以手执针的形状；"殷"字像执针刺腹的形状；"伊"字像执针刺人背部的形状。

君

见，尹字也可以看作是手持权之形。君字甲骨文作 ，其下神器形 𠙹 正表示君权神圣，不可侵犯。而君与尹在卜辞中实为一字，都是指大权在握者，即君长之君。其治理之义，似乎也是从君临天下之君引申而来的。

燮

音泄 xiè

、 ，康殷先生也把此字作为针刺治病的证据，认为像将针在火中烧过然后再刺入。但 明为"辛"字，应是刀形而非针形。联系藁城台西遗址所出之砭镰，其形状作 ，正与燮字所从之 同，可证这是医用石刀的象形。整个字形为用火烧灼刀口，欲以割肤治病。此法自古有之，名曰"燔针"，就是用烧红的石砭刺割一定部位，据说可以驱湿除寒，医治风湿骨痛、化脓感染等症。从这个字可以推知，早在三千多年前人们就已经发明了燔针之法，它可以避免一般针灸容易引起局部感染的副作用，很有科学道理，只可惜没有推广开来。由医治义，燮又引申出治理、调和之义，与前面殷、伊、尹相同。

第八章 甲骨文中的疾病死亡 | 131

疠
音乃 nǎi

𦝼: 像一人躺在床上，另一人弓身用力为其按摩推手之形。按摩的人背上已见汗水，可知用力不小。从这个字形推测，殷人已经会采用推拿按摩治病了。《广雅·释诂》："疠，病也。"应是转义。

瘵 樂
同疗

、 字形右半为手持"樂"形。甲骨文樂（乐）字作 、 等形。罗振玉释为"丝附木上，琴瑟之像"，即音乐之乐。但迄今人们只知殷人有多种打击乐器，而尚未发现有弦乐器，故此为孤证。况且按字形释为琴瑟，也太觉迂曲牵强。我以为音乐并非乐字本义。从字形结构看，像草木之上结着串串果实，应为藁城台西所发现的桃李核仁之类，可以入药，因此乐（樂）的本义

藥 療

为草药之药（藥）。 字像手持草药于床前，明显是用于治病。《说文解字》："瘵，治也。療，或从尞。"故知瘵、療为一字，即医疗之疗。瘵为本字，療为后起形声字。

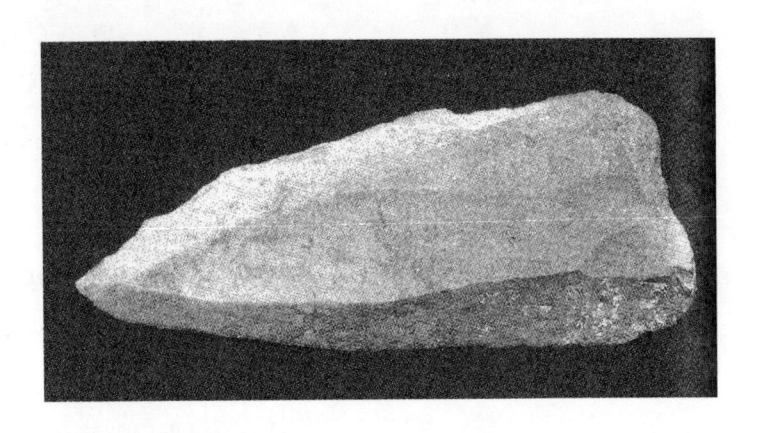

砭石　新石器时代
　　此石长70cm，宽3cm。尖端锋利，两侧有刃，先民们用以放血、破痛、去腐肉。20世纪70年代出土于河南淅川县下王岗。

第三节　死　亡

棄其箕

[字形] 刚生下来的孩子便死了，只好用撮箕装起，端出去丢弃。字上面的 [字形] 像死婴，身上污迹尚在，表示刚生下来还未洗过，也用不着洗了；中间的 [字形] 为其字，即箕的初文，是用竹篾或藤条编成的容器，即撮箕，北方又叫畚箕。以双手捧之，表示正要端出去丢弃。推而广之，凡丢弃、抛弃的行为都叫做弃（棄），而不论具体弃掉的东西是什么。

殇伤　音扬 yáng

[字形] 像矢中子形，应是表示小孩受箭伤而死。大人受了箭伤，只要不在关键处，一般不会致命；小孩抵抗力弱，中了箭多有性命之忧，故以此字表示小孩短寿夭亡，即殤（殇）之本字。《释名·释丧制》："未二十而死曰殇。殇，伤也。"《说文解字》则释："钖，伤也。"钖、殇都通傷（伤），可见它们本来就是一个字，即由小孩受伤夭折之义，引申为单纯受伤的钖，又变矢旁为人旁的傷，而另造从歹的殇以表示其本义。其形义演变如下：

[字形] —— 钖 { 殇　傷

死

[字形] 人形的左边是个歺字，像残半的胛骨。甲骨文冎（即骨字）或作 [字形]，像胛骨之形。而 [字形] 则像胛骨的一

第八章 甲骨文中的疾病死亡 | 133

狩猎纹样 青铜器 战国
图为战国青铜器上的弋射纹样。

歺 音聂 niè 同骨

半，即所谓"半骨"。《说文解字》："歺，列骨之残也，从半冎"，"列骨"就是裂骨，把骨头分裂为二。字以人在残骨之旁会意，表示人将要变成残骨了，也可以理解为人将与残骨为伴，自然是"死翘翘"了。

弔 弟 吊 同吊

⚡人多据金文弟字（⚡）释为弋射之形（箭杆后面拖根绳子以在射出后回收），于义虽可说通，但与字形不合。其实此字表示应为蛇虫缠身之像，金文多作⚡、⚡，至为明显。蛇虫缠身，意为将与蛇虫为伍或将作蛇虫之食，以此表示人已死了。所以《说文解字》释"弔，问终也"。即弔丧之弔，今也写作吊。这虽是转义，到底也和本义相关，但其后解字形为"古之葬者，厚衣之以薪，故人持弓，以会驱禽也"，则实在是莫名其妙。字在甲骨、金文中用为叔伯之叔，而典籍则常与淑善之义通。至于为什么死人之形会和叔、淑相通——我也没有想通！

叔

葬 中 艸 音彻 chè 同草

⚡ 其四角之 ⬇ 隶定为屮，同艸，即今草字。中间一人，四周为草，这是以人在荒草丛中表示人死后已被埋葬。小篆从死作⚡。从死或者从人，意义一样。甲骨文中还有个⚡，像人在地下棺材里，地面已长草了，这应该也是葬字异

墓葬 兴隆洼遗址

构。从以上字形看，古人很早就有在墓上种草植树的习俗。到春秋末年，伍子胥临死时也让人"树吾墓槚"，即在墓地上栽一株槚树（楸树）。只是这时墓地的草木种在平地上，墓上没有坟头，这是先秦不建坟冢的葬制体现。

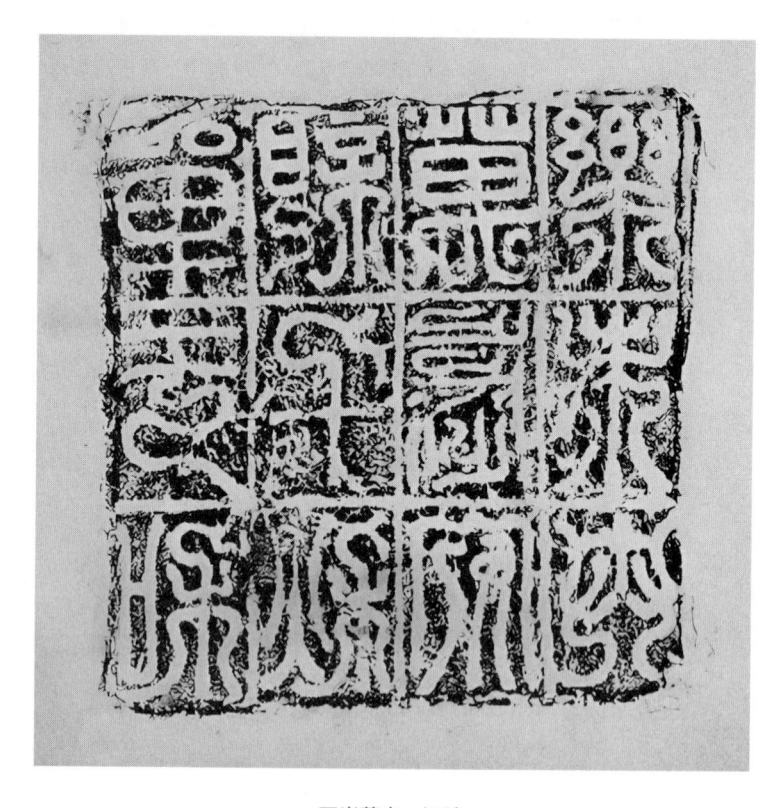

瓦当墓志　汉砖

第九章
甲骨文中的田猎活动

对于上古先民中的普通百姓来讲，狩猎是一种生产劳动，是一种谋生手段，是获取生活资料的一个来源。从字形上看，甲骨文本身所反映的狩猎活动也多数是生产性狩猎；但对于王公贵族而言，狩猎却主要是一种军事行为，相当于现代的军事演习（也有娱乐和献享——以猎物祭祀——的成分）。卜辞中所记载的田猎活动都是殷王所为，且规模巨大，次数频繁，猎获众多，完全不同于生产劳动性质的狩猎。这种以田猎作为练兵手段的做法自殷商以来一直为历代统治者所沿袭，直到清代都是如此。

凤凰车马狩猎　汉砖

第一节 狩猎对象

上古之世，人民少而禽兽众，那时要打猎很容易，大约出城邑不远就可以进行了；而且可猎之物甚多，如殷王一次出猎所获常有一两只虎，六七头犀，一两百只狐、鹿等等。不像现在，多少看起来荒僻的地方，也是除了山耗子以外什么野兽都难见到。从甲骨文字形看，

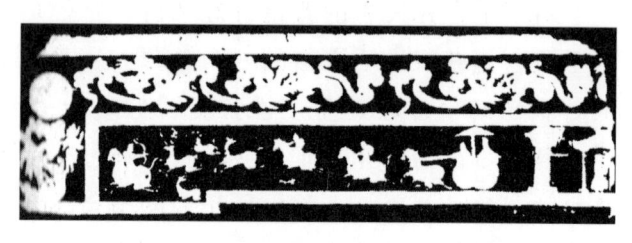

狩猎图 汉砖

先民狩猎的对象种类繁多，有草食性动物，有肉食性动物，也有鸟类；其中以草食性动物居多，因为它们繁殖快，数量大，较易猎取。

一、草食动物

鹿 字形所画的动物，头长叉角，短尾长腿，体态轻盈，正是一只可爱的小鹿。鹿是一种草原动物，也常生活在疏林地带，如我国东北林区即产鹿。甲骨文

麓 有麓字，作 ，就指的是林中之鹿。

除单个的鹿形外，甲骨文中还有以两个以上鹿形

麤 并列的，作 ，即《说文解字》中的麤字（"行超远

音粗 cū 也"）。此外，还有表现其他鹿科动物的，如麋，作

麋 形，从眉，因为麋鹿眼睛上方有眉纹；麋，字作 ，

第九章 甲骨文中的田猎活动 | 137

鹿 汉瓦当

甲骨文中的"鹿"字形体就是一只小鹿，头上有两只叉形角，眼睛圆睁，断尾上翘，像在奔跑的样子。

麤

音军 jūn

《广雅·释兽》："麤，麇也。"现在则写作獐。还有不少难以隶定的这类字形。麋鹿是我国特有的珍奇动物，俗称"四不像"，自汉代以来就是皇家园林中的宠物；野生的则喜欢栖息在温暖湿润的南方湖沼地区，但至清代野生麋鹿已极少。1860年10月英法联军焚掠圆明园后，麋鹿被一些外国军官和传教士弄到国外养殖，中国本土的麋鹿则不久灭绝。1985年，一个英国人将一批（22头）麋鹿送还给中国，放养在北京南海子；第二年又从英国引进了39头麋鹿，放养在江苏泰县大丰麋鹿保护区内；现在又在湖北天鹅洲建了麋鹿自然保护区，让麋鹿回到了野生自然环境中。目前，我国已拥有世界上最大的野生麋鹿种群。

獐 线描

《说文解字》："麤，獐也。"麤也就是后世所说的獐子，像鹿一样的野兽。

象

爲

长鼻，大耳，巨身，大象之形。据《吕氏春秋》记载，殷人能"服象"，即驯象以服劳役，甲骨文有爲（为）字作 ，以手牵象，就是服象之形；又河南古称豫，豫字从象，可见当时中原的确生活着象群。大象

象尊　商代

　　"象"字的本义是指"大象"。甲骨文中的"象"字，上部是大象的头，象的长鼻子向左上方伸展，下部是身子，最下端是尾。

　　是陆地上最庞大的动物，重量可达10吨以上。它身体巨大，力大无穷，虽然是草食动物，但除了人类以外基本没有天敌，连狮、虎等猛兽也不敢轻易与成年象对敌。

　　现在象有两种，一是非洲象，一是亚洲象。前者体形比后者大，双耳呈扇形，牙较弯曲，而且雌象也有长牙。亚洲象则只有雄象才长长牙。象牙色泽柔润，质地细腻，硬度适中，自古受人珍视。早在新石器时代晚期如河姆渡文化、大汶口文化遗址中，就发现有象牙制品。因此，大象始终是人们的重要狩猎对象，卜辞中就有不少"获象"的记载。到了近代，大象更是受到装备着枪支的人类的大肆捕杀，全世界的大象都面临灭绝的危险。"大象何罪？怀牙其罪。"据报载，近些年非洲大象已出现"拒绝长牙"的趋势，以此来避免杀身之

驯象图　汉砖

　　甲骨文中的"爲"字上端是一只手，其下是头朝上尾朝下腹部朝右的一头象，也就是牵着大象去劳动的意思。

祸。中国境内的大象似还没有聪明到这一步。云南的西双版纳是中国唯一的一块野生象群栖息地。2021年，原本栖息在此处的15头亚洲象一路向北，迁回行进1300公里后，又回到了"老家"。这次罕见的北移是中国野生大象离开栖息地最远的一次，引发了国内外的广泛关注。（编辑注）

兕 音四 sì

兕 音四 sì

、躯体庞大而头上长一独角，这是独角犀牛的象形。字又作兕，《山海经·海内南经》谓："兕，其状如牛，苍黑一角。"这有可能是爪哇犀或印度犀。犀牛身上也有一件令人垂涎的宝物，这就是犀牛角，犀牛角是名贵的中药材，又是高级工艺品原料。《诗经·豳风·七月》："称彼兕觥。"兕觥就是犀牛角杯。犀牛角价格自古就十分昂贵，汉朝人所作《神农本草经》说是"上价八千，中价三千，下价一千"。另外，犀牛皮也是做铠甲或其他皮件的上等材料。为了获取犀牛角和犀牛皮，贪婪的人们从没停止过猎杀犀牛。中国原有三种犀牛：印度犀牛（一角而体形较大），爪哇犀牛（一角而形体较小），苏门犀牛（双角）。它们曾广泛分布

兕觥　青铜器　周代

《说文解字》："兕，如野牛而青。象形。"甲骨文中的"兕"字的形体就是像犀牛一类的兽。

于南方各省。清代曾有禁止民间捕犀牛的通告，可见其时国内犀牛不少。但官方禁捕并非是保护犀牛，而只是为了独擅其利，以其皮作铠甲，并垄断犀牛角贸易。至20世纪20年代初，三种犀牛几乎同时在中国绝迹。目前，全世界的爪哇犀牛仅存30头左右，非洲的犀牛也在偷猎者的枪口下迅速减少，命运堪忧。

夒
音挠 náo

猴儿之形，王国维释作夒。《说文解字》："猴，夒也"；又"夒，贪兽也，一曰母猴，似人"。母猴就是猕猴，不是公猴母猴。猕猴又叫沐猴，因为据说它们爱以手擦面，像洗沐一样，"沐猴而冠"的成语，就是俗语"猴子戴帽也想变人"，骂人装相的意思。

猕猴是中国最常见的猴类，分布也最广，生活于热带至暖温带森林中，甚至高寒地区也可见到。猕猴形体不大，轻巧灵活，以野果、嫩叶、昆虫等为食，也偷食农作物。传说猴子掰苞谷，掰一个，往腋下夹一个，掰呀，夹呀，掰到最后也只夹着一个，这大约是称其贪兽的原因。其实，猕猴是一种十分聪明的动物，明朝戚继光曾训练猕猴杀倭寇，东南亚农民训练猕猴摘椰子，苏联人用它做试验上太空……李时珍说因猴面似胡人，所以叫它猢狲，日本一个教授甚至把人就叫做"穿裤子的猴子"；吴承恩更赋予孙猴子大闹天宫、降妖伏魔的本领，连殷人也把夒作为自己半神半兽的始祖。《说文解字》还有个夔字，是一种神怪名，说是"如龙，一

夔
音葵 kuí

———
一 猴

"猱"的本义是一种猿猴。甲骨文中的"猱"字的形体是猿类动物，身体敏捷，善于攀缘。

第九章　甲骨文中的田猎活动

猱
音挠 náo

足"，其实夒、夔是一个字。作为兽类，又可加犭旁为獶，后讹变为獿，又简化成猱。《集韵》就以夒、獶、猱为一字。长江三峡有个夔门，是因西周时此地有小国名夔，为楚国附庸。但不知此夔国是否因多猿猱而得名？

兔

长耳短尾，后腿特别长的小动物，兔子之形。兔子在世界各地都有分布，一般生活在草原或丘陵地带。兔子在自然界的食物链中处于较低级的地位，稍大型一点的猛兽猛禽都以它为食。而兔子则采取两套办法来对付捕食者：一是逃避，兔子机警胆小而善跑，它整天都生活在随时准备逃跑的紧张状态中，一有风吹草动便立即逃之夭夭；二是具有极强的繁殖力，以数量补质量，让天敌吃饱喝足之余还剩有足够的个体保持种群的延续。所以虽经各种天敌尤其是人类的大肆捕杀，如今也还能在人烟稀少的地方偶尔见到它们的踪迹。

此外，常见的草食动物还有野猪、野牛等等，限于篇幅，不再赘述。

兔　泥玩具
北京民间泥捏的兔子形象，俗称"兔儿爷"。

二、肉食动物

虎

张着血盆大口，身上有条形花纹的动物，不是老虎是什么？虎是一种林栖动物，居于食物链的顶端，是兽中之王，除了人以外几乎没有天敌。中国原产的老虎有东北虎和华南虎两个亚种。东北虎是世界上体形最大的老虎，它体长可达3米多，重逾300千克，一跃可达7米以上。虎的力气很大，能一口气把300多千克的牛咬死后往山坡上拖三千米之远；它还是游泳能手，可以毫不费力地游过黑龙江。在民间故事里，老虎的师傅——猫留了一手，没有把爬树的本领教给虎，所以虎不会爬树。其实，老虎也能顺着倾斜的树干爬到大树上去。

　　虎也是殷人重要狩猎对象，不仅甲骨文中有不少"获虎"的记载，殷墟考古中也发现了虎骨，经鉴定的虎头骨就有20多个。虎因其威猛雄壮，自古受到人们的尊崇神化，但仅限于崇拜假虎，凡遇到真虎都必欲置之死地而后快。这又是一个难解的人类心理之结。

　　虎的踪迹曾经遍及亚洲东部和南部。我国大部分地区的山林中都曾有虎出没，至20世纪50年代后期西南地区仍有人见过野生虎，我母亲的一个爱好打猎的同事就死在峨眉山区的虎口之中。在人们的意识中，老虎是要吃人的，打虎者因此被视为英雄。但据专家们说，无论是东北虎还是华南虎都从不主动伤人，只有伤害到它时它才咬人，而且也不会吃掉被咬死者。正因为这种讹传，也由于老虎一身是宝，50年代以来老虎遭到大量捕杀，并美其名曰"除虎害"，甚至提出"人人学武松，个个打老虎"的口号。以华南虎为例，过去它们的身

虎纹　青铜器　周代

影遍及南方各省区，仅1952年至1953年，湖南省就捕杀华南虎170只；1955年至1956年，江西省也捕杀171只。1956年华南各省共收购虎皮1700多张！

刺虎图　周代

因此现在野生华南虎已在大部分省区绝迹，几近灭种。近二十多年来中外专家多次进行野外考察也未见到过一只，最乐观的估计是不到20只，根本不足种群维持数量；而全世界人工喂养的华南虎也只有四十几只，看来华南虎的灭绝只是时间问题。野生东北虎的情况也差不多，专家估计中国境内也是不足20只。幸好俄罗斯境内

虎群　阴山岩画

还有一些，但全世界也不到150只。

**狼
良**

　　这是个形声字，从犬，良声（左边为良字，表示其读音同良）。狼是犬科动物，是一种群居的草原猛兽，能攻击比它大得多的动物，连虎豹也要对狼群退避三舍。所以人们都认为狼十分凶残狡猾。狼的捕食习性，是在长期的生存竞争中获得的，弱肉强食是动物界的基本法则，无所谓好坏。一个美国人曾深入狼群体验生活后宣布，狼也重亲善友谊。如果这种亲善指的是狼群内部的关系，那是天经地义，不然它们怎么会结成群

体？但若是狼对其猎物讲亲善友谊的话，那它们就只有饿死光光了。

狐亡 这也是个形声字，从犬，亡声。即亡，音义都与无字相同，所以作为狐的声符。狐狸也是犬科动物，常出没于荒丛废墟之间，行动迅疾，悄无声息。尤其令人惊异的是，狐狸有着非同一般的聪明机警，想捕猎它是很困难的，连猎狗也常中它们的诡计。有人报道，说是一只狐狸在被猎狗追赶时，顺着铁路迎面向飞驰而来的火车奔去，在火车临近的一刹那突然跃出路轨，让后面紧追不舍的猎狗死在车轮下。狐狸在捕猎时也是"高招"迭出。有人观察过狐狸捕家兔的过程：它开始并不急着扑上去，而是先若无其事地在兔子周围玩耍，忽而玩着一块小石子，忽而转着圈追自己的尾巴，一副天真无邪、纯洁善良的模样。等兔子放松警惕在一旁呆看时，狐狸却一跃扑上，将尚未回过神来的兔子一口咬住。正是因为狐狸狡猾诡谲，中外民间都把它作为妖异的化身，与鬼怪同列，认为狐狸能修仙成精变化害人。中国的《聊斋志异》，外国的《狡猾的列那狐》，都讲了许多狐狸的精怪故事。日本曾拍过一部电影叫《狐狸的故事》，用拟人的手法科学地描绘了狐狸的生活与习性，极富情趣。

龍 、 这两个都是龍（龙）字。前一个龙形是长吻粗身四足有角，后一个龙形是长尾细身大口有冠。二者都身披鳞甲，似乎属爬行类。但龙并非实有其物，是在人们的想象中由多种动物形象拼凑而成的。如说它是牛首、鹿角、鹰爪、蛇身等等。从民族学的角度看，一般认为龙是早期中华民族的图腾（原始民族的崇拜标志），秦汉以后附会为君主的化身，如今则成为中华民族的象征。

第九章　甲骨文中的田猎活动 | 145

一
龙

"龙"是指上古传说中一种能呼风唤雨的神奇动物。甲骨文中的"龙"字就是一条简笔绘出的大龙。

龙的形象在我国出现得非常之早。1987年在河南濮阳西水坡仰韶文化遗址中发现一座墓葬，在中年男性墓主身边一左一右各用蚌壳摆塑一龙一虎图形，距今已有五六千年，被誉为"中华第一龙"。可是没过多久，即在1994年，考古学家们又在辽宁省阜新县查海村8000年前的祭祀遗址中发掘出一条长达19.7米、用大小均匀的石块堆塑而成的巨龙，它无论从大小还是时代来看都超过了濮阳龙，"中华第一龙"的桂冠应属查海龙无疑。但这两条龙的意义远不止此，它们对于解决龙的原型动物问题提供了重要线索。

关于龙的原型动物是什么，近年来颇有争论。有人认为是蛇，有人认为是鳄，还有人认为是猪，都各有证据，言之凿凿。上述二龙的发现，似乎说明龙的形态有两个起源，一是中原民族，以鳄鱼为崇拜神物，所以其龙形身体较粗短，粗尾四足，如濮阳龙那样，也是前一个字形所示的样子，叫做兽身龙；二是东北民族，以蛇为灵物，其形象为身体修长，细尾无足，查海龙是其典型，也即是后一个字形所示，叫做蛇身龙。商人起源于东北，后又入主中原。考古学上也发现东北红山文化与商文化关系密切，因此商人融合两种龙形是很自然的事。不过这种融合并没有在殷商时期完成，直到东汉仍

四像图　瓦当　汉代

图左为青龙，右白虎，上为玄武，下为朱雀。此四物为古代四灵，分别代表四个方位。

是两种龙形并存，如汉画像砖上的"四灵"像，其"东方苍龙"就是兽身，与"西方白虎"在体形上区别不大。

所谓四灵，又称四像或四种兽，是代表四个方向的四种神异动物。濮阳偏东，这里应是崇鳄氏族的活动区域，故有"东方苍龙"之称；辽宁在北，是崇蛇之区，故有"北方玄武"之谓，玄武是龟蛇缠绕之形；"南方朱雀"，朱雀的原型动物是孔雀，为南方民族所崇拜；而川、鄂之间的巴、濮民族崇尚白虎，故有"西方白虎"之说。可见四灵就是四方民族的崇拜物，亦即民族学上的图腾。

在上古时期，鳄鱼曾广泛分布于黄河与长江中下游地区，在安阳殷墟就发现过扬子鳄的遗骸，可见鳄也是殷人的狩猎对象。鳄属爬行类，是恐龙的近亲。它长相丑陋，性情凶猛，既能水栖，又可陆行，出没无常，多采用偷袭的办法捕捉猎物；有的大型鳄类还伤害人畜，甚至犀牛、狮、虎等大型猛兽都是它的口腹之物，因此

貘尊　青铜　西周

这件貘型尊，体壮而足短，背穴有盖，上有一虎，大圆耳、大目、长吻。

给人以强烈的恐惧感和神秘感，难怪我们的祖先要敬畏它。但最近一万年以来，鳄鱼栖息的最北界只到黄河中下游，所以生活在辽宁的古人不崇鳄而是崇蛇。

我国的现生鳄类目前仅存一种，即分布于长江下游的扬子鳄，俗称"土龙"或"猪婆龙"。扬子鳄体形较小，性情温和，以鱼虾、水禽和岸边小动物为食。但我国也曾有过凶猛的鳄类。唐代大文学家韩愈曾写过一篇《祭鳄鱼文》，讲他在被贬作潮州刺史时，因当地鳄鱼"食民畜、熊、豕、鹿、獐"，所以著文命令所有鳄鱼在三日之内，最迟不超过七天全部迁往南海，若是到期不走，就要派人用强弓毒箭"以尽杀乃止！"其他古籍也记载华南有体大而凶猛的鳄鱼食人畜、虎鹿。像这种以大型动物为食甚至吃人的鳄鱼绝不会是扬子鳄，而应是湾鳄或马来鳄一类的大型凶猛鳄鱼，这两种鳄都有"食人鳄"的恶名。20世纪60年代以来，广东曾出土不少鳄鱼遗骨，身体长达6～8米，活着时应有1吨多重。但鳄鱼再凶再恶也斗不过人类这个"好猎手"，大型鳄类约在20世纪初从中国领土上绝迹，如今已被"驱赶"到印度、东南亚去了。而中国特有的也是唯一的现生鳄类扬子鳄，也濒临灭绝的境地，龙的故乡已快没了"龙"。

另外，属于食肉动物的还有豹、貘、狈等等，从略。

三、鸟类

佳 音追 zhuī

🐦、🐦 鸟形的简笔画，本义就是鸟。所以《说文解字》说佳是"鸟之短尾总名"。而在甲骨、金文中佳字仅用为虚词，且多为发语词，无确切意义，与后世文言文中的惟、维等同。但在构字中，佳的鸟义却仍存，现在从佳的字亦多半与鸟有关。如甲骨文**集**字作 🐦，像鸟飞集于树木之上；**獲**（获）字作 🐦，像以手捉鸟之形，表示有所猎获；獲字又与**隻**（今简化为只）字同形，量词，表示捉到的是一只鸟。甲骨文中另有**鸟**（鸟）字，作 🐦、🐦 等形，图画的意味更为浓厚。

雀 🐦 以小佳（鸟）会意，或又像鸟喙前有米粒，表示以粮食为食物的小鸟。《说文解字》："雀，依人小鸟也。"依人无从说起，以小鸟为雀则是古今一义。吃粮食的小鸟，最常见的是麻雀。我们因此曾认为麻雀是大大的害鸟，在20世纪50年代把它列为与老鼠、苍蝇、蚊子同类的"四害"，搞了个"除四害"运动，必欲坚决彻底消灭之而后快。当时是全民动员，全国动员，从小学生到老太太，人人手拿长竿、破盆，见到麻雀便又敲又打地哄赶，为的是不让其落地休息，居然也真累死了不少。直到后来有

鸟栖枝　汉砖
甲骨文中的"集"字形体，上为"佳"，下为"木"，字的本义就是"鸟集于枝头"之意。图为群鸟栖息于树枝上的情景。

麻雀 线描

甲骨文中的"雀"就像一只鸟，头顶上有一撮米粒。"雀"字本指"小雀儿"，如麻雀、山雀之类。

专家上书谏言，说是麻雀不光吃粮食，也吃害虫，尤其在育雏期以害虫为主食，论起来还是功大于过。这才在"四害"中把麻雀撤换下来，让臭虫去顶缺。

鸿 字从隹，工声，鸿雁之鸿。《诗经·小雅·鸿雁》注："大曰鸿，小曰雁"，可知鸿就是雁。既然鸿是鸟中之大者，则鸿字由此生出大义，与宏、洪义近。比如说某人干了一番事业，就叫交了鸿运，大展了鸿图。又：当年陈胜是个帮人耕田的雇工，有一天，坐在田边休息，发了一阵呆，突然对其他人说："若有谁富贵了，不能忘了哥们儿。"有人讥笑他说："像你这样一个打工仔，哪来什么富贵呀！"陈胜叹息道："燕雀安知鸿鹄之志哉！"意思是小雀雀哪里知道大雁天鹅的远大志向啊！后来他果然发动了秦末农民大起义，大展了一番鸿图，也交了一阵鸿运，只可惜好景不长，最后还是失败了。

雁 诸家都据金文和《说文解字》释为雁字，可从。鸿与雁其实是一种鸟，肥大的叫鸿，瘦小的叫雁，所以人们常鸿雁连称，或通称大雁。民间又把大雁叫做雁鹅、野鹅，因为家鹅就是从大雁驯化来的。古代把家鹅也叫"舒雁"（鸭则叫舒凫，凫是野鸭），舒有迟缓之义，家鹅比起大雁来自然是笨拙呆滞，所以称舒雁大约有贬其为呆头雁的意思。

不过鸿雁在中国还是很受人喜爱的鸟类，传说它还能替人传递书信。西汉时，苏武奉汉武帝之命出使匈奴，被扣留在北海（今贝加尔湖）边的荒原上牧羊，受尽了折磨。后来汉朝又派使者到了匈奴，要求放还苏武，但匈奴人却谎称其已死。汉使这时已经得知苏武的情况，就对匈奴王说："我们皇上在御花园中射下一只大雁，雁脚上绑着一封信，上面说苏武在北海。你们怎么说他死了呢！"匈奴人信以为真，以为苏武有上天相助，只好答应放人。苏武在受了十九年的苦难之后，才得以从寒冷的北海回到祖国温暖的怀抱。以后人们就用鸿雁传书来比喻书信往来。

雚 观（觀） 萑 鹳（鸛） 凤（鳳）

音灌 guàn

音环 huán

字形像瞪着一双又圆又亮的大眼睛的鸟，猫头鹰之形。猫头鹰是一种夜鸟，白天在树上睁一只眼闭一只眼地睡觉，晚上才出来活动。它身体较大，飞行时无声无息，黑暗中只见两个绿莹莹的大眼，再加上令人毛骨悚然的"咕咕"惨叫声，因此民间把它视为不祥之物，俗称"鬼灯哥""夜猫子"，认为它对着哪家叫哪家就要遭祸遇灾，还编出一句歇后语"夜猫子进宅——没好事"。其实猫头鹰是一种大大的益鸟，是捕鼠能手。由于猫头鹰夜视力强，眼睛又大，所以雚又转义为观看之观（觀），卜辞中即有此用法，后加见旁为觀（观）。典籍中叫雚的鸟有两种。一是猫头鹰，或省双眼写作萑，《说文解字》："萑，鸱属。……所鸣，其民有祸。"可见猫头鹰为不祥之鸟的传说由来已久；二是指一种涉禽，即鹳鸟，《诗经·豳风·东山》："鹳鸣于垤"，《说文解字》引作"雚鸣于垤"，可见雚、鹳可通。

、 这是头上长冠，身披长羽，尾饰圆纹的鸟，即传说中的凤（鳳）凰。从字形看，这种华丽高贵的神鸟其原型动物定是孔雀无疑。我国的孔雀属绿孔雀,历史上曾广泛分布于黄河以南地区。河南淅川曾发现五六千年前的孔雀遗骨,战国时湖北等地仍有野生孔雀栖息,四川盆地在汉晋之间也还能见到孔雀倩影;而清

凤 石板彩绘 汉代
凤在古代被认为是神鸟,鸟中之王,其实就是孔雀。甲骨文中的"凤"字就是画其形象。图为双凤衔瑞草纹样。

代广西西部山区孔雀之多,以致其粪便污染河流,使南宁到桂平一带江水腥臭难闻,人畜不能食用。但由于孔雀是最美丽的鸟类,人们为了取其羽毛而长期滥捕滥杀,有的古籍还专门记载了捕猎孔雀的多种方法,致使这种绚丽多彩的鸟类如今在我国仅残存于云南西南部的小片地区。

孔雀被神化成凤,比鳄、蛇被神化为龙要晚得多。凤最早是南方民族的图腾鸟,崇凤也是先秦楚文化的一个重要特征。神话中的四方神灵(四灵)南方朱雀,朱雀其实也是凤,这和当时孔雀分布于江汉流域以南是相关的。秦汉以后,凤成为与龙相配的神鸟,统治者常以龙指皇帝,凤指皇后;民间则把凤看作吉祥的象征,说是凤凰一出现天下便清平安宁,相信"龙凤呈祥"。所以女性常爱以凤取名,与男性爱以龙取名一样,总想望子成龙、望女成凤。

風 在卜辞中，凤字有二义，一是神鸟名，即凤凰之凤；二是假借为风雨之风（風），也常加 H（凡）旁以表其声，如 ⚘。今鳳字从凡从鸟即源于此。

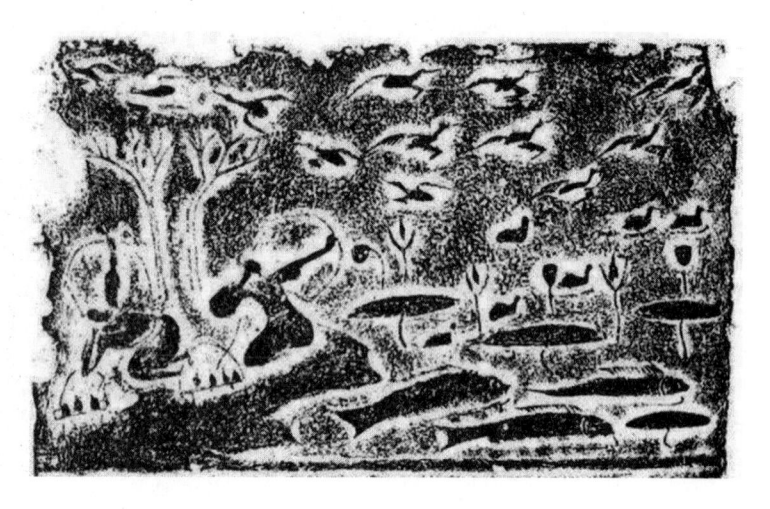

弋射收获图　画像石　东汉

第二节 狩猎工具

古人狩猎的工具，多数与打仗的兵器不分，主要是弓箭刀矛等，这些我们放到后面征战部分再谈。这里只给大家介绍几样专门的捕猎用具，是用来对付不同的飞禽走兽的。

网

冡

羅

罹

音离 lí

⊠、⊠ 这是捕捉中小型鸟兽用的网罟之形。使用时，将网张开放在鸟兽的必经路上，从一边哄赶，鸟兽匆忙奔逃时就会撞入网内被擒；或者几面张网，让鸟兽无路可逃而捉之。甲骨文有冡（蒙）字，作 ⌇，就像用网罩住一头豕（当为野猪，家猪用不着网捕）；还有羅（罗）字，作 ⌇，像以网罩住了一只鸟，即罗网之罗，也是罹难之罹。羅是名词，《说文解字》："羅，以丝罟鸟也"，正合字形；罹是动词，《诗经·王风·兔爰》："雉罹于罗"，被罗网罩住为罹，引申为遭难。典籍或又与離（离）字通用，离也是网捕之形，见下。

田猎图　画像石　东汉

图中有八人在捕猎，其中五人手持扑网（毕）在扑罩小型鸟兽，可见这是一件常用的捕猎工具。

畢

離禽擒

舊
同旧

甲骨文中另外还有一些表现网捕的字形，如从网中有鹿、有马、有兔、有虎等等，虽不能隶定，但其义明白可见，知殷人善用网捕之法。

《说文解字》："畢（毕），田网也"，即田猎时所用之网，形如现在学生们到野外捕捉蝴蝶标本时所用的扑网：一根长竹竿前端缚一个兜形小网，古人用它来捕捉一些小动物，如兔子、小鸟等等。甲骨文有 ，即離（离）字，像鸟被畢罩住，因此离的本义就是罹；甲骨文还有 ，即禽字，像以毕罩人，表示捉获，即擒捉之擒的本字。猎获之行为叫擒，所获之猎物叫禽，故禽有时也包括鸟兽，如华佗的健身操"五禽戏"就有虎、鹿、熊、猿、鸟。后来才专指鸟类。

上边是鸟形，下边为臼字，这里表示夹子之形（同时也表读音），整个字形像用夹子夹住一只鸟。金文作 ，夹子上还有齿，以更利于夹牢猎物。这是专用于捕鸟的鸟夹。我儿时也曾做过这种鸟夹，用竹子弯成，放在晒谷场上，旁边撒点谷粒，鸟儿来吃食，一旦踏上就会被夹住。可惜我一根鸟毛未曾夹到，却先把邻居家的老母鸡夹断了腿。结果当然是挨了一顿饱揍，鸟夹也被当成"作案工具"销毁了。如今会做鸟夹的人已不多，为了保护生态平衡，这门手艺我连儿子都不曾传授。不过，我们偶尔仍能见到鸟夹的一个变种，即用来夹耗子的鼠夹，其原理却也与鸟夹差不多。

玄鸟妇壶的鸟纹　拓片

玄鸟妇壶是商族一位妇女所使用的青铜壶，壶上的玄鸟（即燕子）是商族的图腾。

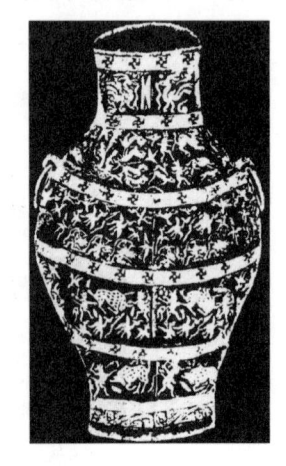

雔　環

雍

單

同单

[图]、[图] 上从隹（鸟），下所从之 [图] 或 [图]，徐中舒老师认为即甲骨文環（环）字，因此这是一只鸟被环索套住之形。这种套鸟机关叫连环套，用绳索绕成，放到地上，用法与鸟夹一样。但因绳索性软，不会伤及鸟儿，所以常为捉观赏鸟者使用。由套鸟之环，雔（同雍）字又引申出环围之义，如擁（拥）抱、擁护；鸟被套住不能飞走，雔又由此生出阻碍之义，如壅塞、擁挤。

[图]、[图] 这是先民们创造的一种奇妙的猎狩武器，专门对付跑得快的动物如鹿、马、羊等。类似的东西在民族学中可见到两种：一种称为"绊兽索"，是在一根长木杆前端系一根长绳子，绳子的末端绑一个石球，有点像是在赶马车用的长鞭上拴着一个"流星锤"。平时将绳子绕在木杆顶上，使用时对着猎物用力挥动长杆，将石球猛烈甩出，其巨大的冲力能给猎物以致命的打击；即使未能直接打中，石球后面拖曳的绳索也能将猎物绊绕住。从字形看，这是一种缚着双石球的绊兽索。另一种叫做"飞石索"，是在一根长约六七十厘米的绳子两端各系上一个石球，使用时手持绳索中点，挥动手臂使其在头顶上快速旋转（就像杂技表演中的"水流星"），然后突然松手投向猎物，也具有击打和绊绕猎物的作用。有的在绳子中间还另拴有一条细绳，为的是投出后便于回收，故其形如 [图]。这种狩猎武器在我国的

射猎纹　青铜器　周代

纳西族、彝族和南美印第安人中都曾广泛使用。在我国的考古发掘中，从旧石器时代起就有石球发现，到新石器时代更是常见，有的遗址出土千枚以上，其中不少可能就是拴在绊兽索或飞石索上使用的。

甲骨文單（单）字有的又作 ᛉ，中间加口表示飞石索正在旋转（以方代圆）要甩出去的样子。甲骨文中另有撣（掸）字作 ᛉ。以手执单抡圆了正要甩出去的含义尤其明显。单字后来更作 ᛉ，金文则作 ᛉ，中间的 ⊕ 表示车轮，意为像车轮一样旋转，所以单字又有轮流的意思。《诗经·大雅·公刘》："其军三单"，即是指轮流当兵从军。此外，ᛉ、ᛉ下边的"一""口"也可以看作是指事符号，表示双绳下端合二为一的单绳，故字有单双之单义。后世仅单双之义独存而其他意义都已失去，只能在甲骨文中寻其本义。

撣

弟 弋

ᛉ 字所从之 ᛉ 即弋字。弋是一种短箭，箭尾系一根细长绳子，平时绳子绕在箭杆上，ᛉ 字即其象形。这是一种专用于射鸟的狩猎武器，即"缴射"之形。鸟被射落后往往在草木丛中难以寻找，或受伤未死要扑飞逃跑，有细绳连着，就容易捉住了。箭杆上的绳子平时要次第相绕，因此引申为次第之第（第同弟），再引申为次于兄者为弟。而其原义则以未画绳子的弋字所代，如《诗经·郑风·女曰鸡鸣》"弋凫与雁"，《笺》："弋，缴射也。"甲骨文中有 ᛉ、ᛉ，像

第

雉

雉 线描

甲骨文中的"雉"字形体，左边是"矢"（箭），右边是"隹"（鸟），是用箭射禽类。本来猎获的禽类叫"雉"，转义指野鸡。

猪 汉砖

甲骨文中的"彘",像一支箭射在猪的腹部。表示猎取野猪,后转义为猪。

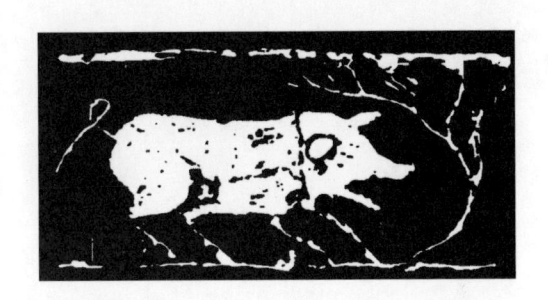

彘

音志zhì

弹

箭矢射中了鸟和豕,即雉、彘二字。这二字原本是猎获鸟或猪之形,后转义为称野鸡和野猪。

字像弯弓这形:右边为弓弧,左边为弓弦,弓弦之上的小圆表示弹(彈)丸或盛弹丸的凹兜。这是利用弓来发射弹丸以杀伤猎物的狩猎工具,即弹弓,字即弹丸之弹,也即弹射之弹的初文。弹丸以石子磨成或以陶土烧成,西安半坡仰韶文化遗址(六七千年前)就出土过三百多枚陶弹丸。《吴越春秋》里记载了一首十分古老的歌谣,歌词是"断竹,续竹,飞土,逐肉"。大意是砍来竹子,做成弹弓,发出弹丸,射向猎物。近代云南西双版纳地区的少数民族在狩猎时使用的一种弹弓与字形十分近似,它以竹子弯成弓弧,以藤条绷为弓弦,弦上有一凹兜以盛发射用的弹丸,可将百米之外的猎物击中。

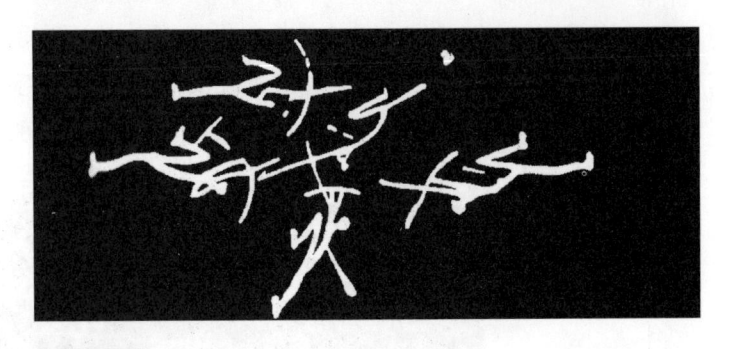

射猎 岩画

图为古代岩画上以弓箭狩猎场景。

第三节 狩猎方法

打猎除了需要有效的武器以外，还必须有合适的方法。这些方法有的是向动物学来，如伏击、追逐、围猎；有的则是人类自己的发明，如挖阱、下套、焚山。总的来看，殷商时代的狩猎办法似乎不多，也相当原始，这大约和当时野兽较多猎获较易有关。

獸

狩

字像一只犬伏在"單"（一种狩猎工具，见前）旁随时准备出猎之状。这是"守株待兔"式的狩猎方法，即事先埋伏起来等候猎物上门。獸字从犬可知殷代以前人们已用狗助猎，这大大提高了人类的狩猎能力。古人以追逐为猎，伏击为狩，所以獸（兽）字其实是狩字初文。因后来兽字成为名词，即打猎所获为兽，故另创形声字"狩"以表其初义。殷代金文里还有个 字，二人一犬立于戈旁，从字形所表达的意义看，或也是兽字异构。《说文解字》释兽字为"守备者"，近于本义。古人冬天打猎常爱用守候的方法，因为冬天

狩猎图　青铜器　战国

雪地里兽踪易觅，在野兽常经过的地方埋伏，必有收获，所以把冬天打猎也叫做狩。后来泛指打猎为狩猎。古代天子出巡，沿途需要补充食物的不足，也为练兵，所以边走边猎，叫做巡狩。

敢

🐗、🐗 徐中舒师释此形为敢字，像以手执干（一种武器，见第十章第一节干字条）刺杀野猪，这是用武器猎取动物之形。野猪是一种性情暴躁的动物，长着一对獠牙，可以刺得敌人穿肠破肚，因此遇着发怒的野猪，连虎豹也只能退避三舍。据说，如果猎人一枪没把野猪打死，得赶紧爬到树上躲起来，否则被它追上就没命了；而且所爬的树还必须够粗大，以免被那对锋利的獠牙掘倒。有枪的人都如此，若有人仅手持猎叉就敢搏杀野猪，还非得有强壮的体力和过人的胆略不可，所以古人用这个字形来作为勇敢的敢字。

阱函臽陷

音陷 xiàn

🦌、🦌 像麋鹿等落入陷阱之中，为陷阱的阱字初文。甲骨文中还有函（臽）字，作 🙎，像人掉进坑里，也是陷阱之陷的初文。函字金文作 🙎，坑中还有竹签之类，以刺伤落入坑中的敌人。这和当年越南人对付美国大兵的办法如出一辙。但陷阱最先应是用来对付野兽的（那时还没发明游击战），尤其是大型野兽。古人狩猎能力有限，既无猛兽的尖牙利爪，也跑不过牛鹿等草食动物，只能靠自己的聪明才智去进行生存竞争。挖陷阱

动物与陷阱　上古岩画

古代人常设陷阱捕捉野兽，防御敌人。甲骨文中的"阱"字形体，上部为一只鹿形，下部是一个大陷阱。当然，陷的不仅是鹿，还有其他的野兽。

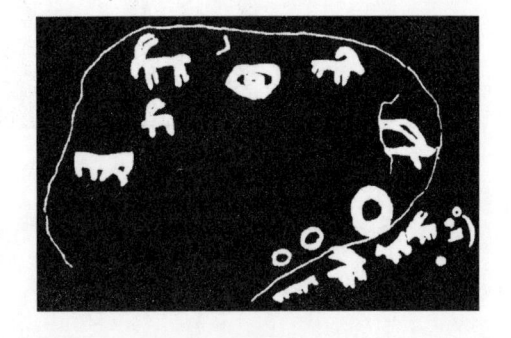

以捕捉猎物就是一个有效的办法，这样甚至能轻易地猎获大型猛兽如虎、豹、犀、象等等。这种狩猎方法一直沿用到近现代，进而转用于游击战争中，也成为以弱胜强的一件有力武器。

逐 🔖、🔖 豕或鹿形后加止，表示有人在追逐猎物。打猎离不开追逐，猎人有时要循着兽踪追逐几天几夜，直到把猎物累倒擒获为止。野猪和鹿都是擅跑的动物，尤其是鹿，身轻腿长，善于长途奔跑，追逐它很要费一番工夫。东晋十六国时，后赵皇帝石勒有一次问大臣，他可以与古来哪一位君主相比？臣下谄媚说，您算得上轩辕黄帝第二。石勒倒还"谦虚"，说如果我和东汉开国君主刘秀在"中原逐鹿"，还不知"鹿死谁手"。意思可与刘秀相当。可见"逐鹿"确实是需要一点本领的。

敀 同田 🔖 像在田野上手执棍棒等武器而有所驱赶，表示野外行猎，即田猎之田的本字。在广阔的原野上打猎，最有效的办法是围猎，即从四面包围往中间打，所以打猎的猎场常又叫做"围场"。尤其君王田猎游乐，动辄成千上万人出动，四面一围，把野兽都往天子面前赶，好让他奋起"天威"，大显"神勇"。直到清朝皇帝田猎，都多用这个方法。

追逐　汉砖

　　甲骨文中的"逐"字形体的上部是一头猪（豕），下部是一只脚趾朝上的脚（止），意为跑着追赶一头野猪就叫"逐"。此为出土于河南省南阳市的汉代画像砖狩猎图。

焚

燹
音显 xiǎn

𦥑、𦥓 像以火烧林之形。有一条卜辞记录："王其焚□乃麓，王于东立，虎出，擒，大吉。"意思是殷王用火焚烧一个山麓，他守在东边，一只老虎被火赶了出来，结果被殷王擒获。此事大吉大利。这是用焚烧森林驱赶野兽的办法来狩猎。金文有燹字，或作 𦥔，像火烧群豕并以武器驱赶之形，这是用火焚狩猎的专字，后引申为战火，即兵燹之燹。动物最惧怕火，见火则四散奔逃。人们正是利用这一点，或从一面放火以驱赶动物出林而猎之，或干脆四面放火然后坐享烤肉——大约人类就是由此开始吃熟食的。这种狩猎方法多用于林子不大而野兽较多的地方，如据卜辞记载，殷王有一次用火焚田猎，即获得兕十一头、豕十五头、虎二十只。但由于这种方法把草木虫兽一并斩尽杀绝，不符合生态平衡，所以秦汉以后便少有人用它。

囿

𦥑、𦥓 从草从木，其义相同。《说文解字》谓"囿，苑有垣也"，即用围墙围起来的园林，有点类似现在的森林公园。围墙的作用一是防止外人进去，而只供主人（自然是天子、王公之类）打猎游玩；二是防止苑囿内的动物跑出去，因为这些动物多半是人工饲养或引进的，所以这是人工猎场。殷王每次出猎，所获众多，大约有时就是在专门的苑囿中猎取的。这种人工猎场自秦汉以来成为皇家园林的组成部分，如汉代的上林苑、清代的木兰场等。因为皇家专用，平常人等不得进入，这在客观上起到了保护森林植被和动物物种的作用。如著名的麋鹿，就因其自汉代起长期被放养于皇家苑囿中，一直延续到清末才在战乱中绝迹。

在以上这一章里，我们可以看到殷商时期中原一带的自然环境状况，它与如今这里的环境截然不同：在广袤的原野和山区，生活着大量的鹿群、野猪、犀牛、大象以及虎、狼、狐、兔等兽类，湖沼里有凶猛的鳄鱼，天上有各种飞鸟。从这些野生动物推断，这里植被繁茂，有草原，有森林，有河流湖沼；而且气候温和，雨量充沛，属温暖湿润的亚热带气候类型，绝没有现在的风沙旱涝。中原自然环境变得恶劣只是近一千多年来的事，其重要原因是人类过度垦殖所致的大量植被破坏，土壤沙化、盐碱化、贫瘠化。森林植被是气候与生态的天然调节器，是地球"绿色的肺"，是人类"绿色的卫士"。倘若大片森林被毁，必然后果就是气候突变，天灾频仍。

第十章
甲骨文中的攻战征讨

古人云:"国之大事,在祀与戎。"戎就是战争。从原始社会末期起,战争就是每个部落乃至每个国家最重大的事情。不是你掠夺我,就是我攻占他,战事非常频繁。史载黄帝一生征战,"未尝宁居",才大致征服了黄河中下游一带;尧舜时也不断对周围用兵,如打败并迁徙了所谓"四凶",即四个反叛的大部族;禹在涂山大会"诸侯",与会部落据说上万,这些部落之间既缺少血缘婚姻关系,又不相统率,相互攻伐自然是极为平常的事。在殷商时期,战争也是连年不断。当时北方有舌方、鬼方、土方,西边有犬戎,东边有莱、徐、淮诸夷,这些少数民族长期与殷商王朝处于敌对状态。殷王朝强大时,便大肆对外征讨扩张;衰弱时,又不断受到周边民族的攻伐掳掠。因此甲骨文中关于征战的内容特别多,表现武力的字形也不少。想来那时当个老百姓有点不大好过,难得有安宁的日子。

攻战图　战国铜器

第一节 兵　器

殷商时代的兵器种类不多，主要有青铜戈、矛、钺以及戈矛组合成的戟等长兵器，也大量使用弓箭。而短兵器如刀等只有少量出土，迄今未发现剑（至西周才出现），这和当时战场上以车兵作战为主有关。因为在奔驰的战车上使用长兵器钩、刺、砍很有威力，但刀剑等短兵器就少有用武之地。戈矛、钺镞等在殷墟及其他地方多有出土。但用出土物与甲骨文相对照，出土的兵器不一定有相应的字形，如甲骨文中就没有戟字，估计另有名称；另一方面，字形中体现出的兵器在商代考古中也不一定都有发现，如弓、干、盾等，这些东西多是竹木皮革制成，容易朽坏而难以保存至今。

戈　　ᆝ、ᆝ 戈的全体象形。殷代金文更写实，连璎珞装饰都画出来了，作 🝆、🝇。戈是先秦时代最常见的兵器，早期的戈身像宽刃单锋的大匕首，后演变为近似曲尺形，一般用绳索捆绑在长木柄上，可以横击、钩啄，最适合在战车上使用。戈的缺点是不能刺，于是人们又在戈柄的顶端加装上一个矛头，成为戟。

铜戈　西周兵器
　　铜戈是商周常用的一种作战时起钩啄作用的兵器。

执戟卫士　汉砖

何荷我

甲骨文中从戈的字不少，大都与武装有关。如"何"字，作 ![何], 像个人肩上横扛着一支戈，即肩荷之荷的初文；又"我"字作 ![我], 也是戈的一种形象，像在一根长柄上绑着三个戈，叫做"三连戈"，今在考古中已有实物发现。它大约是一种表示威仪的仪仗性质的武器，《说文解字》释羲字为"己之威仪也"，用来解释我字应更合适。

在部落战争弱肉强食的环境中，拥有强大的武力便意味着拥有一切——权力、财富、女人等等。因此人们十分崇尚武力，以至一些部落以武器形象作为自己的标识。这个具有强烈象征意味的三连戈便是殷人的标识，在卜辞中作为整个殷商的自称，相当于说"我们殷商……"，而不是指单个的某人。到后来才逐渐演变成人人都可以自称的你我之我，这大约也是体现了一种崇尚武力、渴望权力、贪图财富、垂涎女色的心态吧。

钺 戉

丩、丫 戉字初形，金旁为后加。这是斧一类的兵器，即大斧，用于砍杀。商代有青铜钺，有玉钺，后者应是仪仗用器。在卜辞中，戉字仅用作人名和地名，而西周金文中则有作征伐之伐用的。如《虢季子白盘》的"用戉用政"，义为以伐以征。

人面镂空铜钺

歲

体现斧形武器的还有个歲（岁）字，甲骨文作 ⸰、⸰ 等形，在卜辞中用为刿割之刿，可能是一种短柄斧，多用于宰牲割肉。岁还是刑具和农具，但其形象与斧钺稍有不同，详见本章第五节或第十一章第五节歲字说解。岁字在金文中还直接作为杀伐之义用，如《毛公鼎》："用岁用征"；还有《利簋》铭文："珷征商唯甲子朝岁鼎克闻夙又商。"我以为应断句释作"珷征商，唯甲子，朝岁鼎（则）克，闻（昏）夙又（有）商"。意为武王征伐商，在甲子那天，经过一早晨的杀伐，打败了敌人，到晚上占领了商都。不少人以《利簋》之岁字为岁星之岁，引出许多聚讼，其实无论甲骨、金文还是西周典籍中，没有一个岁字是作岁星解的，岁星之名始于春秋以后。

铜矛　殷代

"矛"在古代是一种最常见的也是最早的武器之一，大约在新石器时代就已经出现了。商代称为刺，甲骨文刺字是上有锋利的矛头，下有长柄的一个象形字。此为殷墟遗址出土的铜矛。

戊戌

殳

音书 shū

事干

另外，天干地支中有戊、戌二字，甲骨文作 ⟨戊⟩、⟨戌⟩ 等，也应是斧钺一类武器的形象，而借用作干支字的。

⟨殳⟩、⟨殳⟩ 手中所执为一种大头有柄的打击兵器，类似长把锤。甲骨文从殳之字如役 ⟨役⟩、磬 ⟨磬⟩ 等，其 ⟨殳⟩ 都像手执长锤锤击之形。按历代训诂家们的解释，殳就是杖，积竹木为之，是一种无刃兵器，并将其列入"五兵"（弓矢、殳、矛、戈、戟）之中。在考古发掘中，西周以后的殳多有出土，一般是在一条由多根竹木捆扎合成的长柄顶端套装一个带若干棘刺的近球形铜头而成。这种长柄韧性强，在猛烈撞击下不易折断。现在一些采石场石工的开山大锤，就是用这种数根竹片合成的极富韧性的柄。球形铜头上铸出棘刺，则是为加强殳的杀伤力而设计的。不过到目前为止，还没有发现商代殳的实物。从殳头上的棘刺由少到多、由圆乳头形到尖刺形的发展序列以及甲骨文字形看，似乎商代的殳上还没有棘刺，只是个光头铜球而已。但这仅是推测，要知端的如何，还待将来出土实物验证。

⟨干⟩ 字像以手持 ⟨干⟩ 之形。⟨干⟩ 即干字。关于干字所像之形，汉代以来的训诂学家都认为是盾，今人多从之。但金文干作 ⟨干⟩、⟨干⟩，根本不类盾形。盾形宽大，岂有以点、划表示的道理？况且甲骨文中另有盾字（见后）。从字形上看，干的原形应为 Y，这是一种最原始的武器，即树枝。在动物中，

殳　战国
1978年出土于湖北随县擂鼓墩曾侯乙墓。

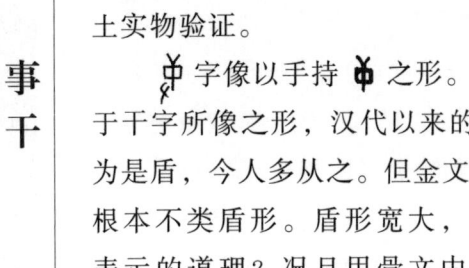

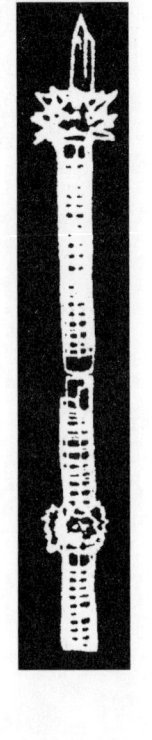

敢

黑猩猩遇到危险时会手持树枝、石块投向敌人，早期的人类应当也是如此，即"斩木为兵"。作为一种武器，干相当于后世的双股叉。《山海经·海外西经》："刑天……操干、戚而舞。"戚为斧钺类武器，把干与戚并举，可知干是一种杀伤性武器；又甲骨文敢字作 ，像以手执干刺向野猪，以示勇敢，这也证明干是进攻性武器，即干戈之干。

由武器之义引申，干又有侵犯之义，即干犯、干涉之干；也有守御之义，即扞（捍）卫之扞。凡有攻伐守御，必然持干戈以相向，所以持干即表示有军事行动。持干之形的事字也就表示军事、兵事。事字或又作 ，为手执旗帜（ ）之形，而甲骨文中凡从旗形的字都与军事有关（见后第二节），所以"有事"就是有动干戈之事。上古设有专门的官职记录"国之大事"，即军事，所以记事主要就是记录战争状况。记载下来的事称

史

为史，记事的职官也叫史官。实际上史就是事，两个字在甲骨文中的写法完全一样，可知二字同形同义同源。"历史"一词，其原始意义就是"历事"，就是经历过的战争。

金文干字中的点和短横与甲骨文事、史中的"口"一样，是指事符号，其意义是指树干，即相对于树杈而言没有分杈的部分，因此它又是枝干之干的初文。甲骨文中没有单独的干字（有人把盾字认作干，或者释单形 为干，皆误），义近者只有朱字，可与干字互

朱

上古武器　干戚

"干"是指一种叉形武器，是一杆铁叉的形状，古书中又称为"干戚"。

| 第十章　甲骨文中的攻战征讨 | 169

|末|证。朱写作 ![] 或 ![]，像树木之形而以点划标明其所指
|本|的部位，即树的主干。类似的字还有末（末）：![]，树
|未|的末梢；本：![]，树的根本。而未字甲骨文写作 ![]，
|　|比木字多出两笔枝丫，其实只是为了表示这棵树比一般
|　|的木更繁茂，枝丫更多。所以《说文解字》释"未"时
|　|说："像木重枝叶也。"干与朱的区别在于，干是相对
|　|枝杈而言，不论主干侧干都可称干；朱则是专指树的主
|株|干。后因干字将朱的意义也包括了，所以朱字的树干之
|　|义消失而成为草木的量词——一株树、两株树的株。

|弓|　　![] 弓的象形。弓在平常不用时，为保持弓身弹性不
|　|减，要将弓弦松下，故字又作 ![]，金文作 ![]，楷书弓
|　|字即由此演变而来。

　　弓箭是冷兵器时代最有力也是最常用的远射程武器。一般用竹木或金属（有铁胎弓）做弓弧，用藤条或动物皮革、筋腱做弓弦。它利用人力拉开弓弦所积蓄的力量，以瞬间爆发的弹力将箭矢发射出去。弓箭在发明之初主要是用来狩猎而不是用来杀人的，因为弓箭发明很早，那时人类群体之间的接触还极为稀少。在2.8万年前的旧石器时代遗址中就出土了石镞（石箭头），说明其时人类已经会使用弓箭了。弓箭是人类所发明的第一种较为复杂的复合工具，也可以说是最早的机械装置。使用弓箭，可以使狩猎者在较远

弓　宋代
　　甲骨文中的"弓"字形体，真像古代的武士所用的强弓。唐代大诗人杜甫说"挽弓当挽强"，只有强弓才弹性强、力量大、射得远。

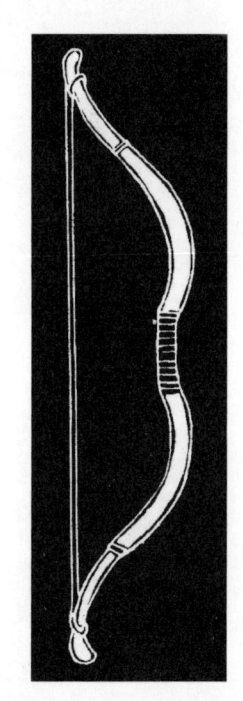

箭与箙　宋代

甲骨文和金文中的"矢"字都像箭的样子，上端是锋利的箭头，中间是箭杆，下端是箭尾，因此"矢"字就是"箭"的象形字。

矢　的距离上就能杀伤猎物，在战争中也不必冒过分接近敌人的危险就可以杀伤敌人，从而提高了狩猎的隐蔽性和战斗的安全性。

↑ 前有尖箭头，后有尾翼，箭矢之形。最初的箭矢应是竹木削尖而成的，没有专门的箭镞，也没有尾翼。后来出现了石镞，然后是铜镞，最后是铁镞，有的镞上加了倒刺以提高杀伤力；尾翼的作用则是为了保持箭矢飞行的稳定，以增加其准确性。弓箭以其射程远，杀伤力强，用途广而长期受人重视，由开始的主要作狩猎工具变为主要作战争武器，在冷兵器时代一直是军队的重要装备，到近代火器发明之后才逐渐退出军事和生产领域。射箭比赛当今则成为一种国际性的体育项目而得以保留。

射　另外，甲骨文有 字，像张弓搭箭欲射未射之形，即射字初文；金文加又（手形）成 ，后因左半部分与身（ ）字相近而致混，成为今天从身从寸的射字。

孔子观射图　线描

侯

備葡盾

戎

射箭需要一定的力气和较高的技巧，所以平时要经常练习。练习时有专门的靶子，用皮革或布做成，叫做矦，字同侯，甲骨文写作 ▢，正像箭矢中的之形。射箭又要消耗箭矢，必须多带备用，所以有专盛箭矢的囊袋，古籍中叫箙，甲骨文写作 ▢、▢，金文作 ▢，或隶定为葡，即准备之备（備），或定为葡，箙是后起形声字。

▢、▢ 古代的盾形，与这两个字形很近似，所以字是图的省形。盾是一种手持的防护性武器，其作用是在战斗中掩蔽身体以防戈击、矛刺、刀砍、箭射，故要求既轻便又坚固，一般以木板或生牛皮等做成。甲骨文有 ▢ 字，像戈和盾在一起，徐中舒师释为戎。在战争中，士兵们一手执戈，一手持盾，戈以进攻，用来消灭敌人；盾以防守，用来保护自己，所以戎的意思就是战争。保存自己和消灭敌人都是战争的目的，是一件事情的两个方面；但这两者又常常难以同时做到：想消灭敌人就要付出牺牲，不牺牲则难以消灭敌人。就像伟人说的："要奋斗就会有牺牲，死人的事是经常发生的。"可见两者又互相对立互相排斥。这也是令古今军事家们最头疼的难题。像这种既互相统一又互相对立的情况在事物中普遍存在，哲学上叫做"对立统一规律"，是哲学基本规律之一。这个规律有个很形象的别名，叫"矛盾律"，它出自《韩非子》中的一则寓言，即人们熟悉的"自相矛盾"的故事。中国古代的阴阳学说也认识了对立统一规律，这是一种比较朴素的

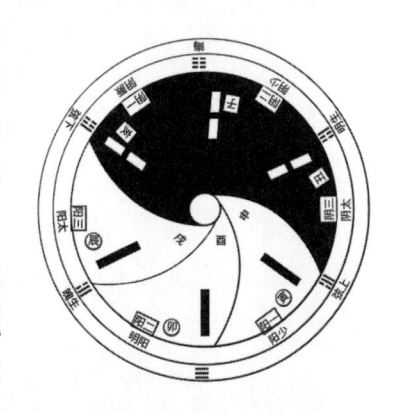

矛盾论；而近几十年发展起来的系统论又使矛盾论相形见绌——这涉及理论问题，不说为好。现在"矛盾"一词使用已很广泛，频率颇高，大凡互相对立、互相斗争又你离不开我、我离不得你的事物，都可以名之曰矛盾，以至矛盾已无处不在、无时不有——这是个矛盾的世界。

原始人战争　壁画

第二节 军　队

殷商时期没有常设的军队（西周才开始建立常备军），实行的是一种义务兵役制。一旦发生战争，需要临时征兵，卜辞中叫做"登人"。如有一次殷王武丁同北边的少数民族"舌方"打仗，四十天之内七次登人，总共征兵二万三千多人。与其他早期民族的军事制度一样，殷商全体贵族都有服兵役的义务，而且必须率领其族人参加，还要自备武器、甲胄、车马等装备，组成大小不一的军事单位。卜辞"子族""多子族"即这类组织。这表明殷商所有的成年男性中自由民都是当然的战士，"出则为兵，入则为民"，与清代的"八旗"制度极为相类。这里还涉及一个问题，即奴隶有无当兵的资格。我倾向于否定的说法，其理由有三：一是殷商奴隶的主要用途是家内劳动和修筑宫室、城垣等公共工程，因为这些都是"贱役"。像生产劳动这样一些工作都不大让奴隶去干（从事生产性劳动的主要是具有自由民身份的氏族普通成员，即"庶人"），更不用说充当战士这一被人视为高尚的职业了。其次，殷商奴隶并不像有些人所想象的那样多，因为其来源主要是

秦兵马俑

图为出土于陕西临潼秦陵的军容严整的秦代兵马俑。

罪隶和债奴（如傅说和伊尹），即犯罪受刑者和卖身为奴者。这部分人在总人口中所占的比例毕竟有限，不足以成为大量征兵的对象。至于战争中俘虏的外族人，除妇女、儿童外极少用为奴隶，绝大多数用作"人牲"杀掉祭祀。最后但却最重要的一个理由是，驱使奴隶上战场是非常危险的，尤其由俘虏转化来的奴隶危险性更大。因为他们没有为主人打仗的兴趣和积极性，士气低落，一有机会甚至会倒戈相向。殷末，纣王为抵御周武王的大军，匆忙间将刚刚俘来的"亿兆夷人"武装起来驱上前线，结果牧野一战，夷人阵前倒戈，纣王大败，商朝就此灭亡。有人把这叫做"奴隶起义"，其实这些东夷人的身份只是俘虏，并不是奴隶。况且武装夷人上阵也是一种应急措施，与秦二世武装骊山刑徒抵抗陈胜军类同，不能以此证明奴隶能当战士。就世界范围看，无论是西方的古典奴隶制，还是东方的印度种姓制，包括近代美国的南北战争和彝族"打冤家"，都毫无例外地把奴隶排除在军队之外，最多只让他们从事一些辅助性的军事劳役，如挖壕筑城，运输划桨之类。

中

ϟ、ϟ像一根杆上有飘带（叫游或流）飞扬，帅旗的象形。古代通信手段落后，将领指挥军队都用一杆大旗。所谓指挥，又作指麾，麾是帅旗，挥是挥舞帅旗。帅旗挥动，指东则军队向东，指西则军队向西。而帅旗所在就是指挥机关所在，因此指挥机关古又称"中军"。在扎营布阵时，军旗（中军）居于正中，周围众军环列，四面拱卫，因此中有中央、中间之义。又，字形中间的方口是指事符号，在上、下游之间的旗杆正中，表示所指为旗杆中段，这是强化其中间之中的意义。后省略游形，作中，即今中字所本。

㫃 音偃 yǎn

旐 旗

ϟ 也像旗游飘舞之形。《说文解字》有㫃字，说是"旌旗之游"。但我以为这就是旐（即后起旗）字。上古的旗只是在一根长杆上系几根飘带，并没有宽大的布幅，其形状与后世的幡相类。所有甲骨、金文中作部首的㫃，都是表示旌旗。西周青铜器休盘的金文中也以㫃

兵

为旂。在金文字一般作 [字形]，下加斤字。斤既是声符，又会兵戈之意。斤即斧斤，本是工具，而上古工具、兵器不分。如兵字，甲骨文作 [字形]，金文作 [字形]，都像双手执斤，所以斤也代表武装征战之事。古文字中，凡以旌旗之形为部首的字，多半与军旅之事有关，所以 [字形] 为战旗之形是再明显不过了。况且上古除军旗外也没有其他旗帜。

族

[字形]战旗之下有一支箭矢，此箭应是表示军事首领的权威地位，相当于后世的令箭。族字还有作 [字形] 形的，在矢下加一 口，而这个口形在甲骨文构字中常常是神坛的象征。供奉在神坛上的东西，自然具有神圣的意义，所以持此箭者也具有莫大的权威，可以发号施令。由于军队是由贵族率其族人组成，也即听令者与发令者之间有血缘关系，因此族不仅是军事单位的名称，也是血缘组织的名称。我们可以把族字所表征的殷人组织和满清入关前的八旗制度进行对照：满人的氏族称为"牛录"，牛录的意思就是箭矢，其首领由本氏族贵族担任；若干牛录组成"固山"，固山就是旗。甲骨文族字从旗下有矢，与此居然如此相合，真是奇事。满人共有八个旗，旗有旗主，由皇帝子侄担任，这又类似殷商"子族""多子族"，多子就是侄子。士兵则由氏族平民组成（奴隶叫"包衣"，没资格当兵），他们是各自所属旗主的臣民，效力于旗主，"无事耕猎，有事征调"。因此，八旗制度也是一种军事单位和血缘组织二合一的制度。这种二合一制度是早期民族兴起时普遍采用过的制度，殷人自然也不例外。

旅

[字形] 像二人立于旌旗之下。旗是军队的标志，比如古人说在某个将领部下当兵，就叫"在某人麾下效力"。麾下就是旗下。二人在这里代表多人众人，大量人员

古战旗　战国铜器

甲骨文中的"旅"字,是战旗之下有两个人,这是军队集结之形,即军旅之旅。

集合于战旗之下,这当然是一支军队了。所以这是军旅之旅,本义就是军队。由旗下集众又引申出旅的众多义,《释名·释言语》:"旅,众也";甲骨文以二人相跟为从字,旅字结构是旗下有二人,故又像人跟在战旗下前进,这是行军之状,所以旅又有长途行走的意思,即旅行之旅;古代又以旅为一级军队单位,一个旅辖五个卒,共五百人。直到今天,旅也是师、团之间的军队单位。

旋　旌旗之下的 为正字,即征战之征(参见后面第三节正字条)。在军旗指挥下征战,指东打东,指西打西,往来驰骋,四面呼应,故旋有周旋往复之义。战旗所向,敌军披靡,自然高奏凯歌,得胜还朝,则又称为凯旋。后来字中省去正上之口,变成从止的　,金文作　,到小篆又复加口成　。许慎释为从足,是不知原应从正。

自师　此字在甲骨文中用作师(师)字,但此形如何有师旅之师的意义,颇令人费解,自来学者们又于字形无说。我推测这是兵符之形。古代兵符以竹节一剖

王作三师卜辞

这是商朝后期君主武乙时代的卜辞,有"王作三师右中左"的记录,说明其军队已有不同的编制了。

虎符

上：出土于陕西省西安市南郊沈家桥村的战国杜虎符。
下：传在山东省临城（今枣庄市薛城区）出土的阳陵虎符。

两开，将领出征时拿一半，君主在朝保存另一半。遇有调兵遣将的圣旨诏令，必须同时以符节合验，无误后才能执行，以防假冒，这是符合一词的由来。ᕒ字正像剖开的竹节。这是以兵符形来代表出师在外的军队，即师旅之师（師）的初形。

到西周时，兵符仍然以竹节为之；而战国兵符虽然还是竹节形，但已改为铜铸；秦代的兵符则铸成虎形，叫虎符，上面还铸有铭文，十分精美。如20世纪70年代出土的杜虎符"兵甲之符，右在君，左在杜……"之类，其他虎符铭文也大体如此。

阜
丘
堆

我在翻检卜辞时，发现甲骨文中另有一个 ᕒ 字，竖笔不弯曲，与竖笔为弧形的 ᕒ 字不同。ᕒ 其实为竖写的丘（⌴），也即阜（也是堆）字初文，在卜辞中用作地名。因 ᕒ、ᕒ 字形极为相近，又都常用作地名，所以一直被人混淆。仔细检视，卜辞中师旅之师只有作 ᕒ

者而绝无作 [图] 者，可证二形有别。到金文才有不加区别师、堆都作 [图] 者，但多数在作师字时还是加了个声符币作 [图]，以示区别；还有的器（《遹甗》）師、[图] 同见，也可知这绝不是一个字的两种写法，而是不同的两个字。我以为金文中的地名"某自"之自都应读作堆或丘，包括周人旧都岐邑的京自也应作京堆，至今该地尚有京当乡、黄堆乡之名可为旁证；还有——走题了，就此打住，可参见后面第十六章第二节丘字说解。

遣 [图] 上半像双手合执兵符之形。兵符是调动军队的信物，手握兵符，则可调兵遣将。下边之口为神坛之形，以此来表示兵符的神圣性、权威性，不容违抗。故遣的本义就是调遣军队。战国时，秦国攻打赵国，赵国抵挡不住，向魏国求救。魏王迫于秦国威胁，令已经走到半路的救赵大军按兵不动。魏公子信陵君力主救赵，无奈魏王不许。于是信陵君通过魏王宠爱的妃子如姬，把兵符偷窃出来，到军中假传魏王进军命令，并杀掉怀疑兵符有诈的领兵将领晋鄙；然后率兵进攻，大破秦军，解了赵国之围。这就是历史上著名的"窃符救赵"的故事。

辥 最后，甲骨文中还有个 [图] 字，从辛从自，王国维释作辥，其义为治。此字在卜辞中用为凶咎灾祸之词。从字形看，这是以辛（一种刀）削治兵符的形象，所以有治义；削治兵符，肯定是将有兵凶之灾发生，因此又有灾祸之义。

同薛

第三节 攻 守

  有人把战争说成是一门艺术,真是残酷之极。不过战争确实有和艺术相通的地方,那就是它们都体现了人类精神的最高境界。只是艺术体现的是人类美好一面的最高境界,而战争体现的是人类凶残一面的最高境界。在战争中,人类的奸谋狡诈、残酷嗜血表现得淋漓尽致,却有个好听的名称叫做战略战术。《三国演义》令人特别强烈地感受到这一点。所有的战略战术,归纳起来不外乎两类,一是进攻,一是防守。或一方攻,一方守;或守中有攻,攻中有守;或以守为攻,以攻为守;或连守带攻,连攻带守。至于谁胜谁负,这就看个人的"艺术"水平了。甲骨文中,也就有表现这类或进攻,或防守,或攻守兼备的字形。

水陆攻战图　战国

一、进攻

武

![字形] 、![字形] 从戈从止,戈为武器,表示要动刀兵;止为足,表示出发、行动。合起来表示出兵征伐,发动战争。因此武有动武和以武力威胁的含义。《说文解字》说是"止戈为武",意思是能制止战争就叫"武"。但这仅仅表达了古人厌恶战争希望和平的美好心愿,却不是字形原义。不过我们撇开字形不论,有时武力倒真的能起到防止战争爆发的作用。20世纪50至80年代的"冷战"时期,美苏两个超级大国拼命扩军备战,他们储存的核武器足以毁灭几十个地球,据说都是为了防止对方首先发动战争。其理论是只有保持强大的军事威慑力量,以至当任何一方意识到发动战争的后果都是双方同归于尽时,就没人敢发动战争了。这叫以武力制止武力,以战争防止战争。这一招也真还有效,五六十年代美苏之间曾几次爆发危机,滑到战争边缘,但最后都以双方的妥协告终,第三次世界大战到底没能打起来。不过这种做法也危险非常,万一出个希特勒式的战争疯子,不管三七二十一地大打特打,我们的地球岂不呜呼

攻战 战国

甲骨文中的"國"字形体就是"或"字,右为"戈",左为"國",以戈卫国。由此可见在甲骨文中,"或"与"國"是不可分的。画面反映的是战国兵士为抵御外敌、保卫国家而战的情景。

第十章 甲骨文中的攻战征讨

哀哉了？所幸的是这个战争疯子至今尚未出现，真是老天保佑，幸甚至哉！

正 征 政　﹝图﹞、﹝图﹞字形上边的口为城邑之形，下边从止，表示来到城下向前攻城了，所以这是征伐之征的本字。字又作﹝图﹞，即今征字滥觞。事实上，正、征为同一个字的两种写法，彳旁的意义与止一样，所以经常合用。甲骨文中还有个﹝图﹞，旁边加表示军队的兵符形，含挥师征战之义，是征字异构。甲骨文又以政为征，写作﹝图﹞，旁边加上手执武器之形，其使用武力之意十分明显。金文也有以政为征之例，如《毛公鼎》之"用岁用政"，《虢季子白盘》之"用戍用政""用政蛮（蠻）方"。

综上，正、征、政本来都是一个字，原意是指征伐。后以正字像正面进攻而得正面之义；征字保留原意；政字则由武力制服义引申为专政、政治之政，所以从本义上讲，政治就是以专"政"手段来"治"理老百姓。

鼓　﹝图﹞左边为鼓形，右边是一个人，人在鼓旁以会击鼓之意。古代打仗，以鼓声指挥军队前进，鼓声一响，犹如吹起冲锋号，士兵们鼓噪向前，一鼓作气地冲向敌人，就叫"鸣鼓而攻之"；若敲起锣（铜钲）来，就是停止进攻、收兵回营的信号，叫"鸣金收兵"。鼓声在战场上有鼓舞士气、激励人冲锋陷阵的作用；但对于老百姓来讲，一听到鼓声大作，就知

击鼓者　汉砖

"鼓"的本义是"战鼓"。甲骨文中的"鼓"字形体，就像鼓形旁边一只手拿着鼓槌敲打的样子。

道又打起来了，大祸就要降临了，至少要征兵征粮、支役派款了，日子将越过越困苦，所以艱（艰）有艰难、艰苦之义。卜辞中有"来艱"之语，就是指灾祸来临。犹如当年唐明皇，正在兴庆宫里与杨贵妃欣赏霓裳羽衣舞，忽听得"渔阳鼙鼓动地来"，安禄山反了，唐明皇只好仓皇西逃，弄得江山美人齐丢了。天下百姓更是转死沟壑，生灵涂炭，弄得国事维艰，民生日艰。

肈 （同肇）

肁 从户从戈，即《切韵》"肁，击也"的肁，现在写作肇。这是用戈击破门户之形。门是整个防御体系中相对薄弱的一环，因此是守卫的重点。古代城堡的标准模式是四边形，一边一门，门上修城楼以为守望之用，有的城门还修有瓮城，即前后两道门，攻破一道还有一道。如果故意放开一门诱敌进入，又突然关上，封敌于前后门之间，敌人就如瓮中之鳖，可以"关起门来打狗"，这大约就是称这种双重城门为瓮城的缘故。不过从总体来看，相对城墙院墙，门也是最易攻破的，可以撞击，可以火烧，也可以用较少的炸药炸开（如果有炸药的话）。而一旦破门，就可一拥而入，烧杀抢掠，为所欲为。因此破门就意味着胜利（攻方）或失败（守方）的开始，好比说"自从门被击破……"，也因此肈字就引申出开始、起初的含义。

二、对垒

韋 方

韋 这个字形只是众多韋（韦）字异构中最省简的一种，其余有从三止四止的，作 𢓡 、𢓡 （后一形为殷代金文），有不从口而从方或行的，如 𢓡 、𢓡 ，还有既从方又从行的，如 𢓡 、𢓡 等等。看似繁杂，其实从行与从止同义，方与口都是表示城邑方国，也可通用。

圍 衛

所以这些都是一个字的不同写法，而其中则以殷代金文的写法最接近原形原义，所以我们以此来进行分析。这个字形就像在城邑周围布满脚印，与正字为正面进攻不同，这是从四面包围、围而攻之之形，即圍（围）字初文——这是从进攻方来看；如果从防御方来看，城邑周围若是自己的兵马在列阵布防，则是为保卫城池，抵御敌人，所以此字又是守卫之卫（衛）的初形。以此观之，这个字形包含了围攻和守卫两个相对的军事行动，后来为加以区别，则以主动进攻方从口为圍，被动守卫方从行为衛。而韋字则转义为指皮革，因为兽皮既是包裹在动物身上的东西，又可围在人身上遮羞御寒，到殷周时人们仍常穿皮制围裙，是高级时装，叫韍或褘，字都从韋。上古又有"豕韦"一族，是满族人在商周时的先祖，就是因其以猪皮为衣而得名的。

戔（音残 cán） 戰

两支戈相交互击，像以兵戈战斗之形，戰（战）字初文。冷兵器时代，战斗大多是短兵相接，白刃相见，你一刀我一枪地对杀，十分血腥。比如在旧小说中，两军对垒，双方主将都要在阵前单打独斗厮杀一

冲锋向前的战士　汉砖
图为手持武器冲向敌人的一群战士。

搏斗

番,大战若干回合。如果一方败阵,另一方就挥师冲击,自然大获全胜;若双方杀上三百回合仍不分胜负,第二天又会接着再打,非分个高下输赢不可。不过这都是小说家杜撰出来吸引读者的虚构情节,真的打起仗来,没有哪个主将傻到会用和对方决斗式的"单挑"来决定战场胜负,不然要士兵来干啥?所以刺刀见红都是士兵们的事,死伤的自然也首先是士兵,所谓"一将功成万骨枯",任何胜利道路都是用士兵们的血肉铺成的。

鬥　格鬥之鬥(今简化作斗)的初形,像两个人互相挥动老拳,你来我往,正打得激烈热闹,难分难解,和《动物世界》片尾中猩猩打架的镜头一模一样。如今街上的小混混们打架,如果是一对一的"单挑",跑不脱也是这个形象。不知为什么,人类对于互相打斗有种近乎变态的爱好。胆儿大的自己爱和人打斗,胆儿小的也爱看别人打斗从中取乐。打赢了的被捧为英雄,打输了的遭人鄙弃。连古罗马的贵妇人也喜欢看人与人搏杀的血腥场面,而且非要"至死方休"才过瘾。即便到了标榜文明进步、高唱人道人权的今天,拳击也是风靡全球令爱好者如癫如狂的运动和娱乐项目,不打得鼻青脸肿、倒地不起决不罢休。然而,即使是那高举双手比画着两个指头的胜利者,又有几个不是口歪、眼斜、鼻塌、齿松,外落个脑震荡的?前世界拳王阿里,当年是

战斗厮杀 战国
图为战国铜鉴上的拼杀场景。

何等威风八面，而如今伤残已使他几成废人！运动本是为增强人的体质，体现人类的团结互助奋发向上精神，现在却反过来摧残人的身体，激发人的野蛮性，岂不与体育道德背道而驰！

三、守御

才 栽

▽、🌲 以我个人的看法，前一形就像木橛下栽，后一形则像立杆栽木，其上还有三角形支架，故才字初义为栽竖之栽。古代守望远敌，有山登山，无山攀树，山树皆无，就只好栽根高杆，令人爬到顶端去望敌，顶上的三角架就是给守望之人坐的。但要爬上这根又高又滑还摇摇晃晃的高杆并长时间坐在上面，既要技术又要胆量，所以引申出才能之才义；有此高杆之地，必是首脑机关指挥机构或驻兵重地，故才字于甲骨、金文中又用作所在之在；使用这种高杆守望之法更易发现敌人来攻，所以竖杆表明敌人已经不远，战事迫在眉睫，灾难就要降临了，因此卜辞中又借用为灾难之灾。

在 灾 戍

🌲 戈旁有人站立，戍守之形。在战争时期，得随时有人站岗放哨，瞭望知情，防止敌人偷袭进攻；在和平时期，也要在边境派驻军队，设立边防哨所，监视敌国行动。字以人在戈旁会意，表示驻兵守卫叫戍，有提高警惕保卫国土之义。古典文学中常有戍卒、戍客、戍人等名词，就是指戍守边防、戍卫京城的士兵。现在也有卫戍部队，即城防军。

长胡戈　东周

戒　像双手执戈之形。当人在预感到有危险逼近时，出于本能总要把手中武器（如果有武器的话）握得紧紧的，以便及时抵御。戒字以双手执戈，正表示紧握武器而有所警惕戒备。由戒备、抵御义，戒字又引申出消除的意思，即戒除之戒，如戒烟、戒酒。曾听烟民酒徒说，烟伤肺，酒伤肝，戒烟戒酒伤心；宁伤肝肺不伤心，所以还是不戒的好。玩笑话，不可当真。

或 域 國　上古或、域、國同形同义，其义为疆域之域或国家之国（國）。字从戈从口，口像城邑之形。上古把大的都邑叫做国。自己的国家城邑自然要全力保卫，在口旁加戈，示意这是设防的城市，随时准备打击来犯之敌。但我想似应还有一层意思，即表示这是被武力征服了的城市。国家本来就是建立在武力征服基础之上的政治实体，与氏族部落以血缘婚姻关系为维系纽带根本不同。以我个人的看法，世界其他地区的早期文明在发展之初都有个城邦制国家的历史阶段，中国上古似也不能例外。其实，黄帝的统治就是在征服这类城邦国家的过程中建立起来的，是中华大地上第一个统一黄河中下游的政权。因此，中国早期国家形态在黄帝时代即已形成，而不是近几十年来发明的新说——中国国家的建立自夏代始。理由简单说有三点：一是黄帝用武力征服了黄河中下游广大地区，已将血缘组织变为地域政治；二是设置"左右大监"等一系列官职，到舜时又作"五刑"，相继建立了国家机器；第三，是否世袭实行"家天下"，不能成为建立国家的标志，选举或禅让同样也是国家政权的正常交接方式。例如古希腊、古罗马时代，实行共和选举制长达六七百年之久——这个问题太大，当由专文论之。

御 午 杵

🖎、🖎 窃以为字形左边是午字的两种写法，午的初义为杵，即舂杵之杵，是两头粗中间细以便持握的木棒，如 🖎、🖎 之形（常易与丝字 🖎 或土字 🖎 相混）。广而推之，凡棍棒都可用杵形表示，因此这应是棍棒而非土字或丝绳之形。御字从人在午旁，表示人有棍棒，以会有所驱赶之义，故其本义就是驱赶。如果是驱赶敌人，就是抵御之御；如果是驱除不祥，就是御除之御；要是驱驶车马，自然就是驾御之御。

另外，马车是贵族出入所乘，若有贵人自远方来，必御车马迎迓于道，于是又引申出迎接之义。字或作 🖎，加彳旁就是表示驱车于道路而迎接客人，《诗经·召南·鹊巢》："百两御之"，意为以百辆车迎接，就好像现在出动庞大车队去机场迎接国宾。

《甲金篆隶大字典》中的"御"字

御字的以上四种含义（守御、御除、驾御、迎接）在卜辞中都有使用，而以御除不祥的御祭（一种祭祀名）为多。

四、追击

追 上半部的兵符形为师字，代表军队，下半从止表示跑路，合起来就是挥师追击之形。金文又加上行旁作 ，小篆为 ，即楷书追字所本。甲骨文逐字作 （见前第九章第三节逐字条），其初义指追踪猎物，追则用于追击敌军，一用于兽，一用于人。后世以追逐连词，而不分人与兽。

及 前一字像人被后面的手一把抓住；后一字从彳，表示此人是在路上被抓住的。这人当然是逃跑者无疑，所以此字即追及的及。逃跑者通常为两种人，一是打了败仗的敌人，一是逃亡的奴隶。逃亡奴隶不在本节讨论之列，且不说他；单说对于逃跑的敌人，自然是"宜将剩勇追穷寇"，一追到底，直到将其抓住为止。这是彻底消灭敌人的有效方法。不过话又说回来，古人云"穷寇莫追"，俗话说"逼急了的兔子要咬人"，还须防敌人诈败设下埋伏。那到底追还是不追？要追又追到哪里为止？这就得看各人的"艺术"水平了。春秋时，弱小的鲁国与强大的齐国打仗，鲁国居然赢了，鲁庄公挥师欲追，谋士曹刿说"不忙"，下车在地上看了一番，又登上车厢前面的横木望了一阵，才说"追吧"。结果大败齐军。事后庄公问曹刿搞的什么名堂，曹刿说："齐是大国，我怕他有埋伏。后来看到地上齐军的车辙乱七八糟，望见其旌旗也倒伏不举，这是真正

第十章 甲骨文中的攻战征讨 | 189

长勺之战
在春秋时期的齐鲁长勺之战中,曹刿高超的"战争艺术"让弱小的鲁国打败了强大的齐国。

的溃败,所以放心追击。"——这曹刿的"艺术"水平还真不赖。

第四节 擒 杀

上古部落战争，大多是掠夺性战争，战争的目的是对方的人口和财富，即所谓"子女玉帛"。战胜者对待战败者，一般是把老人和成年男子全都杀死，而将年轻妇女和儿童掠回。东汉末年蔡文姬作《悲愤诗》描述当时的战乱，有"马边悬男头，马后载妇女"之句，正是这种"杀男掳女"的形象写照。后来人们认识到人力的宝贵，于是出现了征服性战争。这时战胜者仍保留战败者的部落或国家，但要他们称臣纳贡，负担徭役。殷商与周围少数民族部落的战争，是以掠夺性战争为主。当殷人成为战胜者的时候，除了在战斗中杀死敌人，掳掠财物，还要将对方的俘虏大部杀死祭祀，少量作为奴隶。想来殷人成为战败者的时候，情况也大抵相同，只是受害者与得利者颠倒了一下而已。

一、杀伐

伐 像以戈击人之形，其初义就是击杀，即杀伐之伐；又因戈是啄击兵器，故啄击的动作也称为伐，即砍伐之伐；戈是当时最常用的兵器，以戈杀人自然是指在战斗中杀人，因此伐字又表

金文"伐"字（族徽）

这个字像以手持戈击人头颈，表现的是杀伐之义。

示对敌人发动战争，进行武力打击，即征伐之伐；也因此伐字有征讨不义的含意，即吊民伐罪之伐。据儒家主张，征讨不义事先应声言其罪，宣布自己是正义之师，是替天行道，敌人是罪有应得，死有余辜，这就叫"誓师"。比如商汤讨伐夏桀，周武王讨伐殷纣，就分别作《汤誓》《牧誓》，宣布桀纣滔天罪行，恶贯满盈，人人得而诛之，不杀不足以平民愤。出师之时，还要大张旗鼓，吹吹打打，这叫"鸣鼓而攻之"，否则就不叫伐。但是，任何人发动战争都会为自己寻找一个堂而皇之的借口，总是把自己打扮成救民于水火的英雄，是观音转世，天使下凡。好比当年日本人侵略中国，还说是为了解放受西方列强蹂躏的中国人民，建立"大东亚共荣圈"。这叫强盗有强盗的逻辑。

戕殱（同歼）　从戈从二人，二人在这里表示多人。字像以戈击杀多人，表示一个不留，赶尽杀绝的意思，所以《说文解字》释"戕，绝也"，即歼灭之歼（殱）的初文。根据战略战术，伤敌十指不如断敌一指，击溃敌人十个师不如全歼敌人一个师。所以对敌人决不能仁慈，有敌无我，有我无敌。交战双方都懂得对敌人要像严冬一样残酷无情。在很长一段历史时期内，战胜者除了青年妇女外，对敌方其余人等都一律格杀勿论，斩草除根，以防东山再起，卷土重来。值得注意的是，一般说来，在刚进入文明历史时期，民间私斗不如统治者之间的战争来得野蛮残酷，不知是因为老百姓惧怕法律还是"卑贱者"更文明？比如西方人决斗特别讲究公平、公正，中国武侠小说中的武林高手们打斗，也常是点到为止；还有点穴之法，可以使人暂时丧失战斗力又不伤其性命。据说此法今已失传，其真实性也令人怀疑，但至少也表达了一种不愿大开杀戒的淳朴愿望。现在历史有了进

戈

音灾 zāi

𢦏、𢦒像戈尖上高挑着一颗人头。一场战斗结束之后，胜利者往往割下敌人尸首上的头颅作为战利品，这在原始民族中是一种相当普遍的现象，叫做"猎头"。猎头的动机各种各样，有的是为了炫耀武功，有的是为了献祭，有的则是为了驱邪，还有的相信死者的力量和智慧会由此传给自己。如云南的佤族、太平洋岛屿和澳洲的一些土著以及南美丛林中的一些部落，到近代仍有猎头习俗。中国古代杀死敌人后要"斩下首级"，也属于猎头遗风。一些金文在列数战利品时多有"折首"若干的记载，"折首"就是斩首；史载周武王攻下商都朝歌后，也将已经自焚而死的纣王头颅割下来祭旗。直到20世纪40年代，中国也还有"斩首示众"的现象存在。如《红岩》中江姐的丈夫彭咏梧英勇就义后，其头颅就被挂在奉节县的一处城楼上示众，这不是小说家言，而是真有其事，说明了反动统治者的野蛮、残暴。

多友鼎及铭文　青铜器　西周晚期

该鼎1980年出土于陕西省长安县斗门镇下泉村。鼎腹内铸有铭文22行279字，内容记载了一场西周军队抗击猃狁（匈奴）进犯京师的胜利战争。在这场持续了十几天的战争中，经历了四次战斗，共斩敌首级至少366个，俘敌军官28人，缴获战车127辆。

灾

战争对于老百姓尤其是战败方的老百姓来说，绝对是一场巨大的灾难。᠁字在甲骨文中即用为兵灾之灾。以戈尖高悬人头来表现战争灾难，可真是抓住了要害。灾字还有几种不同写法，从水或像波浪滔滔的是水灾（᠁、᠁）；像火烧房屋的自然是火灾（᠁，即今灾字所本）；若是水火一起来，就成災字；᠁则是兵灾的专字。戈上的人头形也可作才字，写成᠁，才既是声符又表兵灾之意（见前第三节·三·才字条），这是隶楷戈形的由来，但以后戈只是作为声符使用而失去了灾难的含义。

取

᠁从耳从又，像以手执耳之形。战场上杀敌，若有能英勇过人者，奋起神威，如砍瓜切菜一般，斩首特多，一人拿几十颗人头也不太方便。于是有聪明人想出一个好主意，只消割下敌人的左耳就一样可以作为杀敌报功的依据。取字正是这个主意的体现。耳朵再多，一条绳子少说也能串百把十个（甲骨文中有緝字，作᠁，就像以绳串耳之形），不仅减少了体积、重量，还大大减轻了血腥、尸臭味，可算一大"发明"。放在今天，还可以到专利局申请专利，看谁肯出大价钱购买。只是须防军纪败坏之时，士兵贪功心切，将老百姓的耳朵也割下来充数。若是将领不明，把那大耳、小耳、老耳、嫩耳、男耳、女耳统统论功行赏，只怕世上百姓便有缺耳少耳之虞了。

緝

二、抢劫

侵

᠁像持帚驱牛之形。殷人周边大多数是游牧民族，殷人畜牧业也发达，牛羊是主要的财富，相互侵凌都以抢劫牛羊为目的之一，所以侵字本义就是战争掳掠。手中持帚，大约表示干净彻底的"扫荡"，一只牛羊也不给敌人留下。另外帚字可能也是一种放牧工具的象形，即今所谓的"响篙"：将竹竿一端划破，手持另一端挥之摇之，使破头发出"哗哗"的声响，起到驱赶牲畜的作用。其形状与扫帚有些近似，故可以用帚形表示。如今北方牧区不产竹，已没有响篙这东西，只南方农村偶尔还能见到。

戕
音枪 qiāng

𢦏 我觉得这像以戈挑床之形。先民家中，值钱的东西恐怕以床上用品为多，像被盖褥子、衣物细软，连首饰盒也大都是放在床头枕下的。所以挑床意即挑细软。记得我小时候，母亲常告诫我出门要把门锁上，"谨防贼娃子把铺盖抱起跑了"。那时穿的都在身上，吃的都在肚里，家中最值钱的东西就数几床破旧铺盖了，故有此虑。现在想来，只怕白送也没人要。——言归正传，话说战胜者攻下一处城邑村庄，多半要纵兵大掠，不仅野蛮人如此干，文明人也一样干。比如当年有两个自诩绅士的强盗（中国人须要记住，他们一个叫法兰西，一个叫英吉利）闯进圆明园，就大掠十余日，将园中珍宝一抢而空，并纵火将这座举世无双的"万园之园"烧成一片废墟。这真正体现了掠夺战争中对敌方财物能抢则抢，不能抢则毁的破坏原则。𢦏字既是戈尖上挑细软之形，又是以戈毁床之象，所以本义就是抢劫残毁。《说文解字》："戕，抢也"；《小尔雅·广言》："戕，残也"。引而申之，戕又有残杀之义，即戕害之戕。

義

𦏲 我想这是三连戈上挑着羊头，表示以武力弄到了美味食物。古人喜食羊肉，从羊的字多有美食、美好之意。古代食物缺乏，战争又没有后勤保障，只能"以战养战"，所以食物是非常重要的战利品。按战场上的原则，是"一切缴获要归公"，所得应由大家共享。对抢来的食物，大家不分彼此地又歌又舞地庆祝一番，然后分而食之，许多民族都有此习俗。打了胜仗又有好吃的，当然是最令人高兴的事，所以羲（义）有美好的含意；将自己冒生命危险夺得的食物让众人分享，很有点"有福同享，有难同当"的哥们儿义气（实质上是原始共产遗风），这又是义勇之义。到后来由于统治者的大力提倡，义被发展为一项重要的封建道德，列为"五常"（仁义礼智信）之一。

三、俘虏

馘 音怀 huái

獻

像双手举戈，跪地献降之形。这和现代战场上缴枪投降的姿势简直一模一样，几千年不变，可谓古今攸同。《说文解字》有馘，应即此字，但释"击踝也"则不确，应为献降之献的专字。甲骨文献字又作 ，从鬲从犬，是以狗肉献祭之献（獻）的专字。后馘废而献存，无论献降献享都用献字。

在征服战争中，对于投降宾服的部落或方国并不赶尽杀绝，也实行"交枪不杀"的政策。只要按时进贡服役，听从命令，就成为征服者的臣属，并享有受其保护不遭第三者侵扰的权利，真是"优待俘虏"。这最终导致了国家的建立。从这个意义上来说，征服战争比掠夺战争要"文明"一些，对人类社会的破坏性较小，在客

献俘图　汉砖

观上还有促进社会进化的作用。

㚔服 像以手抓人后领，按人之头使下跪，降服制服之服的初文。

㚔字在甲骨文中的用法也与俘虏的俘同义。俘虏一般多作为人牲杀掉祭祀，卜辞中就常有以㚔为祭的记载。字又写作 ，从凡（盘），表示将俘虏盛入盘中以献祭。金文中凡旁渐混同于舟旁，以后再混同于月旁，即今服字所本。

訊 像以绳索反缚一人双手，前面加口表示讯问口供，即审讯之讯（訊）。金文在记载战争斩获时常有"执讯二夫""执讯廿又三人"等语，可知"讯"是战俘的一种。作为战俘而又有审讯价值的，一定不是普通战俘而是敌方头目。在卜辞中，讯字正是既作审讯之讯用，又作为俘虏敌酋的名称。审讯的目的是获得敌方信息，故讯又有信息义。今港台地区仍把信息叫做资讯。字或省绳索形作 ，金文则作 ，绳捆索绑之外，还戴上了脚枷。

俘 、 像手中抓了个小孩子，俘虏之俘的雏形。上古人力宝贵，敌方的"子女玉帛"都在抢掠之列。儿童没有反抗能力，容易驯养，所以成为掳获的对象。一些原始民族有收养敌方儿童的习俗，并且视同己出，并不奴役虐待。甲骨文**孙**（孙）字作 ，像用绳索拴着一个小孩，即是掳来的儿童之形。后来用作子孙之孙，当与收养敌方儿童的习俗有关。但在多数情况下，掳掠儿童只是为了养个小奴隶，长大后好为其服役。20世纪50年代以前的四川凉山黑彝，就经常出山掳掠附近的汉人小孩回去做"娃子"（奴隶），有部60年代初拍的电影叫《达吉和她的父亲》，就描写到这种掳人行为。我幼时住在川西一个小城，农村来的保姆常在我哭闹时吓唬我"再哭,背娃儿的'蛮子'来了!"令我许多年后记忆犹新。

妥　　🔣、🔣像一把抓住个女人,女俘之形。俘来的女人,最大的用途是作脂粉奴隶,即作泄欲对象,作生育工具。这也是抢亲的一种形式。要把抢来的女人做老婆,首先必须恩威并加使她投降屈服,所以妥字有妥协之义;一旦该女人服帖驯顺之后,便可以安安逸逸地享女人之福,所"妥字又有妥帖、安妥之义";妥古又同绥,绥有平服、安抚的意思,也是从使女俘屈服之义引申来的。

胡汉战争图　汉砖

第五节 刑 罚

据古籍记载,尧舜时代已有了刑罚,称为五刑:墨——黥面;劓——割鼻;剕——砍脚;宫——阉割;大辟——杀头。刑罚是对内镇压的工具,也是国家建立的标志之一。从刑罚的发展来看,越是远古,手段越是残酷,肉刑越是普遍。中国到西汉时废除了"毁肌肤断肢体"等使人残废的肉刑,至唐朝时只剩下笞、杖、徒、流、死五个刑种,但残酷的死刑执行方式仍保存了很久,如剐、腰斩、枭首(斩首后悬头示众)、弃市(曝尸示众)等等,直到清末西风东渐后才慢慢改变,如枭首延续到20世纪40年代,曝尸延续到70年代。另外有一种同样残酷的惩罚手段则一直盛行不衰,至90年代仍可见到,这就是游街示众。欧洲中世纪有将人涂上柏油粘上羽毛游街的恶俗,中国上古也有所谓"象刑"。象刑据说是在犯人的衣服上画上表示罪犯的特殊图像,或者剃去头发,或者颈上套个铁环,其本意是一种象征性的处罚,但实质上是一种人格刑,给人以精神打击和人格侮辱,达到将人驱逐出正常社会圈子的惩罚目的。游街示众也是这个目的(还带点恶作剧心理),这种方法在特殊年代中被广泛运用且花样百出,有戴高帽,有挂木牌,有剃阴阳头,有在大街上学狗爬,有在广场上敲锣打鼓自暴"罪行"。更常

大辟者 金文 西周

大辟即杀头,古代的一种极刑。

见的是五花大绑，抓发扭臂，弄到高台上或汽车上挨批斗。

至于为何将刑罚作为《甲骨文中的攻战征讨》这一章的内容，其原因有二：一是刑罚的内容不多，不够单独成为一章；二是刑罚与战争都是刀兵之灾，只不过一对内一对外，其联系很紧。《国语·鲁语》说："大刑用甲兵，其次用斧钺，中刑用刀锯，其次用钻笮，薄刑用鞭扑，以威民也。"甲兵就是发动战争，斧钺是砍头斩首，刀锯钻凿鞭扑都是肉刑所用，通通都把它们叫做刑。另外，上古部族的成年男子都是战士，战场上杀敌人，刑场上杀自己人，因此刑兵不分。还有，刑具和武器也多是战场、刑场一器二用，比如前引文中的斧钺刀锯，现在毙人的枪支子弹都是。

宰辛 从屋下有辛，辛在这里表示的是钻凿之类的刑具，郭沫若认为是一种曲刀，像圆凿而有个尖锋，用于抉目刎骸刺面等。《说文》释宰为"罪人在屋下执事者"。不确，应为"官人在屋下执刑者"。辛是刑具，代表刑罚，因此屋下的人是执掌刑罚的人，相当于阴间的判官或阎王，可以决定人的生死命运，痛苦幸福，所以宰有主宰之义；统治者始终认为政权就是镇压之权，做官就是要用刑罚威胁老百姓，因此宰也作为官名或"一把手"的通称，如宰夫、州宰、宰相。人一旦落到掌刑者手里，就好比下到大理寺，送到刑部，凶多吉少，等着他的就是判刑、杀头，所以宰有主宰、宰杀之义。

辟 人的背后有辛，好比希腊神话中悬在人们头上的达摩克利斯剑，随时都可能砍下来，象征刑罚的威慑力。《说文解字》："辟，法也，从卩从辛，节制其罪也。"中国古代法、刑不分，法是抽象的刑，刑是具体的法，清末以前只有刑法而没有宪法、民法等法律，因此辟也就是刑的意思，如最重的刑是杀头，称为大辟，犹如说大刑、极刑。在王权至上的时代，只有君王才有权制定法律，甚至君王说的话就是法律，因此君王也被称作辟。《尚书·洪范》曰"惟辟作福，惟辟作威，惟辟玉食"，即只有天子才可以作威作福，才可以锦衣玉食；另外又有"复辟"一说，又称重祚，就是恢复帝王之位。在中国历史上，灭亡后又成功复辟的朝代寥寥无几，汉王朝是最著名的一个。实际上东汉就是西汉的复辟，因为国号都是汉，而且东汉开国皇帝是西汉皇室的后人。

囚 幸 执 挚 圉

音雨 yǔ

外面方框象征牢房，里面一个人，当然是囚犯了。将犯人关进牢里，既是防止他继续犯罪和逃避制裁的方法，也是剥夺他的自由以进行惩罚的方式，严重的还要戴上枷锁。甲骨文中有幸字，作 ，就是一种古代的枷锁。捉住犯人后立刻要给他戴上手枷，以防反抗，甲骨文执（执）字就是这样的戴枷之形 ，表示逮捕罪人，或者再加手形作 ，以更显拘执之义，即挚（挚）字；有的则被戴上脚枷，字形作 ，徐中舒师认为也是执字。拘禁囚犯的地方叫做圉，《说文解字》："圉，囹圄，所以拘罪人。"甲骨文字形为 或 ，就像牢里关着一个戴手枷或脚枷的人。在殷墟曾发现过一

囚笼

"囚"字从囚犯的本义引申为拘禁之意。甲骨文中的"囚"字形体，周围像个土坑或者井形，中间侧立着一个人，表示把人关起来。

桎　周代刑拘

《说文解字》："桎，足械也。"就是脚镣。《周礼·秋官·掌囚》郑玄注："在手曰梏，在足曰桎。"即手铐叫做梏，脚镣叫做桎。

些戴手枷的陶俑，女子枷在胸前，男子枷在背后，体现了"优待"女士的特点。

役　像持殳打人之形，以会驱役之义。从古至今犯罪之人不光是坐牢就能完事的，只要没判死刑立即执行就得要服苦役，现在称作劳改。在秦汉以前多是弄去修城墙、宫室陵墓（男犯）或为贵族官府舂米（女犯），叫做"城旦舂"，又称刑徒。商代名臣傅说，就曾陷身城旦，秦二世也曾发修骊山陵的70万刑徒去抵抗陈胜起义军。

窀（音店 diàn）　屋下有戴枷之人，《说文》释窀字为"屋下倾也"，其实这才是"罪人在屋下执事者"。一些轻犯、女犯、老年或少年犯，还有犯人被连坐的家属，不适应重体力劳动，也没什么危险性的，有一部分就用作家奴；还有一些有点知识或有特殊技艺的人，也被弄到官府作为官奴。这些犯人在屋内执事，少受或不受日晒雨淋之苦，待遇也稍稍好一点，甚至还有那么一点点权力，如古罗马时代就有以奴隶作警察的。

臧（音脏 zāng）　像以戈击目之形。原始社会末期，人们已知人力之珍贵，所以对战俘不一定都杀死，有一部分也留下来作为奴隶。

《甲金篆隶大字典》中的"役"字

甲骨文中的"役"字形体的左边是一个面朝左站立的人，其背后是一只手执物打击，表示役使。

但为了安全起见，要把他们弄残，而又不能让其丧失劳动力，因此刺瞎一只眼睛就是首选的手段，这就是臧获之臧。《汉书》注引晋灼云："臧获，败敌所被虏获为奴隶者。"又扬雄《方言》卷三："荆淮海岱杂齐之间，骂奴曰臧，骂婢曰获，齐之北鄙，燕之北郊，凡民男而婿婢谓之臧，女而妇奴谓之获，皆异方骂奴婢之丑称也。"所以臧是战俘奴隶之像，也是受刺目之刑的人。

劓

音易 yì

劓从自从刀，自是鼻子。《国语·鲁语》韦昭注曰："割劓用刀。"因此这是割鼻子的酷刑。不知是此刑太损人形象还是死亡率太高，或者是因为许多人的鼻骨高（就像我一样，从小外号叫"高鼻子洋人"）不好割，至少从古籍记载来看，这种刑罚好像不大常用，被劓的事例少见史册。在商周考古中，被砍手、砍脚、砍头、砍腰的尸骨比比皆是，但考古人类学家们似乎也没有发现有劓鼻之刑的痕迹。不过在古律中劓刑长期存在，《尚书·盘庚》中商王曾发出"我乃劓殄灭之"的威胁，《吕刑》中也有劓罪

刑具《三才图会》

鼻子画谱

自与鼻在古代读音相同。甲骨文中的"自"字，就像人的大鼻子的形象，上部为鼻梁，下头为鼻孔，中间的二横为鼻纹。

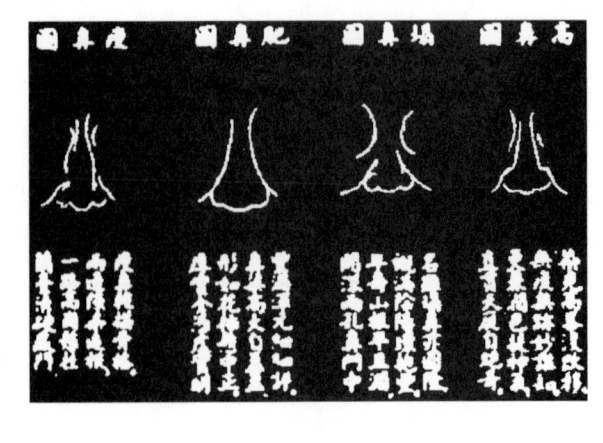

一千。汉初的法律中规定有三种肉刑，一是黥（在脸上刺字），二是劓，三是刖（把脚砍掉），其实还有第四种——宫刑。汉文帝时将前面三种肉刑都废除了，唯独宫刑不废。此后劓、刖二刑就再没恢复，黥也不再作为正式的刑种，只是作为附带的惩罚手段和罪犯分子的标记。如《宋史·刑法志》规定："盗窃满七贯者决杖黥面"，因此有《水浒传》中林冲的刺配，武松脸上的"金印"等，但其法定的刑罚只有五种：笞、杖、徒、流、死，没有黥刑。

尤 我觉得这是从又（手）上一横，像断指之刑。若以这种刑罚来对付盗窃者，尤其用来对付摸包贼应特别有效，直到近现代还有国家采用这种手段来惩罚盗窃犯。但中国上古似乎对盗窃罪的惩罚是刖足，《三国志·陈群传》说："古刑使淫者下蚕室（即宫刑），盗者刖其足。"甲骨卜辞中尤字有祸患之义，常有"亡尤"之问，与"亡祸""亡灾"义同，应是从受刑残肢引申而来的。甲骨文中还有宄字，作 ⌂，屋下以殳击肘之形。殳是刑具，肘亦是手，击手也表示惩罚贼娃子。《说文》："宄，奸也，外为盗，内为宄。"字从屋下，正合"内为宄"之义。

宄 音轨 guǐ

陵 字从大（正面人形）而缺一足，旁边的 和 为刀、锯之形。《汉书·刑法志》颜注："锯，刖刑

刖刑卜辞

商朝曾大量使用刖刑。左上甲骨文卜辞记录，将一次性对一百人施用刖刑，问神可不可以。右为问神或祖先：将要使用刖刑，会不会有死亡。

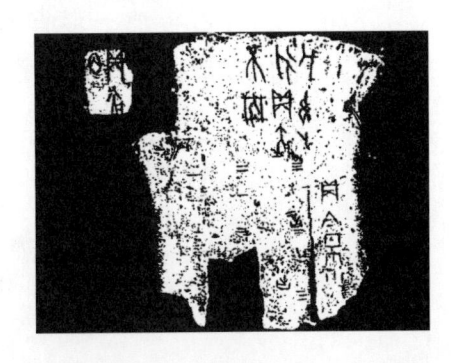

也。"因此这是刖足之刑的形象写照。刀锯之刑为中等刑罚，其严酷性仅次于斧钺之刑，在上古曾广泛使用，卜辞记载殷王一次刖足的人数可达百人之多。春秋齐景公时，贵族奢靡荒淫，官府横征暴敛，老百姓极端不满，统治者就用严刑峻法来对付百姓，许多人被刖足，没了脚穿鞋，却需要木拐，以至"国之诸市，履贱踊贵"，即鞋子便宜，拐杖昂贵。

受刖刑人像

刖足之刑既可能是砍去一只脚，也可能是截去脚趾或剜去髌骨（膝盖骨）。战国时有名的军事家孙膑，就是双腿受过刖髌之刑的人。但他身残志高，助齐攻魏，创造了"围魏救赵"以及"增兵减灶"的战略战术，打败了嫉妒他并害他刖髌的同学庞涓。他写的《孙膑兵法》也被考古学家们发现，其内容比起他的祖先、春秋时代的军事家孙武的《孙子兵法》来也毫不逊色。

此字后一形中的锯形逐渐讹变为 𠂤 （阜，即左包耳），成为今陵字，且用为山陵之陵，但陵（凌）迟之刑——先砍去手足再割身上的肉让人慢慢痛死的酷刑——的陵字则仍存本义。又若将前一形省人形且增一锯形，又变为刜字，即五刑中的

刖

音废 fèi

春秋著名军事家孙武

孙武（前551—？），字长卿，原齐国乐安人。他在军事上的杰出才能和成就，被后世尊崇为"兵圣"和"兵家之祖"。

阉割刀　清代

据说古代阉割太监用的刀是用金与铜的合金制成，术后可防止感染。

刖足之刑，这才合于本义。

歲

另外，甲骨文歲（岁）字也写作𢦏，像以钺断足之形，这也是刖刑的体现。歲字在甲骨文中有三种写法，也许表明这类钺形利器有三种用途：从半貝（辰形）者𢦏为蚌镰，用于农业收获；有血点污迹者𢦏为武器，用于杀伐宰割；从双止者为刑具，用于刖刑。到金文则基本都从双止，作 歲，小篆作 歲，即今歲字所本。可参见本章第一节、第十一章第五节歲字说解。

斀

音琢 zhuó

𠚍字的左边为男根之像，右边从刀，应即古之宫刑，或称腐刑，有专家据字形所示之义释为斀。《说文解字》："斀，去阴之刑也。"宫刑也是刀锯之刑，并且它既是肉刑，又是人格刑，因此是仅次于死刑的严厉刑罚，曾长期流行于封建时代。据说秦始皇时全国受宫刑的人达72万之巨，而历代皇帝宫中的太监，相当一部分也是罪犯或罪犯家属中的幼男。例如明朝七下西洋的三宝太监郑和，就是受家庭牵连自小被阉入宫的。最著名的事例是《史记》的作者司马迁，他因替投降匈奴的将军李陵说话，被汉武帝处以宫刑，但他忍受了常人难以忍受的奇耻大辱，苟活偷生，只为了完成他的史学巨著——《史记》。《史记》不仅是所有二十四史中写得

《史记》书影

司马迁

司马迁（前145—？），左冯夏阳（今陕西韩城西南）人。西汉著名史学家、文学家。

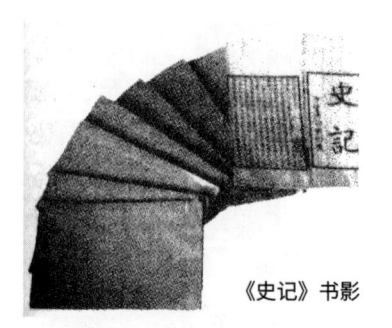

最好、文学性最高的，而且由它开创的史书体例、修史传统和史学道德，深深地影响了中国两千年来的史学界乃至民族心理，一直及于现代；其结构体例则到民国初年修的《清史稿》仍是沿袭《史记》模式而无太大改变。因此当年司马迁如果不堪受辱而选择死刑（汉制，犯死罪者许以宫代死），中国的历史真的要改写了。

宫刑也可施于女性，称为"幽闭"，即关在宫中不许见男人。但据说另有一种"椓窍之法"，说是用木槌捶击妇人胸腹，即有一物坠而掩其牝户，于是只能溺便，而人道永废。我想这是受到子宫脱垂的启发而想出来的主意。

剮

从刀从骨，即《说文》剮字，释为"分解也"，今作剐。这是割肉剔骨之刑，又称凌迟。据说，行这种刑时，将受刑之人捆在木桩上，刽子手先用刀在犯人额头上划一刀，撕下一块皮肤搭在眼前以免见刀恐惧，或者干脆先挖去眼睛，眼不见为净；然后将四肢和身体上的骨肉一块块撕割下来，让犯人疼痛而死；如果有犯人意志坚强或痛神经不发达，半天痛不死，就再剖开胸膛，剜出心脏。这种刑，多用于谋反、弑上等大罪，因为这是夺权和动摇统治基础的大逆行为，最为当权者忌讳，所以要以最残酷的手段来惩罚。

元　🐋　下面是人的身子，上面一点像人头，中间一横，表示截断。含而观之，这是表示被砍下来的脑袋。如《左传·僖公三十三年》："狄人归其元"，《左传·哀公十一年》："归国子之元"，《孟子·滕文公下》："勇士不忘丧其元"，都是以被斩之首称元，因此元又训为首。希特勒自称元首，其实叫他元首和叫他脑袋瓜子是一回事。由脑袋之义，元字又引申出初始、第一的意思，如历法上有元旦，地质学上有元古代，道教有元始天尊，人身上有元气。至于数钱数出一元两元来，其实这个元本应作圆，因为中国最初的本位币是圆形银币，叫银圆。1910年清朝政府制定的《币制则例》明文规定："国币单位，定名曰圆。"后来不知是为方便简化起见，还是因为"金钱第一"的观念，圆变成了元。不过你要是随便拿起一张人民币来看看，就会知道还是写作"圆"最正规。

第十一章
甲骨文中的农业经济

　　中国是一个传统的农业国。农业在历代都是最受重视的一个生产部门，被称为"本业"，即国家的根本产业。它不仅为社会提供衣食来源，而且为国家提供赋税和劳役来源。所以统治者都把农业看得至关重要，不只地方官要"力劝农桑"，连皇帝每年也要举行仪式，祈祷风调雨顺，五谷丰登。北京天坛祈年殿就是举行这种仪式的地方。至今，我国仍然把农业作为国民经济的基础，人人都知道"无农不稳"。可是近年农业的状况却令人担忧，农民经商务工形成潮流，剩下老弱病残、文盲搞农业，这农业如何适应现代经济发展的需要？

　　商代的农业已有发展，人们已知道精耕细作，掌握了许多农业栽培技术。农作物的品种也相当丰富，农业已能为社会提供大量的剩余产品。这不仅可以从殷人嗜酒的习惯中看出来（中国传统以粮食为酿酒原料，不像西方多为果酒），更可以从大量的甲骨文字形中得到证明。下面我们分几个方面将有关农业的字形作一些简单的分析。

农田模型
　　甲骨文中的"田"字，是一块长方形的大田，中间分割成几块小田，纵横的直线是田埂或田间小路。

第一节 土　地

我国自古以来就是世界上面积最大的国家之一，至今排名第三位；但我国又是耕地比例较小的国家之一，耕地只占国土面积的百分之十，总量还不及印度多。广大的西部地区以高原、山地、沙漠为主，生态环境十分脆弱，不利于农业开发。但中国人口多，历史上以农业经济为主，对耕地的需求很大。这种状况对中国社会的影响是全方位的，如重农抑商，耕读为本，多子多福，农民战争，水土流失，闭关自守，自然经济……这一切都和土地在中国社会中的特殊地位有关。土地对于中国人来说是太重要了，拥有一块土地就意味着有了衣食来源，生活保障；失去土地就意味着流离失所，转死沟壑。所以土地问题历朝历代都是中国社会的最大问题，即便是现在的改革开放，也是从农村土地改革即实行土地承包责任制开始的。

土　　土地之土，像地上有块土圪垯。字也作 ，周围几点表示碎土。土地（国土）是立国的根本，没有国土，就不会有国家；土地（耕地）又是农业的根本，是农民的生命线、命根子，没有耕地，也就不会有农业。所以古人以天为皇父，地为后母，皇天后土是非常重要的祭祀对象。下至氏族，上至国家，都有专门祭祀土神

社　　的场所，叫做"社"，最初的社就是一大块泥土，甲骨文中的土字就是社的形象，也同是社字。因土性松散易碎，人们又以石代土，立石为社。《淮南子·齐俗训》说"殷人之礼，其社用石"，今殷墟考古中也发现有排

列规则的祭祀石。但石头毕竟与土有别，所以又在石头之外加上表示东、南、西、北、中五方的五色泥土——青、红、黑、白、黄。这种形式的社从原始社会时期一直沿用到清朝。社神常又和谷神（稷）一起祭祀，"社稷"也就成为国家的代名词。古人聚族而居，每族又都有自己的社，往往是一地一社，一村一社（后来变为土地庙）。唐诗有"桑柘影斜春社散"，鲁迅有《社戏》，都是指这种一方土地神的祭祀，因此就有村社、社区之称，并逐渐成为一类集体组织的名称，如公社、诗社等等。

田 ⊞ 田地之田，又写作 ⊞、⊞ 等，像划分成方块的田地。农业最早也是最易发展的地方是平原，平原上阡陌纵横，田塍交错，既是道路，又是田界，把土地自然地分成较为规整的方格，形如井字，因此叫做"井田"。后来发展为一种土地制度，即"井田制"。这种制度规定每个农夫耕种100亩（周制，约合今25亩）土地，九块这样的土地为一井；周围八块是私田，中间一块是公田，各家必须先耕种公田，然后才能耕种私田。这是一种劳役地租的剥削方式。甲骨文中还有一个 ⊞，

周 即周字，也像田土之形。周人居于周原（在今陕西省岐山县），这里地势平坦，也曾是土肥水美之区，周人以此形名其地，可见周人早期的农业也相当发达。

丰 ✡ 像一堆土上长了一蓬草，长势茂盛，所以这是草木丰茂之丰。平原上地块规整，千篇一律，各家土地范围要区别开来，就须做上标记。上古的做法是在田界上堆一个土堆并种上茅草，犹如后世的界石。此字便是这种土堆上种茅草之形，所以这又是封域之封。金文封作

封 ✡，更是以手植草于土来表示这是人工所作的标记。由田界之义，封字又引申出国家疆界的意思，即封疆之

第十一章 甲骨文中的农业经济

邦 封。上古分封诸侯,也是以茅草束作为象征物,所以叫"分封"也叫"分茅",这是成语"裂土分茅"的来源。甲骨文中有 ꭓ,即邦字,正是田边有茅草之形,表示这是受封的土地,即邦国之邦。

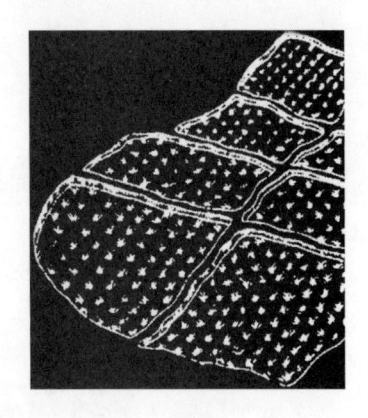

农田

寿 畴 商代农业发达的证据之一,就是已有了较为完善的灌溉网,即《左传》所说的"田有封洫",洫就是沟渠。这个字形正像田间沟渠纵横曲折,而且看来还是自流灌溉。所以寿(壽)字实际上是田畴之畴(疇)的初文。人们看见渠水悠悠,长流不息,也希望人的生命像青山不老,绿水长流,所以把此字用为长寿之寿。旧时有句常用的祝福语:"福如东海长流水,寿比南山不老松",就集中体现了这种希望福寿长久的心态。

甫 田 像田里有小苗,园圃之圃的初形。大田管理粗放些,屋前屋后的园圃就精耕细作多了。所以园圃专用来种蔬菜、花草、苗木等需要精心管理的作物。这也是一门学问,如今叫做园艺学。当年孔夫子有个弟子叫樊迟,他想向老师学种庄稼,又想学园艺。孔圣人却不耐烦地回答说:"吾不如

圃田 《农政全书》插图 明代

老农""吾不如老圃"。等樊迟一转身,他就骂樊迟是"小人",大失圣人风度。

播种图　画像石　汉

第二节 作 物

商代农业比较发达，从粮食类作物看，后世所谓的"五谷"都已有了，并且广泛栽培，收获量颇大。但是，殷商时代似乎除了桑、麻等少数品种以外，缺少重要的经济作物，蔬菜、油料、果类、竹木等主要还是从野外采集。如《诗经》中仍有采野葛织布（《葛覃》），有采白蒿浮萍供祭（《采蘩》《采蘋》），有采艾蒿作熏香（《采葛》）等记载。至于采野菜、野果的就更多了，如荇菜、蕨、薇（野豌豆）、苦菜、葑（芜菁）、梅子、棠梨之类。虽然这体现的是西周春秋的情形，但从中也可推知殷商的状况。经济作物栽培少的原因大致有两个：一是当时社会的需求量不大，而野生资源较多；二是商品经济不发达，经济作物的大量栽培必须建立在广泛的商品交换和民间手工业有一定发展的基础之上，而这两个条件殷商时代都还不太具备。

禾 ｜ ¥ 禾苗之禾。禾是对农作物中谷类作物的通称，有时也专指粟或水稻的植株。从植物分类学上来看，谷类植物也的确属于禾本科，如水稻、高粱、玉米、小麦、粟等等。甲骨文中从禾的字大多和粮食有关，粮食类作物是农业栽培的主要对象。但随着时代的进步，城市和手工业的发展，社会对粮食和经济作物的需求量越来越大，农作物的品种也越来越多。现在，农业不仅为城市提供粮食副食，而且为工业提供大量原料。可"文革"中，在"深挖洞广积粮"的思想指导下，提出"以粮为纲"的口号，单纯发展粮食种植，多种点经济作物就是

"走资本主义道路"。记得当时有部电影,说一个"落后分子"去山上拾山果卖钱,就遇到众人的"帮助批判"。因此那时到处开荒开山围湖围海,大搞"广种薄收",结果粮食没收到几颗,却严重破坏了生态平衡。

糯 稻 音坛 tán

像以米谷贮于坛内,隶为糯,即稻字初形。稻子是重要的粮食作物,尤其是南方,主要是稻作农业。中国是人工栽培水稻最早的国家,1993—1995年,我国考古工作者在湖南省道县的一个洞穴中发现了几粒一万年前的水稻实物标本,经专家鉴定,这是由野生稻向栽培稻过渡的一种古栽培稻类型,是世界上迄今为止所发现的最早的人工栽培水稻的遗迹。1997年又在湖南澧县发现6500年前的水稻田及灌溉设施,也是迄今发现的世界最早的稻田。

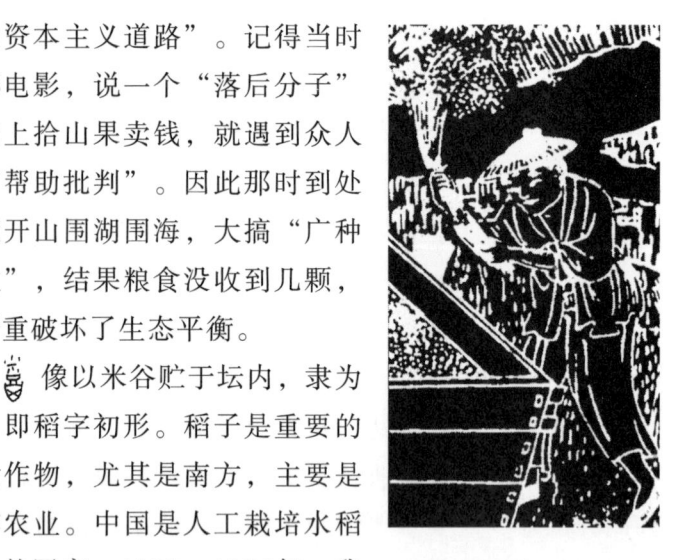

手拿稻谷的农夫

甲骨文中的"禾"字的形体就像一棵成熟了的庄稼,其上端是下垂的穗子,中间有叶子,下部有根。

到5000年前,水稻的栽培范围已扩大到今陕西渭水流域。殷商时代的中原地区,气候温暖湿润,河流湖沼纵横,非常适合水稻生长,所以稻米是殷人主食之一。稻谷晒干后不易霉变,适于大量长期贮存,这个字形表现的就是贮藏的稻米。在七千多年前的河姆渡文化遗址中,就发现了重达120吨的稻谷堆积层,这应是当时人们的粮食贮存。

來 禾形顶端有穗,穗上还有芒刺,左右为条状纷披叶,下面有根,这是麦子植株的象形。小麦在我国的栽培历史也是极早的,前些年在甘肃民乐发现了距今五千多年的炭化小麦，与现生小麦品种已没有什么明显区别，推断此前还有一个相当长的驯化阶段，因此小麦的人工栽培时间应该更早，很可能中国也是小麦的起源地区之一。今天无论是中国或全世界，小麦都是种植面积最广、产量最多的粮食作物之一，在我国仅次于稻谷居第二位，是现在北方旱作农业最主要的粮食作物，并与稻米同称为"细粮"。

小麦

麥

　　大约是同声假借的缘故，表示麦子植株的来字成了往来之来，甲骨文中的来字基本上都是这种用法。为了与麦子之义加以区别，有时又在来字之下加一个向内的脚板（倒止），作 𧼛，以表示到来之义，这就是麥（麦）字。但是在实际使用中，到来之义比稻麦之义出现的频率要高得多，为了省便起见，反而将 𣏟 作了往来之来，𧼛 作为稻麦之麦，整个地颠倒了。

　　说起小麦，倒令我想起一件趣事。在1961年春末青黄不接之际，正饿得发慌，忽然间生产队收小麦了。我赶紧跑到地里去想拾点麦穗充饥，谁知却不让拾，说是"一切缴获要归公"。于是我便守候在运麦捆的路上，拾一点掉下的麦穗，也趁人不注意悄悄扯下几根。一天下来也积了一大把。拿回家后，待到夜深人静、监视各家炊烟的民兵下班之时，母亲才将门窗关紧，用粗糙的手掌将麦粒搓出，并找来三块石头支起半爿破铁锅，用刷把做锅铲，为我炒起了麦粒。虽然无油无盐，但当时吃起来之香之甜之脆，令我觉得那是世界上无与伦比的美味食物。十年后我再次下乡当了"知识青年"，分到麦子的第一天，我就迫不及待地如法炮制起了炒麦粒。谁知炒好后一尝，觉得怎么这么难吃？简直是难以下咽！即使放上油盐也一样，跟吃"忆苦饭"差不多——那还是半饥半饱的知青时代，若是放到连山珍海味也不稀罕的今天，只怕会更让人嫌弃了。

播麦图《天工开物》

粟 像禾株上结实累累，粟也。粟又称谷子，去壳后也叫小米，是古代黄河流域最主要的粮食作物，可能是由一种狗尾草培育而来的。在仰韶文化时期（距今四五千年左右），粟已成为生活在北方黄土地区的人们的主要食物，后来甚至成为富贵的象征。如古人为了鼓励小孩子好好读书，便哄他说："书中自有黄金屋，书中自有千钟粟，书中自有颜如玉。"以"千钟粟"喻富足，说明粟在社会生活中的重要性。直到现在，粟仍然是北方农村的重要粮食作物，我国的粟产量长期以来一直居世界第一位。

黍 像植株上有沉甸甸的穗头。黍，《说文解字》说是"禾属而黏者也"，即一种煮熟了有黏性的谷类，今又叫黄米，像小米而略大。黍也是旱作农业的重要品种，在传统中属于"五谷"之一。五谷一般指稻、粱、麦、黍、稷，也有换入粟、菽（大豆）的。有个故事，讲一个学生想捉弄先生，出上联"稻粱菽，麦黍稷，这些杂种，哪一个先生？"让先生对下联。先生则对得极有风度："《诗》《书》《易》，《礼》《春秋》，皆是正经，何必问老子？"真是有理有利有节。

木
桑 栗 柏 柳 杞 榆

树木之木，有枝有干有根。卜辞中所见树木名，有桑、栗（木上有刺果，板栗也，可以代粮）、柏、柳、杞、榆……其中许多应是人工栽种的。古人历来很重视绿化，农家房前屋后必种树木，村头寨尾也必种大树，如今四川的乡场也还多有大榕树遗存（只是前些年已被大量砍伐）。从前行脚的人只要看见榕树，就知道有歇憩的地方了；就是一般人走到一棵大树下，也

采桑
《农政全书》插图 明代

《说文解字》："桑，蚕所食叶木。"即养蚕的桑树。甲骨文中的"桑"字形体，上部为树冠，下部有树根，真像一棵树。

休

想休息休息，所以休字在甲骨文中就像人依木旁，作 。殷周之时，对自然森林的保护已很重视，设有专门管理山林川泽的"虞"官，规定"斧斤以时入山林"，即樵采必须在一定的季节进行；平时则设横木于山下，将山林拦护起来，此所谓"山林之木，衡鹿守之"，衡鹿就是山脚的横木。秦始皇焚天下之书，却独于"医药卜筮种树之书"除外，可见连秦始皇也是重视植树造林的。

林 森

甲骨文中从木的字很多，除上举树名外，另如双木为林，三木为森；走过树林为经历之历

"休"字图 汉代
甲骨文中的"休"字就像一个人在树下休息的样子，因此"休"字是个会意字。

歷葉杜

（歷）；在树梢上加小圈 ✲，这是树叶之叶（葉）；木旁加土，或者说土中钉木 ⵋ，这是修筑堤防堵塞水流的方法，是杜塞之杜……诸如此类，不胜枚举。

纺织图　画像石　汉

第三节 春 种

在农业时代,春天是繁忙的季节。要备耕,要播种,要犁田,要插秧,要施肥……殷商是个农业社会,包括殷王在内的统治者都很重视农业生产,卜辞中常有卜年成的记载。历代统治者大多如此,因为老百姓有,统治者才有,这不是什么爱民、爱国之举,而是爱己使然。

春 | 春天之春。字形两边是日和木,表示这是阳光和煦草木萌发的季节,也就是"万物生长靠太阳"之意,中间一形,是个屯字,在此作为声符,表示春字读音。其中双木也作双草,放到最上面再规范化一下,就变成

屯 | 小篆的 字。春天对于农民来说最为重要,俗话说,一年之计在于春;又说,春种一粒粟,秋收万颗籽。春天种下庄稼,秋天才有收成。不仅草木如此,动物也在春天开始繁殖,民间把动物发情嚎叫说是"叫春",甚至把人也形容为少女怀春、春心荡漾、春情勃发,春字在

播种图　汉砖

犁

犁，是农业用的耕种工具。

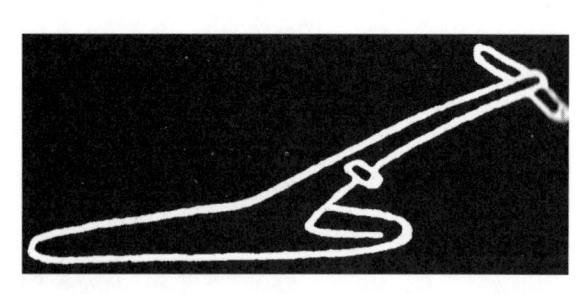

这里成了情欲的雅称。

力 ↓耒耜（音垒四，lěi sì）之形。耒耜是一种原始的翻土农具，在一根一端削尖的木棍下部绑一根短横木做成，有单齿和双齿之分。徐中舒老师认为双齿为耒，单齿为耜。单齿者即此力字，双齿如殷代金文 ↑ 所示。使用时手持木棍上端，同时用脚踏住横木，使劲戳进土里，再压柄翻土，叫做"蹠耒而耕"，其形象有如耤字所示：

耤 音籍 jí 。上古春天来临之际，天子要当众举行"耤田"仪式，象征性地耕一下田，意在督促天下百姓开始春耕了。到后来，由单人使用的耒变成两人合用一耒，即一个人用绳索在前面拉，另一人在后面扶耒，典籍中称为"耦耕"，

幼 幼字体现的就是这种带绳索的耒形：，这又是犁耕的滥觞。由于使用耒耜翻地是很费力的事，所以用耒形来表示用力的力，而在周代金文中则与向下的手形相混为一。

协 三个耒形合在一起，表示众人齐心协力地耕作，有点"千耦齐耘"的味道，故协（协）字有协调一致、团结合作之义。《尚书·尧典》："协和万邦"，即团结各国，可见在尧舜时代人们

春耕图　汉砖

就知道要团结不要分裂。团结的重要性在中国显得特别突出，从古到今都有许多关于"团结就是力量"的故事与说教，到现在我们也大力宣传要切实维护好"安定团结"的政治局面。

字在甲骨文中或又作𝌀，下加表示礼器的口形，这是一种祭祀名称，由多种祭典合在一起进行，即合祭，这是用协字的和合义。

男 田边有耒，力田之象，表示在田地里耕作。古代男耕女织，即《天仙配》里七仙女唱的"你耕田来我织布"，所以用力田会意男女之男字。不过此字是晚在金文中才用于性别的，在甲骨文中却另有意义（卜辞男女之男作妏，参见第七章第一节）。徐中舒老师认为，商代的官制根据服役的性质，有四种不同的名目，即侯、甸、男、卫。侯是守边防的部族，甸是田猎的行营，卫是王室禁卫军，男则负责"治田入谷"。从男字构形上看，正合"治田"之义。

尧帝

尧帝，为上古"三皇五帝"之一。传说中部落联盟的领袖，史称"唐尧"，也是古代传说中最贤明的帝王。

耕作图　汉砖

生 ⊥像地上冒出一枝小芽，表示草木初生。嫩芽刚冒出地面时，细茎左右各有一片子叶，正是字形所示的样子。现在的一些宣传画标志牌上，表示幼芽嫩叶时仍然不脱这个基本形象。以小草初生之义，推而广之，凡出世之物无论动物、植物、有生命、无生命皆可曰生，如生育、生产、创生之类；又由此引申为活生生之生，即生命之生，只要活着的就叫有生，所以人民也称"生民"，或叫"百生"，百生就是百姓（见金文）。在知其母不知其父的母系时代，以女性计算世系，一个女祖先的直系后代为一生，即女生为姓，所以早期的姓多带有女旁，如姬、姜、姒等等。

季 字从禾从子，子有幼小的意思，所以季的本义是幼禾，即小苗儿。引而申之，则以末尾为季。如幺儿（第四子）为季子，末世（没落之世）为季世。又一年有春夏秋冬，其末尾的那一个月也叫季，称为季春、季夏、季秋、季冬，一年便有四个季月，这是把春夏秋冬称为"四季"的由来。

藝 殷代金文作 ，都像一人手持苗木之形，即树艺之艺（藝）。商代农业已脱离粗放阶段，人们不光是直接播种，还知道育苗移栽，藝字正是表现的移栽之形。移栽比直播需要的技术高，工序多，如要严格掌握季节，精心地准备好

小草形　汉砖
草木初生，为生字本义。

苗床，要适当地浇水施肥，适时地移栽大田等等，栽后的管理也要精细得多。这是一整套技术，要有长期的经验积累，所以把需要成套技术与经验的工作就叫做"手艺"；手艺高超，就成了"工艺"；工艺高雅，就变成"艺术"。

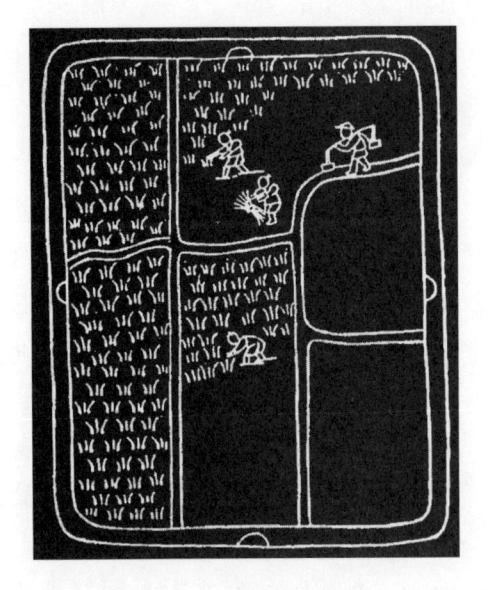

插秧　《天工开物》插图

第四节　夏　耘

夏天对农业而言，是最危险的季节。一是干旱，伏天的太阳犹如大火炉，可以将地上的草木烤焦。传说中的尧时天出十日，《水浒》中白日鼠白胜唱的"赤日炎炎似火烧，野田禾苗半枯焦"之类，就是夏旱的表现；二是洪水，中国东部广大地区处于海洋性季风气候区，全年降雨多半集中在七、八、九三个月，极易造成洪灾。大禹治水的故事，就表达了人们希望战胜洪涝灾害的美好愿望。

芻
音除 chú

以手抓草之形，表示除草，《说文解字》曰："芻（刍），刈草也。"夏天为庄稼除草是个令人烦恼的活，不仅在于暑热难耐，而且草茂蚊多。记得当年在乡下，每年六七月间要为苞谷除草施肥。那苞谷林中又闷又热，蚊蚋成群，苞谷叶又锋利，在人身上脸上划出道道血痕，被汗水一渍，恶痒恶痛，难受极了，所以我宁愿挑粪也不愿除草。

因为刈除的对象是草，所以芻（刍）又可以直接指草。如古代以茅草扎成草人，作为神灵供奉，就叫"刍灵"，犹如现在泥塑木雕的菩萨神像。除下来的草可以喂牛羊，所以草食也叫刍，如我们说牛羊"反刍"，就是指牛羊将吞下胃中的草又呕出来再嚼一遍。除草最好在草刚长出来即还是小草的时候进行，由此刍又有嫩、小、未成熟之义，如把自己的论文名之曰什么什么"刍论"，即自谦为不成熟的议论。

第十一章 甲骨文中的农业经济

蓐
音入 rù

薅
音蒿 hāo

[甲骨文字形]、[甲骨文字形]字形中手里所拿的为蜃（蚌）器（见后"秋收"部分辰字说解），其上面像地上生长的小草，这是薅草之形。芔是用手拔草，蓐是用农具除草。甲骨文蓐字或又作[字形]，实际上就是薅字。《说文解字》："薅，拔去田草也。"后世则把蓐、薅分为两字，以蓐为草垫，以薅存除草本义。

薅秧图 汉砖
图为汉代画像砖上的男女薅秧劳作的场景。

耨

按胡厚宣先生的意见，耨字也是除草之形。耨，甲骨文作[字形]、[字形]，前一形象双手在土上有所动作，后一形象双手持[字形]于土上。土表示土地，[字形]在甲骨、金文中都表示钟镈；镈就是铲子，一种农具。卜辞中的"耨田"就是耨田，也就是耨田。这是用宽刃的铲、锄之类薅草耘田。这种方法在仰韶文化时期就有了，考古中发现不少这类用于中耕的石制耘田器。云南少数民族过去还有用竹锄、木锄或竹刀、木片来除草的，应与此类似。

除草的同时，也是给庄稼松土，松土可以切断土壤的毛细作用，减少土壤水分的蒸发，称为"保墒"。夏天的烈日很易使植物缺水而枯萎，所以保墒是夏耕的一个重要目的。甲骨文委字作

中耕图 《天工开物》插图
图为《天工开物》中农民用锄为庄稼锄草的场景。

委

垂

[字形]，以禾女会意，意思是禾苗就像个低首弯腰的女人一样没精打采了，即委顿、委屈之委，也是枯萎之萎的本字；与此义近的还有一个垂字，作[字形]，像棵长在土上而枝叶下垂的植物。这应该就是对旱灾的间接描写。

水车 《农政全书》插图
图为《农政全书》中农民脚踩水车灌溉庄稼的场景。

第五节　秋　收

秋天是最令农民高兴的季节，因为一年的劳作有了回报，让人享受到丰收的喜悦。不过也不可过于乐观，初秋的虫灾和鸟雀之害也会把即将到手的收获化作一场空。

秋｜﹝字形﹞、﹝字形﹞人多以此为鱼之形象，即龜（龟）字初文，以声假借为秋天之秋。但细审字形，此物是有触须，有翅膀的昆虫，因此我认为应该画的是蝗虫才对。蝗虫成灾之时，铺天盖地，见青就吃，除了用火烧之法对付外，别无他途。甲骨文秋字又或作﹝字形﹞，下从火，正是火烧蝗虫的写照。若是乌龟，烧它干啥？不过，采用火攻灭蝗，是连带庄稼一起烧光，这也是不得已而为之的玉石俱焚之法。《说文解字》秋字籀文作﹝字形﹞，以禾、龟与火会意，虽因形近右半已由蝗虫讹变为乌龟，但字形仍包含了连虫带禾一起烧的无奈。省去右边部分，则成今

收割图　汉砖

日从禾从火的秋字。至于为什么甲骨文会以蝗虫之形为秋天之秋，我想大约是蝗灾常发生在夏末秋初，所以用蝗虫来临代表秋天来临，含有提醒人们早作预防之意。

关于虫灾，甲骨文里还有个 ![字] 字，在一棵歪歪倒倒的植株上有许多口形，表示庄稼被虫子啃咬之状，因

颚 噩 丧

此这是虫颚（颚）之颚的初形；庄稼落入虫口，严重时会导致颗粒无收，这对于农夫来说简直就是一场噩梦，所以这又是噩运之噩：颗粒无收，自然是什么也得不到，因此它又是丧失之丧（丧）。总之，这是颚、噩、丧三字共同的祖形。

散 㪚

![字]、![字] 李孝定先生将这两个字都隶定为㪚，即今散字。从字形看，像人持竿、棒之类驱鸟而会飞散之意。字或从禾，示意这是为了保护庄稼。特别当谷物成熟临近秋收时，更要注意驱鸟防害，因为鸟不仅啄食粮食，而且践踏植株，造成倒伏、掉穗，因而减产，所以至今农村还有在田里立个草人以驱鸟的做法。鸟害主要是麻雀，多的时候成群结队而来，我曾见过上千只麻雀落在稻田中啄食的情景，过后真是一片狼藉。所以农民们没见麻雀吃虫只见麻雀啄谷，当然恨它了。也难怪有一段时间人们要把麻雀列为四害而举竿共驱之，正像字形所示的样子，可见这种做法其由来久矣。

一些农村还有个习俗，每年春分时节，要做一些糯米饭团丢到屋顶上喂鸟，叫"腻雀儿嘴"，意在祈求雀鸟们

收割庄稼 《天工开物》插图

图为《天工开物》中农民收稻谷的情形。

不要吃田中粮食。这是我当知青时亲眼所见的。

辰 ![字] 这本是蜃（蚌）的象形。![字]是蚌壳，![字]是外伸的斧足。蚌（贝类）在上古是人类的重要食物，尤其是水边居民，更视其为重要肉食来源。考古中不时发现大量的贝壳堆积，称为贝冢（如日本和我国东部一些地区），就是先民大量食蚌的遗迹。除了食用之外，坚硬锋利的蚌壳还是极好的工具，在铁器出现以前，蚌器曾广泛地用于农业。现在考古中常发现的蚌锄，蚌镰等便是证据。利用锋利的蚌壳做成的蚌镰，使农作物的收割变得更为容易，尤其对于采摘穗头的收割方式而言，只需手持一个蚌壳助摘就行了，所以蚌镰的使用很广泛。甲骨文农（农）字写作 ![字]，即晨字，以双手持蚌之形泛指农业，说明蚌器在早期农业中是最常用的器具。

農 晨

年 ![字]人上有禾之形，像人头顶或肩扛禾捆回家，一派丰收景象，所以年的本义就是谷熟。卜辞常有"受年""不受年"之语，就是卜问庄稼收成好不好。至今有的地方仍把农业丰歉叫做"年成"。谷类作物在黄河流域大多是一年成熟一次，所以年字又用于纪时，庄稼成熟一次就叫"一年"，殷商时代已有这种用法。甲骨

收获 《农政全书》插图 明代

歲

文中还有两个纪时的字与年字义近，一个是祀，一个是岁（歲）。祀字以后说它，单说岁字。岁的意义之一是收割庄稼，收获一次就叫"一岁"，如果一年两熟，就有两岁。如商王卜问"今岁受年？"就是问这茬庄稼是否丰收。岁字在卜辞中以年岁之岁出现时，写作 ꙮ、ꙮ、ꙮ 等，戈刃弯曲，与岁牲之岁的戈刃平直或有血迹污渍（ꙮ、ꙮ）不同，它是蜃（贝）器的省形，是收割庄稼的蚌镰之象。古时农具与兵器不分，这种带把的蚌镰在战争中还颇具杀伤力，所以又演变成一种斧形武器，可以砍杀，又可作工具。参见第十章第一节和第五节歲字内容。

采
音穗 suì

ꙮ、ꙮ 前一形似禾而突出其穗，表示谷物成熟，可以收采；后一形则像以手采摘禾实。《说文解字》："采，禾成秀也，人所以收，从爪禾。"这是名词动用。古人收获谷物的方法之一，是只摘取其穗头，禾秆则留在地里任其腐烂，这种方法多用于轮作休耕的土地，因为收割后土地不继续耕种，也就没必要刈去禾秆。采字所示就是这种摘穗方法。甲骨文中还有

穗

粟

个 ꙮ，像以手摘粟实（粟字或写作 ꙮ），卜辞中数言"ꙮ黍""往ꙮ黍"，其辞义为收获当无疑义，也表现出这种摘取穗头的收割方式。

穆

金文中有个穆字，作 ꙮ 由采字的穗头下加三笔而成，表示弯腰低头已快要触地，其义已与采摘禾穗无涉，而引申为恭敬顺从的样子，所以穆有敬、顺之义。此外，穆还有肃静、威仪、和美、昭穆等意思。比如开会时，大家都低眉顺眼，一副洗耳恭听的样子，这气氛就叫静穆；主持会议的人一番训话，使得大家俯首帖耳，不敢乱说乱动，就显出了自己的威仪穆穆；或者参加追悼会，活人在死人面前一句话不说，作心情沉痛

状，就叫肃穆；又比如某人为人恭顺，见人点头哈腰，自矮三分，和睦美满，所以穆又有和美的意思；尤其是当儿子的，只能对老爸唯唯诺诺，逆来顺受，古代还说是父要子亡子不得不亡，儿子就只有肃肃穆穆的份了。所以西周天子死后排座次，老子称昭，儿子称穆，是不能乱了长幼规矩的。

利 ![字]以刀刈禾之形。还有一个字形作![字]，从禾从刀从手从土，表示一手持禾，一手拿刀，在地里刈禾，说明这是带禾秆一起收割的方式。这种方式比单纯取穗更进步，它既可以及时腾出土地来进行下一轮耕种，又能得到禾秆这种副产品，用于喂畜、盖房、织荐（垫蓐）等等。甲骨文中有秆字，作![字]，以 ![口]形指示其部位，与中、干等字结构同义，是个指事字。若再在秆旁加刀，则成![字]，即剌字（注意，不是刺激的刺字），《仪礼·士相见礼》注："剌犹铲除也"，应是从割除禾秆之义引申而来。

秆 剌

音辣là

由于禾秆较硬且滑，故这刀必须锋利，才能提高效率，也才不至于割手。在这一点上我有深刻体会。想当年我读小学的时候，经常下乡支农，有一次割麦子，就因为镰刀不快，刀口在麦秆上一滑，就滑到左手小指上，立马酿成流血事件。老师赶紧找来一块棉花按到伤口上止血，血倒是止住了，可当晚母亲给我敷药时为了

收获　汉砖拓片
"利"字在甲骨文中的形体，左是成熟了的庄稼，穗子下垂，右边是一把"刀"，就是用刀割庄稼。

禾稻把 《天工开物》插图

成捆的禾把就是"秉"字的本义。甲骨文中的"秉"字形体，是一棵"禾"加一只手，是用"手"拿"禾"之意。

弄下这块与血肉粘连在一起的棉花，痛得我差点昏了过去，真正是十指连心，这是我记忆中最疼痛难忍的一次。这块伤疤现在仍清晰可见，常令我想起当年情景。事实上，许多农民手上都有此纪念，所以都知道镰刀不快不行，于是利字就引申为锋利之利。

刻

另外，甲骨文中还有个 ✧，可隶为刻，像以刀割黍之形。《广雅·释诂二》："刻，割也。"正是从割黍取义。

秉

✧、✧字像以手持禾之形。收割稻、麦等庄稼时，一般是左手持禾，右手拿镰，几刀下去，左手握满，就要放到一边。秉字就是左手持禾盈握之形，与利字相对应；利是表示右手操刀向禾之象，两字共同组成收割的双手动作。

秉作动词用时，义同把、握、执、持等字，即秉持之秉。秉又可作量词，《诗经·伐檀》疏："秉，把也，谓刈禾之把数"；《说文解字》则说："秉，禾束也"。一把（束）禾就是一秉，所以秉又成了古代称量米谷的一个单位，十斗为斛，十六斛为秉。《论语·雍也》记"冉子与之粟五秉"，五秉就是八十斛。

秦

✧、✧有人说秦字字形像双手抱杵舂禾，又有人说是束禾之象。但世上只有舂谷舂米，这禾怎么个舂法？从 ✧（幺）者固可以认为是束禾，从 ✧ 者就难以用绳系解释。以我之意，这是用棍棒打场之形。农民们从田里将豆、麦、谷类收割下来后，运到场上晒干，然后用棍棒敲打，可以起到脱粒的作用。其 🦴、🦴 皆为午字，午就是杵，杵就是棍棒（参见前面御字说解）；双手捧之，表示用力扑打。甲骨文又有敖字，作 🦴、🦴，字从來（参），以双手持棍作敲击之状，周围还有颗粒散落。李孝定先生认为其本义也是脱粒之形。这种敲打脱粒法至今在农村中仍广为使用，不过一般用棍棒的少，用"连枷"的多。连枷是用竹块或荆条编成扇形，横接在一根长杆上，甩动长杆，用扇面扑打禾束，脱粒效果很好。前些年

午 杵

敖

音离 lí

打谷图 《天工开物》插图
图为《天工开物》中，农夫手举庄稼在平板脱粒的情形。

我到农村做客，就曾见主人夫妇白天在晒场上用连枷给大豆脱粒，晚上在堂屋里用木棒给玉米脱粒。儿子觉得好玩，各去试了几下后对我讲，虽然连枷抡不转，但挥舞几下木棒还是没问题的。

舂 臼　　🦴 上面是双手抱杵之形，下面是臼字，这是臼中舂米，为谷类粮食去皮的写照。这种以人力舂米的方法近现代还可在个别地方见到，不过我从小只见过水碾碾米和机器打米，还真没亲眼见过用杵臼舂米的。但长期以来舂米确是人们加工谷物的主要方法。据老一辈讲，舂米的臼一般用石头或硬木凿成，也有在地上挖坑砌石为之的；舂杵则都是木质的，两头大中间细，又重又便

舂谷　《天工开物》插图
　　"舂"字的本义是捣去谷物外皮。图中为脚踏舂碓，比手持杵棒省力多了。

于握持。可见《易经》里"断木为杵，掘地为臼"的记载，到几千年后仍有实物可寻。从考古发现看，新石器时代已有石杵石臼，重庆化龙桥曾出土东汉女俑，双手抱杵舂于臼，简直就是舂字的形象化。

第六节 冬 藏

　　粮食的贮藏，一是用于第二年的种子，以维持再生产的顺利进行；二是作为食物存起来，以备今后的口粮。另外还有其他用途，如酿酒，喂牲口，交换出卖等等。所以贮粮是农业生产过程中非常重要的一个环节，这是古人把冬藏作为四季的四大任务之一来抓的原因。

畜　蓄

　　上像索，下像囊，其中点状物像谷料，表示这是用绳索捆扎紧了的米口袋，不能轻易动用，是贮存起来备战备荒的。因此这是蓄谷之形，畜即蓄的本字。在粮食生产不多，很少剩余的时代，有一点谷物作为贮存就很不错了，因此蓄谷还用不上谷仓而只需几个口袋就行。想当初，我在农村当"知青"的时候，便是只用一个口袋就装完了全年的粮食；不少农民家中也是这样，只是因家庭人口多而多几只口袋而已。所以那时的人们根据口粮严格算计着节约着吃。

　　上古人们捕猎到野兽，若一时吃不完，也会把活物暂时留下不杀而喂养起来，这相当于储蓄肉食，所以把喂养的动物也叫做畜，即所谓"拘兽以为畜"。以后畜字遂成为家畜的专称，而蓄藏之蓄则加艹头以表示所藏为植物性质的谷物。

亩　廪（音廩 lǐn）

　　据字形可以直接隶定为亩。《说文解字》"亩，谷所振入也……或作廪"。所以这是贮藏粮食的仓廪之廪。粮仓必须防潮防雨，所以下面要垫高，上面要防

谷仓 汉砖

"仓"是藏粮食的地方。图为出土于四川省彭山县的粮仓舂米情形。

鄙

啬 音色 sè

穑 音色 sè

廪

漏，其下的 ∪ 就是垫高用的石块或木桩，其上的 ∧，就是攒尖防漏的草束。这种露天粮仓在一些农村和少数民族（尤其是南方）地区仍偶可见到。整体有圆有方，以草或禾秆为顶，攒尖处拴一蓬草，有三脚四脚的，也有独脚的。这是一种简易粮仓，用于个体农户贮粮，郊外才可见到，所以字又是啚（鄙）字原形。《说文解字》说"啚，啬也"，啬与廪义近可通（见下啬字条），所以鄙字本义是指郊外的粮仓，后泛指郊区、边鄙。

⿱、⿲ 前一字从禾从靣，后一字像禾在田中，这两个都是啬（嗇字）。《说文解字》："啬……从来靣。来者，靣而藏之，故田夫谓之啬夫。"其实，來（麦）与禾形义皆近，所以从禾与从來意思都一样。如果字中二禾有一禾变为來，另一禾移到了左边，就成了穑（穡）字。《诗经·伐檀》："不稼不穑"，传曰："种之曰稼，敛之曰穑。"这是说禾谷成熟可以收获敛藏就叫穑。尤其前一字形以仓廪与二禾会意，明指这是敛藏禾谷的谷仓。

又如果字中的禾移到仓廪之下，就变成禀字。《说文解字》说"禀，赐谷也"，廪、禀实际上是一个字，典籍中就常以禀为廪。综合廪、嗇两组字，从结构上看它们都源于粮仓之形，其演变关系大约如下：

```
                    ┌── 畐(鄙)
           ┌── 㐭 ──┤
   ⌂ ──────┤        └── 廩
           │
           └── 稟 穡 嗇
```

穀 榖

同谷

音够 gòu

唐兰先生释此字为榖（今简化为谷），认为其原形为瓦缶；但同时又据卜辞词义依郭沫若释榖，又是"畜子之通称"。至于瓦缶怎么变成米谷又再变而成为畜子，则于字形字义无说。我以为米谷之谷（榖）是此字本义，其形为贮粮之仓库，与瓦缶无涉，而与㐭、嗇义近。所不同的是，它不是一般的粮库，而是种子仓库。字上的 ↓ 是个生字省形，意思是所贮为第二年生苗用的谷物种子。《说文解字》："谷，续也"；《诗经·大车》："谷则异室"；传："谷，生也"。有谷才能续种，因此谷有续生义。庄稼续种，相当于牲畜怀孕生子，所以才引申出畜子、幼仔之义。

由续生之义，还引申出一个君王的自谦之词。先秦诸侯常把自己叫做"不谷"，意思是没有后代的人，与自称孤家寡人同义。也不知那时的人为啥这样谦虚，固然谦虚使人进步，但竟然谦虚到说自己是孤家寡人，甚至要断子绝孙，这与诅咒还有什么区别？

㱿 殼

同壳

甲骨文有㱿字，即殼（壳），写作 㱿。《说文

筛谷

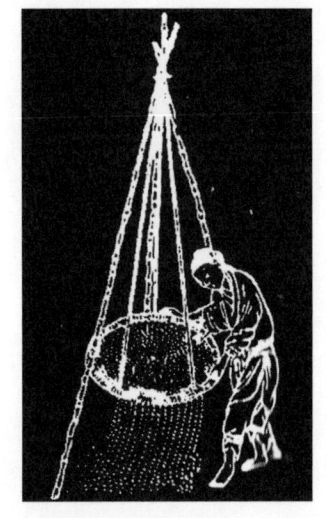

解字》："殳，从上击下也。"字正像以棒槌敲击粮仓之形，表示捶击谷物以去皮壳的动作；由动词转为名词，就成了糠壳之壳。穀字从殳，正说明其带壳，去了壳就不是谷而是米了。

南

另外，🈲字在甲骨文中还借用为南方之南，而这无论从音从形还是从义上都叫人搞不懂，是不是南方向阳，可以催芽？或者当时的各种仓库都建在向阳的南面？还是南与穀古音相近？拿不准，只好存疑。

汉代画像砖　耕作图

第十二章
甲骨文中的畜牧养殖

　　畜牧业是从狩猎发展而来的。当人们猎获到多余的禽兽尤其是幼小的禽兽时，一次吃不完就将它们暂时养起来以备不时之需。久而久之，一些动物被一代代长期圈养就失去了野性，成为家禽家畜，畜牧业就这样产生了。在人类驯养的哺乳动物中，大多数是食草动物，不会与人争食，像狗、猫这样的食肉动物也被改造成杂食动物，因此以畜牧业为主的地区多半是草原。但农业地区也并非没有畜牧业，只是作为农业的副业而存在，叫做饲养业或养殖业。直到今天，我国广大农村也是家家养着猪、牛、羊、鸡、鸭、鹅、狗、猫，不养禽畜的农家不是已经转行就是懒得无比。

双鸡图　画像石　魏晋

第一节 畜 禽

殷人畜牧业相当发达，不仅后世所谓的"六畜"（马、牛、羊、犬、豕、鸡）都已俱全，而且饲养数量巨大。殷人祭祀很频繁，凡祭祀又必杀牲，一次少则几只、几十只，多则三四百只。这样大的用牲量，没有发达的畜牧业支持是不可想象的，所以郭沫若早期曾以为殷商是以畜牧为主的社会。甲骨文中有关牲畜的字也很多，说明畜牧业确实是殷代社会经济中一个仅次于农业的重要方面。当时畜牧业发展的一个重要条件是地旷人稀，《尔雅·释地》说："邑外谓之郊，郊外谓之牧，牧外谓之野，野外谓之林。"可见农田垦辟不多，牧场辽阔，所以六畜兴旺。

馬 、 字像马的全身侧面图形，头、颈、身、尾及鬃毛都画了出来；金文简化作 ，即今馬（马）字所本。

驹子驹樽 青铜 西周

此樽为西周孝、夷时期青铜酒器。1955 年出土于陕西省眉县李村。其造型如一驹昂首静立，背上有个马鞍状樽盖，可以启闭；驹腹两侧有图形花纹；驹颈部和樽盖内各有 94 字和 11 字铭文，记录周王举行执驹典礼，亲自把两匹马驹赐给掌管王室禁卫军的将领。

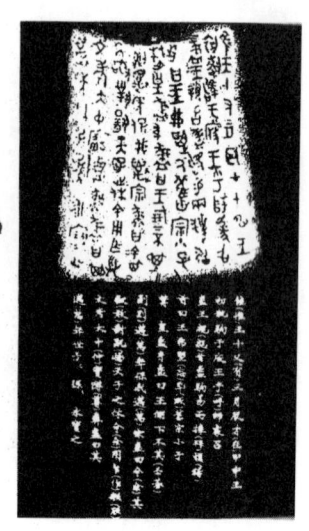

马属于奇蹄目，只有一个脚趾。地球上出现的最早的马叫始新马，产于北美洲，个头只有狐狸大小，前后蹄分别有四个和三个趾。而家马是在4000年前由中亚草原民族驯化的。在人类历史上，马与人结成了非常紧密的关系，它忠诚、勤劳、勇猛、雄健，成为美与力的象征，在希腊神话中被说成是上帝送给人类的礼物，中国人也把它作为六畜之首。至于中国家马的起源，目前还不太清楚，有证据表明似乎是外来的。从考古上看，殷商以前的马骨只有零星发现，到殷墟时期却突然大增，并且与一种从来没出现过的独辕双轮车同出，没有发现演化的过程。从价值上看，整个先秦时代，马都是身价百倍，西周时，一匹马、一束丝可以换五个奴仆；乘坐马车是只有贵族才能享受的高级特权，可见这时马的数量还不多。这种情况到汉初仍然存在，刘邦当了皇帝，连毛色一致的四匹马都找不到，王侯将相们只能坐牛车。所以汉武帝通西域后，就大量进口优良马种如大宛马；到唐代更大量引进阿拉伯和波斯马种，不仅使马的数量大增，而且改变中国马体形较小、腿较粗短、不善奔跑及负重较差的缺点，逐渐高大威猛起来。

马除了为人类服劳役外，最大用途表现在军事上。骑在马背上的民族多半是强悍的民族。匈奴、女真、满族，还有成吉思汗的蒙古铁骑，在欧亚大陆上演了多少

玉马

先秦的战争多在平原地带进行，适合战车驰骋，战车及车兵成为主要的军事力量，因而良种马匹是战争获胜不可或缺的重要条件。

战马

此战马为战国赵王陵的随葬品。

威武雄壮的活剧。直到近代，骑兵仍然是战场上的飓风，呼啸而来，席卷而去，所向无敌。战马与战士驰骋疆场，生死与共，留下许多动人的故事。如穆王八骏，昭陵六骏，项羽乌骓马，刘备的卢马，关公赤兔马，秦琼黄骠马……所以杜甫有诗赞马曰："所向无空阔，真堪托死生。骁腾有如此，万里可横行。"

马在美学上价值也很高。从西汉中期开始，马的形象进入艺术领域，著名如霍去病墓前的马踏匈奴石刻，甘肃武威出土的东汉铜奔马，昭陵六骏石刻，唐三彩陶马，唐代画家韩干的丰腴壮马，现代徐悲鸿的铁骨瘦马；还有诗词歌曲中咏唱马的作品也数不胜数。就是那些画上的英雄人物也总是骑在一匹高头大马上，以示高大威猛，不同凡响，而不管他是不是真的会骑马。

因此可以说，马不仅是人类最亲密的伙伴，而且是唯一在一定程度上影响了人类历史进程的动物。

驳 从馬，爻声。《说文》："驳，马色不纯。"即斑驳之驳（繁体作駁），这是花斑马的专字。古汉语的一大特色是词语的内涵大外延小，多一事一词，一物一词，词汇量大，表现力丰富，但也难懂难记。仅以黑马为例：深黑色的马叫骊，浅黑色的马叫骥，赤黑色的马叫騽，苍黑带杂毛的马叫骓。——分得这么细致，这是语言和思维还处在发展阶段的缘故。

牛 ˇ、ˇ 双角之弯，牛头之形，这是以局部代表全身。牛的主要作用是为人服劳役，比如拉车犁田之类。它力大无穷，加上一身憨气，脾气温和，因此自古就受人称颂和保护。从秦代到现代，杀耕牛都是犯法的。北宋李纲有《病牛》诗："耕犁千亩实千箱，力尽筋疲谁复伤？但得众生皆得饱，不辞羸病卧残阳。"写出了牛只知付出，不求索取的一生。还有鲁迅的名句："俯首甘为孺子牛。"牛成了牺牲奉献精神的化身。有个名人曾为深圳的一尊铜牛写了篇《金牛赋》，文笔倒是不错，可以一观；但此风一开，这种夹白骈体文便迅速流行起来，大凡新辟广

牦牛

场，新修花园，新楼落成，新店开张，也要请来一位半通不通的三流文人，比照着《滕王阁序》的模子，诌几句"四六"，也大言不惭地名之曰什么什么赋，还要划石勒铭，以垂永久。陈词滥调，故作华丽高雅；摘句寻章，无非颂德歌功。——怎么我也沾上这味儿！这种华而不实的文风大约是与奢靡虚浮的社会风气相适应的，就像八股文与僵化垂死的社会相联系一样。唉，想不到老实巴交的牛倒引出这些问题来。

羊 ˇ、ˇ 双角外弯，羊头之形。羊是温顺可爱的动物，在人们心目中的地位似乎比狗要高，这从"挂羊头卖狗肉"的俗谚中可以推知。1997年有一只羊出足了风头，

"羊"字图

图为古文字中的"羊"的不同写法。

它的名字叫"多利",是1997年2月由英国科学家"克隆"出来的。克隆是一种细胞繁殖技术,由一个单独的细胞不经过受精就产生出一个新的但却与供体完全一致的个体来。这个没有父亲的小羊在世界上掀起了轩然大波,许多人担心克隆技术应用到人身上会引发一系列的道德、伦理、社会和生物学问题。比如克隆人算是被克隆人的弟妹还是子女?要是有人克隆希特勒怎么办?会不会有人利用权力大量克隆自己?克隆是否会使人类进化停滞不前?等等之类。不少国家因此宣称禁止克隆试验。但科学技术都是双刃剑,既可带来危害,也可送来福祉,就好比核技术既可造出原子弹又可建成核电站一样,克隆技术也能大大地造福于人类。英国人列举了至少五大好处,如了解生命机理,提供移植器官,培育良种禽畜等等。2019年7月21日,中国第一例商业化克隆猫"大蒜"诞生,它是一只非常可爱的英国短毛猫。此次克隆猫花费25万元,并且克隆猫与本体在外观、毛色上存在差异,并非完全一样。(编辑注)

犬　　一只狗的侧面简笔画,头、身、尾俱全,瘦腹翘尾,极简略而又极精确抓住了狗的特征。狗(家犬)是人类最早驯化的动物之一,美国科学家通过基因研究,发现家犬的最早祖先可以追溯到10万年前,即旧石器时代中期人类就已开始养狗了。但从考古看,世界上发现的最早的家犬头盖骨距今只有1.4万年。而我国的家犬则大约是六七千年前的河姆渡文化时期开始繁育的。

第十二章　甲骨文中的畜牧养殖 | 245

狗追猎　汉砖

一般认为狗的祖先是狼，也有人认为是狼与豺杂交的后代。狗历来在人类的生产生活中扮演着重要的角色。狗对人类帮助很大，用途很广，如可以助猎助牧、看家护院。爱斯基摩人用狗拉雪橇，太太小姐们把狗当宠物，警察用狗抓坏蛋，科学家用狗作试验，还有消防犬、救生犬、导盲犬、缉毒犬。狗们最突出的优点是忠于主人，任劳任怨，聪明灵巧，勇敢无畏，法国著名古生物学家居维叶因此把狗誉为"人类最出色最完美的战利品"。现在世界上狗的种类已有四百种以上，可谓家族繁盛，狗丁兴旺。但令人不解的是，虽然狗对人类的贡献挺大的，但却备受人的歧视，连骂人都常把狗捎带上。如骂汉奸走狗，狼心狗肺，摔一跟斗像饿狗抢屎，讲起话狗屁不通（难道人屁就通）；还有狗腿子、狗地主、狗杂种、狗日的……可见有关狗的语言是很难听的。

苟　狗　警

🐕、🐕 按徐中舒先师的意见，这是一只狗像人一样蹲着而耸起两只耳朵，即苟字，为后起狗字初文。狗的警惕性高，随时处于警觉状态，能帮人看家护院，所以这个字

狗爬犁

敬 尨 狄

音忙 máng

臭 嗅 豕

同时也是警戒之警的初文。狗在蹲踞时又常是听话、依从之态，也表示它在忠心耿耿地为主人守护，所以引申为尊敬的敬字。甲骨文中还有尨字，作 ⚘ ，这是长毛狗，大概是现代观赏长毛狗的祖先。狄字甲骨文作 ⚘ ，以大犬会意，《说文解字》说："狄，赤狄，本犬种。"当是一种大型的狗。狗还有一个人人皆知的特长，就是鼻子特别灵敏，其嗅觉是人类的许多倍。甲骨文中有 ⚘ ，即臭字，画一犬而突出其鼻子，表示狗在嗅物，其初义就是嗅闻之嗅。

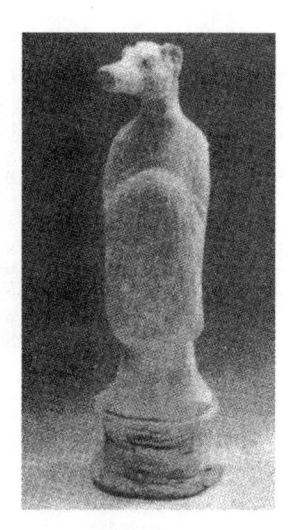

狗俑 唐代

⚘ 粗看与犬字近似，细看却是大腹垂尾，一副猪相。中国人是世界上养猪最早的民族之一，在新石器时代猪就成为人们最主要的家畜，并且是先民财富的象征。到现在我国也是世界上养猪量最大的国家。但今人对猪的看法也与对狗一样不大恭敬，原因是猪生相丑陋，性情懒惰，肮脏贪吃，呆笨愚蠢（其实据科学家研究，猪有些方面比狗更聪明，如美国警察用猪查毒品，比狗还有效）。但这都是人类长期把猪关在圈里喂养造成的。野猪就完全不是这样，它长着一对獠牙，性情凶

虎豕搏斗图 画像砖 东汉

上古野猪被视为勇猛的象征，它敢与虎豹等大型猛兽搏斗，具有不畏强敌的精神，所以在汉代以前常出现在艺术作品中。

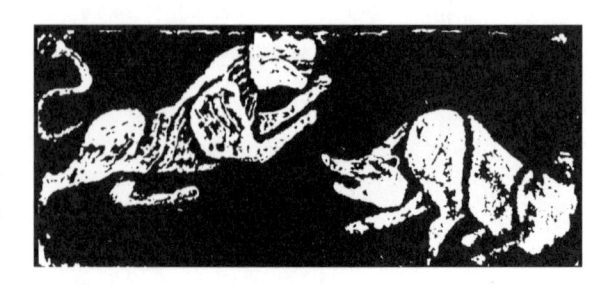

突

悍勇猛，体壮力大，遇敌敢拼敢斗，连虎豹也不敢轻易惹它。所以在早期社会里，野猪是人们崇敬的对象，说它"俯喷沫则成雾，仰奋鬣则生风，猛毒必噬，有敌必攻"。甲骨文中有突字，作 ⟨突⟩，从穴从豕，表示野猪从洞穴里冲出来，这就是狼奔豕突之突。大约后来家猪没了当初的雄风，因此突字也就改从犬了。

先秦时期，人们养猪的方式多半还是散放，猪的野性尚存，其样子大约也还没那么蠢笨，所以那时猪的形象常常出现在艺术作品里，从原始社会到商周时期，就常发现有猪形容器和陶塑猪；在古滇族文物中，还能见到一种虎豹与猪搏斗的铜牌饰，而且多为双虎或双豹与一猪搏斗，显示了猪威猛的一面。到汉代以后，猪因长期圈养而改变了形象，不再给人美感，所以逐渐被艺术抛弃。这和人一样，长期封闭自己，不思进取，养尊处优，好吃懒做，也会变呆变傻，被社会抛弃。

鸡

⟨鸡⟩ 像一只身披羽毛引吭高唱的雄鸡，后来又加上声符奚，成 ⟨鷄⟩，由象形字变为形声字，今简化为鸡。鸡易养，肉味鲜美，且鸡蛋营养价值高，无论在南方还是北方，都是农民必养的家禽，所以作为唯一的禽类被列

斗鸡　东汉

甲骨文中的鸡字形体，左边是个奚字，仅表示这个字的读音；而右边的鸟字则是说明鸡是鸟类。

入六畜之中，并列为首位。鸡一般只能长几斤重，优良品种能达八九斤、十来斤就已不多见。据记载，世界上最重的鸡是1973年美国加利福尼亚的一只白鸡，重9.98公斤，说是至今没有一只鸡超过它。我有一位住四川西昌的熟人，曾喂了一只本地大公鸡，整天在野外找食，养了两年，居然长得高大雄伟，走路都"噔噔噔"地响，到后来似乎都肥得有点走不动路了。1997年8月，家里人看它不大活动，想捉来杀了。一追，大公鸡跑了几步竟倒地而亡，就像是心脏病或脑溢血发作。称其重量，竟达27斤！比美国的那只鸡重了7斤还多。可惜我这位熟人没有想到去申报吉尼斯世界纪录，只饱啖了一顿鸡肉便罢了。

鹅

字从隹，戈声，我想这应是鹅鸭之鹅（繁体作鵝）。鹅与鸭都是水禽，南方多养。早在屈家岭文化时期就发现有陶鸭、陶鹅，可见我国饲养鹅鸭的历史非常久远。鹅是旧大陆最大的家禽，白羽红掌，体态端庄，步履从容，鸣声如歌，历来受人喜爱。我国古代民间习俗，无论尊卑贵贱，男女订婚时都要以白鹅为礼，似乎认为白鹅象征纯洁的爱情；古希腊人也认为鹅是爱神维纳斯的化身，同时还把鹅视作生育之神和婚嫁之神。鹅有一个很特殊的习性，它警觉性很高，遇见生人会大声

鸭樽 青铜器 商

此樽为大鸭造型，樽口在背上，躯体刻有羽毛纹饰，设计者在鸭屁股上加了个立柱，以防立地不稳固。

鸣叫而且啄人,因此常被用来看家守夜。公元390年,罗马人与高卢人打仗,高卢人半夜偷袭,群鹅闻警高叫,把罗马人从梦中及时唤醒,打退了敌人的进攻。从此鹅在罗马被尊为圣物,称作"灵鸟"。

让人感到有些奇怪的是,甲骨文中至今没有发现鸭或鹜(家鸭的古名)字,而中国却是家鸭的最早驯化地,新石器时代我们的祖先就已大量养鸭,殷墟等遗址也发现了不少铜鸭、陶鸭,还发现过鸭蛋化石。至于欧洲,则晚到公元前1世纪才开始对野鸭进行驯化。

家禽图　画像石　汉

第二节 饲 养

　　动物中能饲养其他动物的除了蚂蚁以外就只有人类。蚂蚁能饲养蚜虫以吮吸其蜜汁，就像人类饲养奶牛。但它们凭的是本能，不是本领。而人类饲养牲畜是人类生产劳动的一个重要组成部分，也是人类有目的地改造自然、利用自然的具体体现。人类饲养家畜是继用火之后对另一种自然力的征服和支配，它在一定程度上保障了人类的衣食来源，提高了人类的生存能力，并为役使畜力创造了前提条件，因此在人类进化史上有着非常重要的意义。

牧养　　　像手执鞭朴赶之形，放牧之牧。殷商牧场广大，牛羊遍野，多数家畜都采用野外放牧的办法饲养。甲骨文牧字或又从羊，　　，从牛与从羊本无区别，但也可依声类定为饲养之养，这从意义上也说得过去，所以《说文解字》以此形为养字古文。

　　古代放牧，常常是长期散放，一般情况下并不圈养，有的连晚上也不赶回家。直到现在也还有这种做法。

放牧牛羊　汉砖

　　甲骨文中的"牧"字左是一只手拿着鞭子，其右是牛头（代表牛）。即拿鞭子赶牛，表示放牧。

牢 〇此字也从羊或马，作 〇、〇，可见这是饲养马牛羊的牲畜牢圈。从近现代游牧民族饲养方式来看，一般都是白天野外放牧，天黑后将牲畜赶入栏圈。而最简单的栏圈（一般是临时的）就是在地上用木桩栽成一圈，然后绕上绳索，把牲畜圈在里面。所以有"系养者曰牢"的说法。四川大学历史系谢中梁老师1958年在川西小金县别思满乡做民族调查时发现，当地藏民在耕种季节怕牛羊糟踏庄稼，常于宅旁平地上竖立木桩，绕以绳索，将牛群圈拦在里面。这种绳栏的形状为一面开口，呈 〇 形，与甲骨文所从完全一样。

在卜辞中，牢用作量词，表示祭祀时的用牲量，如三牢五牢、大牢小牢之类。按照典籍的说法，牛羊豕三牲为大牢（太牢），羊豕二牲为小牢（少牢）。但卜辞中的大小牢是否也有这样的区别，多数专家都趋向于否定。

家 〇屋下有豕表示家中养猪，说明这不是野猪，而是人工喂养的家猪；有豕才为家，也说明当时猪是家家必养的牲畜。早期养猪常是人猪混居，跟养狗一样，这个家字所表现的就是这种状况。豢养之豢在甲骨文中写

豢 作 〇，为双手抱豕之形，似乎当时养猪就好比现在太

饲马图　汉砖

太小姐们养哈巴狗一样，整天抱在怀里，说明猪是很宝贵的。在新石器时代中晚期，许多墓葬中都随葬有猪头、猪足乃至半只猪，有的墓随葬的猪下颚骨多达八十几个，可见猪已成为财富的象征。猪食性广，耐粗食，肉鲜肥，还是农家肥料的主要来源。甲文中有圂（同溷）字，作 圂，像豕在圈中。《说文解字》："圂，厕也，从口，象豕在口中也。"这是猪圈和人厕合一，不仅便于积肥，更表明猪的地位已大大降低，从人的怀里贬进了厕所，并且一直住到现在，至今农村仍是如此。另外，从圂字还看得出殷代已有圈养之猪，这有利于去除猪的野性，更有利于猪的育肥，因此是养猪史上的一大进步。

圂 音昏 hūn

"家" 汉瓦当

"家"的本义是家庭。在甲骨文中"家"字的形体，是以"屋内有豕（猪）"为"家"。从这个字可以看出，在上古猪对人之重要。

殷商养猪还有一大进步，就是已经学会了阉猪育肥之法。甲骨文中有 豕，即豖，闻一多先生释为去势之豕，即㘽字，并引《诗经·召旻》笺"㘽，毁阴者也"为证。《说文解字》："豖，豕绊足行豖豖也，从豕系二足。"其说不确。以从豕之字而言，如啄、琢、㯰、涿、诼等字，都有击、毁之义，可推其本义也与此义近，而与系足无涉。阉猪去势，正是击毁其阴，故豖的含义与㘽同。

豖㘽 音触 chù 音琢 zhuó

爲 豖 以手牵长鼻子大象之形，这是人工驯象为人服役的体现。殷商时中原地区生活着象群，卜辞常有"获象"的记载，所获之象可能有一部分即驯养来助人工作，所以爲（为）字有帮助、作为的意义。殷人还驯象

阉牛图　汉砖

对牲畜进行阉割是育肥的一种方法。甲骨文中的"豕"字是一头"豕"（猪），腹部的小点是表示割下其生殖器。

用于战争，《吕氏春秋·古乐》说是"殷人服象，为虐于东夷"。这和泰国人驯象来助役打仗相同。不过，中原的象群似乎到周初已渐绝迹，先秦典籍中讲到象都说是南方之兽。但其时象群并未远遁，成书于战国末年的《尔雅》记载有"梁山之犀象"，梁山为今湖南衡山，可见虽北方已没有象了，但此时大象的栖息地离黄河流域还不远，所以周人对象还能有一定了解，如西周仍有象形铜尊，铜器上也还有象纹。可惜的是此后再没有人能够驯象了。

龏
同龔

以双手捧龙之形。古籍中常说龙是水畜、水物，传说中海神河神都是龙形，住在水晶宫里。可见龙原是一种水栖动物，前面已考其原型之一是鳄，直到现在人们把扬子鳄也叫做"土龙""猪婆龙"，因此"龙"又可以人工饲养，就像现在的鳄鱼养殖，只是早了几千年。

《左传·昭公二十九年》有蔡墨论龙一段，说是上古有豢龙氏和御龙氏，知道龙喜欢吃什么，所以世代以养龙为业，还曾经给舜养过龙。到了夏朝孔甲时，夏王得到了四条龙，雌雄各二，但没人会养。有个叫刘累的人从豢龙氏那里学会了养龙技术，于是就去给孔甲养龙，谁知不久却死了一条雌的，刘累将龙肉做成肉酱给了孔甲吃。过后孔甲问起龙的情况，刘累害怕了，便逃

**龏
恭**

往他乡，晋国范氏就是刘累的后人。从这个故事看，龙在上古中原虽是稀见之物，但仍是肉体凡胎，因此这里所谓的龙也应是鳄鱼无疑。

　　此字以双手捧龙，含有尊奉的意思，大约因龙性凶猛，又不易饲喂，必须小心侍候，敬而远之，所以龏有恭敬之义。这个字如今写作龏（龚），也是恭敬之恭的原形。

扬子鳄

　　扬子鳄是我国特有的一种小型鳄类，现存数量稀少，十分珍贵，被列为国家一级重点保护野生动物。

第三节 屠 宰

猿类基本上是素食者，但从猿类进化来的人类却是典型的杂食者。而人类之所以能进化为人类，一个重要原因就在于不仅仅吃素，而且大量摄取肉食。肉食营养丰富，比植物性食物含有更多的身体所需物质，加上熟食，更易消化，从而大大促进人类体质和大脑的发育。但从本质上说，人毕竟不是肉食动物，肉食吃多了反而会生出许多毛病来，如肥胖症、冠心病、高血压、直肠癌等等。不过难以理解的是，许多游牧民族以肉为主食，甚至多年不吃蔬菜，但身体依然健康，据说是他们体内能自己制造所需维生素。殷人虽然不以畜牧业为首，但畜牧经济也很发达，因此也大量吃肉（至少贵族如此），这在前面第四章第二节"饮食"部分已有介绍。要吃肉必然要屠宰牲畜，殷人的历史似乎充满了血腥味，大量杀牲之外，还以人为牲作祭。我们这里只谈谈与屠宰牲畜有关的甲骨文字。

解角 双手之间为角字，是动物犄角之象，其下为牛形，全字以手抓牛角会解牛之义。我曾在幼年见过杀牛，一般是将牛捆住四蹄后拉翻在地，然后一人双手扳住牛角，另一人切断其喉咙，再砍下其头颅。又从电视上看到，美国西部牛仔杀牛，以一人双手扳住牛角，使劲一拧，将牛摔倒在地，另一人再持刀刺其心脏。不知中国古代是哪种杀牛法？但不管怎样，都要由一人抓住牛角这一点却是肯定的。解字表现的就是这个杀牛解体的过程。《庄子》里有一则"庖丁解牛"的故事，讲一

宰牲图

个屠户杀牛解体犹如奏乐一般，一把刀用了19年也不钝，因为在他眼中，看到的不是一头整牛，而是一副骨肉筋的连接；不是用眼睛看牛，而是用精神去感觉牛。这个故事富有哲学意义，说明掌握了事物规律，就会游刃有余，迎刃而解，所以多少年来中学课本都把它选了进去。

告 字体上部为牛，下部为祭器之象征，合而观之，这是以牛肉献享之形。人向天神祖先祭献牺牲，必有所祷祝，这是告字本义，引申为告诉之告。凡有话要对人诉说，都可曰告，如告白、告状、告示、广告。尤其这广告，如今是铺天盖地，无孔不入，打开电视是广告，翻开报刊是广告，走在街上不断有人递给你广告；正在家中睡觉，忽听得有人敲门，起来一看，门缝里塞进来一张广告。这告字的神圣意义完全被亵渎了。

羔 像羊头上有点状物,表示淋漓的鲜血,这是杀羊取肉之形。羔字在卜辞中是一种献祭的牺牲名。用于神前的祭品,一定要肥嫩之物,所以常以幼嫩之羊供祭,于是羔字转义为小羊,即羊羔之羔;又引申为动物幼崽为羔,如王八羔子。

豚 从豕从肉,表示这是肉用猪,专门喂来杀它取肉的。这也是供祭用的猪,因此也要膏肥肉嫩者。自然以小猪为好,豚也就有了小猪之义。《说文解字》:"豚,小豕也,……给祠祀。"这与羔字的取义同理。但后来豚字所指的范围扩大,无论大猪小猪都叫豚,我想可能是一般肉用猪都只喂一年,全都肥嫩无比的缘故。古人若是有今天这样发达的科学,发明出含多种化学激素的饲料,也养出"四月肥",肯定又会制造出一个什么字来专指这种猪。以此推之,上古人们养猪似乎要养几年,就像养牛养马一样,不然就没必要区别豕与豚了。

狋 (同猗) 从犬从斤,像以斧斤屠狗之形。卜辞中狗常被用来作为祭品供献给天帝祖先神祇,似乎鬼神们都很爱吃狗肉。但凡人对此却不大敢恭维,只有像樊哙、鲁智深、李逵之类的鲁夫才大啖狗肉。虽然现在贵州的"花江狗肉"大行其道,我家门口就曾有一家,但我从来就不曾去吃过,这并不是我有多高雅,当年在农村就吃过不少狗肉;而是我现在喂了一只小乖狗,与狗东西产生了感情,所以一看见杀狗就觉得太残酷,于心不忍,于是就戒了狗肉。

猎 (音吟 yín) 《说文解字》释狋字为"犬吠声,从犬斤声",即今猎字。但犬吠怎么会发出"斤斤"或猎猎之声?我想此字应是从犬从斤,是表示用斧斤击狗,狗会狂叫惨嚎不已,所以引申出犬吠之义,而并非是象声词。

第十三章
甲骨文中的手工生产

　　商代的手工业已有相当的发展,从考古方面看,像制造车船,铸造青铜器,纺织,制陶等都已出现专业手工作坊。如商代著名的司母戊大方鼎,重达832.84千克,至少需要几十个工人的合作劳动才能完成,这样的作坊规模已不算小。又如马车的制造,涉及木材、皮革、铸铜、缝纫、编织等方面,必须多工种协作,说明作坊之间的横向联系也很紧密。从出土文物看,殷商时代的制造工艺十分高超,如青铜、玉器、马车、丝织品等,精美绝伦,世所罕见,有的东西即使现在来做也是很费时费力的,表现了我国古代工艺技术的极高发展水平。不过,这些手工产品大多是专为王室贵族的日常消费而生产的,很少流入市场进行交换,因此还不是商品生产,整个殷商社会的商品生产都不发达,而民间日常产品只是要求实用,多数都粗糙简陋,谈不上工艺性。

　　从史籍记载看,殷商手工业是以部族为单位进行分工的,《左传·定公四年》记周公分封给鲁以"殷民六族",封给卫"殷民七族"。殷民指殷遗民,族是部族,其中有索氏、长勺氏、尾勺氏、陶氏、施氏、繁氏、锜氏、樊氏、终葵氏等等。据考证,这分别是以制造绳索、酒器、陶器、旗帜、车马璎珞、刀具、樊篱和舂碓为职业的部族,他们是专业的世袭的手工业官奴,这种职业世袭的社会分工模式一直沿袭到近现代。

第一节　工　具

人与动物的最大区别，在于人会制造工具，进行创造性劳动。世界上最聪明的猿类，如黑猩猩、大猩猩等，最多也只能使用现成的工具。有人做过试验，大猩猩能够把两根不同粗细的短竹竿插接成一根长竹竿去钩取远处的食物，而给它两根同样粗细的竹竿和一把刀子，它却无法把竹竿接长。野外生活的黑猩猩也能使用石块、树枝攻击敌人，甚至还会将捋去叶片的细枝伸进蚁洞钓食白蚁，但它们却不会打制出一件哪怕是最粗笨的石器。恩格斯有一篇名作：《劳动在从猿到人过程中的作用》，文中把能否会劳动（以制造工具为标志）作为人与猿的根本区别，说自从制造出第一件工具，猿就变成了人。这是历史唯物主义的一个基本观点。但恩格斯的这篇文章，其最终结论与文章标题犯了个逻辑错误：既然会制造工具才有劳动，则只有人才会劳动，猿类是不会劳动的，那猿又怎么能通过劳动进化成人呢，这岂不是说猿也有劳动吗？固然，这篇文章恩格斯并未写完，只是半篇草稿，没有仔细斟酌推敲，有所不足当可理解；但我们也大可不必为了维护其"威望"而曲为解释，力论其正确，为尊者贤者讳。

刀　𠂉　大致像一把刀的样子。商代的刀形如图所示。其时刀极少用作武器，而多用为刑具和工具，一般小型的即是工具用

青铜刀
左边的商代青铜刀出土于河南省安阳市，右下为早期金文中的"刀"字。

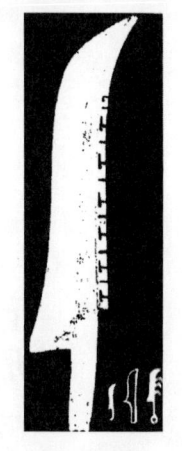

石器工具　西周

图为西周早期的石制生产工具，有石锛、石镞、带刃石子、石凿、石铲、石斧、石棒等等。

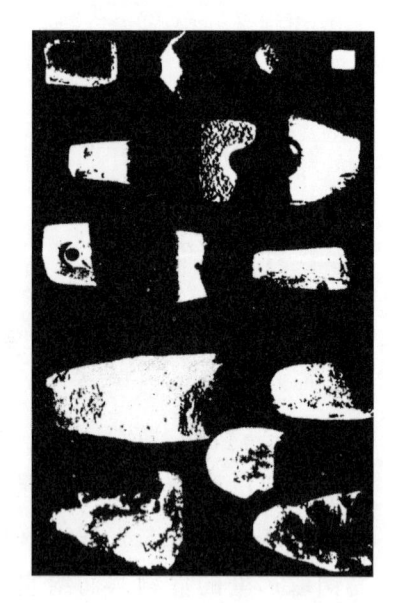

刀。刀在劳动中的用途极其广泛，如农业中用于收获的镰刀、刈刀，畜牧业中用于宰杀、割肉、剔骨的尖刀；手工业就用得更多了，砍、削、割、剖都离不开刀；家内劳动中刀的用途也不少，如厨间、女红等等。《管子·海王篇》说"一女必有一针一刀，若其事立"。可见刀是家庭必备之物。所以甲骨文中从刀旁的字很多。

刀在后世是"常见武器"，常随身佩带，以为防身之用。《世说新语》上有个"捉刀人"的故事：三国时，魏王曹操要接见匈奴使者，又怕自己身材短小，有损国威，于是叫来一个高大英俊的部下冒充魏王，自己则扮成侍卫持刀立在床边。事后，曹操派人问使者对魏王的印象，使者说："魏王雅望非常，然床头捉刀人，此乃英雄也。"捉刀就是持刀。这匈奴使者也确是见识不凡，能慧眼识英雄。由此可见，人不在外表相貌，关键是内在气质，大凡一举手，一投足，甚至往那里一站，就会自然流露出本身的素质、修养、气度、魄力来，与穿着打扮高矮胖瘦、貌丑貌俊无关，是遮不住也是装不下来的。后来人们把代人作文章就叫"捉刀"。

斤　折

斧斤之形，宽刃，曲柄，像现在木匠用的锛，形如小锄头，用来砍削木料。折字　就是用斤将一根木头砍成两截来表示折断的意思；竖着剖木而不折断就是

第十三章 甲骨文中的手工生产

石斤　新石器时期

　　甲骨文中的"斤"字形体，上部是横刃（一般斧头为直刃——刃与柄在同一线上），下部有一条曲柄，看起就像是一把小锄头。现在木匠工具中的锛即此。

析
斫
音浊 zhuó

分析的析字 ⿰木斤；斫字 ⿰石斤 则是以斤凿石来会斧斫之意。古代斤的用途也很广，除了用作工具、兵器外，还用于交换，即差不多在每本政治经济学教科书中都离不了的例子：两把斧子换一只羊。后来便以一把斧斤的重量作为"斤"，成为几千年来我国的基本重量单位，现在还把国际上通用的"千克"也叫做"公斤"。

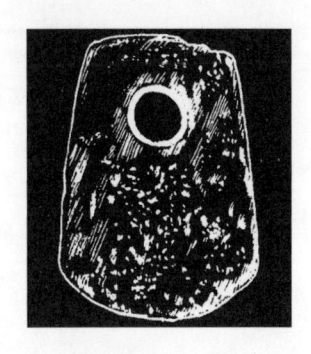

父

手持石斧形，为斧头之斧的初文。金文作 ⿳，更显石斧的形态。这个字的发明一定很早，因为这个石斧看来是直接抓在手里使用的，没有绑木柄，更像是一件旧石器时代的"砍砸器"。上古人们基于性别的自然分工，狩猎、战争、砍树、造屋等体力消耗大的活都是男人的事，所以石斧是男子的随身之物，类似近现代一些民族的男子随身佩带长刀短剑一样。后来父字就成为成年男性的尊称，并逐渐专用来称呼自己的老爸。甲骨文中将叔父伯父通通叫做"诸父"，春秋时男子仍常取名"某某父"，就是父字为男子一般尊称的反映。

斧

父字与斤字结合起来，表示手持斧斤，成 ⿰父斤，即斧头的斧字，斧是砍斫器，在手工业和战争中用途广泛。一般说来，考古中发现的石斧多为工具，青铜斧

执斧人　汉砖

图为河南省唐河县出土的汉代画像砖上的执斧人。

伏羲女娲图　佚名　绢本设色　唐代
图为伏羲、女娲交尾的情景。

王　多为武器，还有玉斧，则多是仪仗用器。而仪仗排场最大的，自然是君王了，王字甲骨文作 ，专家们也释作斧钺之形。斧钺代表刑杀征伐，拥有这个权力的人非君王莫属，所以用斧钺之形来代表王权。后来又在斧形之上加一横作 ，按汉儒的说法，上面一横代表天，说明王权天授，以威民也。

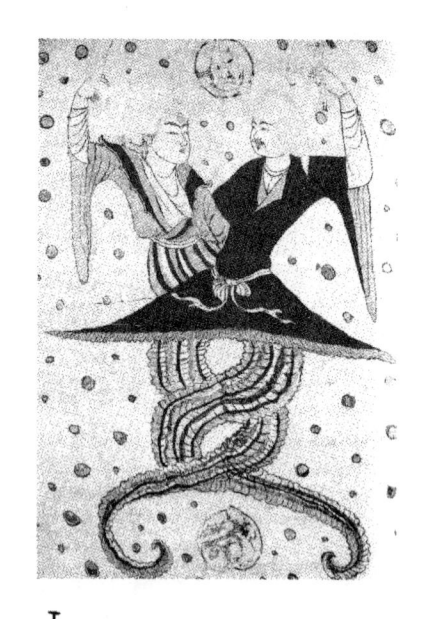

工　 矩尺之形，是后世曲尺和T字尺之祖，用来画线段和直角的工具，也是人类发明的最早的几何作图工具。在所有的手工业行业中，矩尺差不多都是必备的，所以有做工、工人、工具、工业等叫法，表示它们都离不开矩尺。商周时代把朝中百官也叫做"百工"，大约与如今把官农工学商之事通统呼为"工作"相当，以示官兵一致，都是为人民服务也。另外，金文矩作 ，像个正面而立的人手持矩尺之形。省右边人形则为 ，即巨字。人有了矩尺，可以经天纬地，也因此巨就有了特大的意思。

矩

巨

任　 、 从人从工，工表示手工业中常用的尺子，是以人身旁有尺子，人在做工之意，所以任有担任、任务的意思。人使用尺子，可以把东西做得很精确，符合设计要求，于是任又有符合之义，《说文解字》："任，符也。"中国古文字中有一个不太好理解的现象，就是有些字常有两种完全相反的意义，比如乱和治是一对反义词，但却可以互训。《左传·襄公二十八年》："武王有乱臣十人"，注谓："乱，治也。"《尔雅·释诂》也以乱训治。任字本有符合之义，却又有放纵的意思，如放任、任意等，这在训诂学中被称为"反训"。像这种相反相成的例子在人的尊称中也有体现，如尊称他人为左右、足下、阁下、殿下、陛下，意思是不敢和讲话的对方平起平坐，只能向着他左右的人或他的脚、他的屋檐、台阶说话，而且对方越尊贵，向着说话的东西离对方就越远。这在如今看来有点不大礼貌：你和我说话，干吗不直接对我讲，偏要向着底下的东西？是不是小瞧我？但古人却认为这是对人的最大尊重，是一种谦虚的美德。

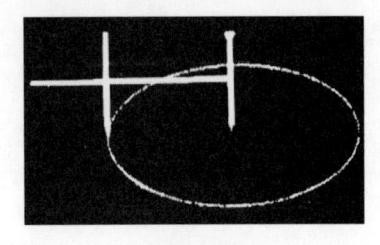

圆规示意图

于　　　徐中舒老师认为这是圆规之形。上边一横为定圆心的钉子，下边一横为画圆的笔，可以在横杆（中间一竖）上来回移动，以画出不同大小的圆圈。还有的于字作 ，右边之形表示迂曲、移动之义。规与矩的发明在人类科技史上具有非常重要的意义和实用价值，它不仅使人们第一次能够随心所欲地作出正确完美的几何图形，也使人们对直线、角度、矩形、圆等图形的本质有了初步的认识，几何学由此才逐渐发展起来。所以古人把规和矩看得具有神圣的意义，如传说中开天辟地创造人类的伏羲、女娲，就是一人执规，一人持矩。俗话常说"没有规矩不成方圆"，至今规和矩都是几何作图的最基本工具。引而申之，"规矩"一词就成为对人们行为准则的俗称。

第二节 制 造

无论在哪个时代,制造业都比较全面地体现了社会生产力发展的水平。即使是信息时代,制造业也是基础部门,至于农业社会,它更是当时最高生产力水平的具体体现。殷商时代的制造业有一些发展,已经进入了工艺制造的阶段,其产品不仅具有实用价值,而且具有很高的欣赏价值,其中蕴含的政治制度、历史传统、文化科技、意识形态、价值观念等内容更是丰富异常,要深入研究下去,可以耗费人的毕生精力。

鑄 〖图〗、〖图〗双手所捧为一个倒着的皿,这是冶炼用的坩埚,表示正在往下倒铜汁;下面正立的皿表示所铸(鑄)之器;中间一个 〖图〗 形,应为 〖图〗 形之讹,是铸造时的"浇口"所在;后一字形下面的土则是泥范的示意。此字金文多见,中或作火形 〖图〗,以表火炼;或作液滴形 〖图〗,以表铜汁;或作壽字 〖图〗,画出铜汁从浇口流向冒口,犹如渠水溉田;或作金字 〖图〗,表示所冶炼者金(铜)也。

殷商属典型的青铜时代,其青铜冶铸技术已达到很高的水平。青铜是铜和锡的合金,与纯铜(紫铜)相

冶铸图　汉砖

丁

比，硬度更高而熔点更低，因此适合做成各种器物。甲骨文中有丁字，作 ●，有人释为钉子之形，也有人说是铸块，即用于铸造器物的青铜块。我以为铸块是丁字本义，钉子为引申义，即从铸块引申出小块为丁，如肉丁、一丁点儿，钉子之名也是取其小块之义。另外人也可称丁，如人丁、丁口，因为普通百姓是"小人"；而且人也能以块量，今川西有的地方就把一个人叫做"一块人"，所以老百姓也就是小块的人也就叫丁了。

青铜铸造业是商代的代表性手工业，王室和贵族的祭器、乐器、食器、酒器，战争中的武器以及少量工具等，多是用青铜制成，以现在出土量之多，可见当时需求量很大。这些商代青铜器不仅器形厚重，造型端庄，而且花纹繁复，有的还铸有文字，其美学价值和史学价值都非常之高，全是珍宝级文物。著名的如司母戊大鼎、杜岭方鼎、人面纹鼎、龙虎尊、四羊尊、龙觥等等，都是精美绝伦的稀世国宝。

朕

左边为舟形，右边以手持物，表示手拿工具，正

四羊方尊　青铜器　商代

四羊方尊是举世闻名的青铜器，1938年出土于湖南省宁乡县，是中国现存商代青铜方尊中最大的一件。

在制造一艘小舟。造舟最为重要的是不能漏水，漏水是会淹死人的，而以木为之的船又容易因腐蚀、干裂等出现裂隙，因此给船扎缝补漏是经常性的工作。小时候看见工人们造船修船，其办法是使用一种像凿的工具将和了桐油石灰的麻筋扎入要补的船缝中，然后再用桐油、石灰腻紧抹平就成。因此朕字的本义就是扎补船缝。由此，朕字又引申出缝隙的意思，即朕兆之朕。兆是占卜时龟甲上烧灼出的裂纹，所以朕兆是同义复词，意思是微小的裂痕，表示事情刚刚出现征候，初露端倪。

从这个朕字来看，殷周时已发明出拼木为之的船了，因为整木刳出的独木舟是没有缝隙的，不会以扎缝之形来表示造船。这种拼装而成的木船，不受材料大小的限制，可以造得很大，能够装载多人，因此技术要求也高，至少也需要十几个工匠的协作才能完成，那么造这种船的作坊规模也应不小。可惜在先秦考古中至今尚未发现这类古船的实物或遗迹，但在古籍记载中却也有迹可寻：传说西周昭王荒淫无道，百姓们十分恨他，趁他南巡渡过汉水之机，用胶粘的木船来载他。船至中流，胶遇水溶化，木船解体，昭王和他的臣下都落水而死。这船当然是以木板拼装而成的，不然就不会散架了；以其能装载多人看，这船也肯定不小。此事过了三百多年，齐国甚至还以此为借口，兴师问罪于楚国。

造船时的扎缝工作，概言之，也即是造船工作。造一艘大船，这在当时也许是最为复杂要求最高的一门技术，因此会造船的人就很了不起，其掌墨师更是有着绝对权威。朕也由此逐渐变为爱好权力者和有支配欲者的自称之词，以至于在先秦时代成为人人都可以此自指的第一人称代词，与我、吾、予、余等同义。这好比当父亲的对儿子有绝对的权威，人们也因此爱自充"老子"

是一个道理——由此推断，说不定将来一天，"老子"也会成为人最普通的自称。这倒不是毫无根据的调侃，比如父亲的父字，自古就是指老爸，可先秦典籍与金文中就有不少自名为父的人，如仲山父、荀林父、伯嘉父等等，已变为男子的通称。这种例子在现代民间称谓中更是不少，如北京人把男人女人全都叫做"爷们""娘们"。更有意思的是女人称呼：本来姑、婆、娘都是对女性长者或长辈的尊称，可如今"姑娘"却是对未婚少女的通称，"婆娘"则成已婚妇女的贬称，"老娘"仍是女人们挂嘴边的自充之词，"老婆"却又是妻子的俗称。这种颠来倒去搅绕不清的称谓，足以让那些学汉语的外国人云里雾里，晕头转向。据说就有老外因"尊称"一老婆婆为"老婆"，而差点引发"国际争端"的事。

般 左为凡字，是盘的象形；右为手持工具之形。《说文解字》释般为"像舟之旋，从舟从殳。殳，令舟旋者也"。说从舟不确，舟与凡形近，容易混淆；说有旋转之义则对。从字形看，这是手持工具制陶之形，凡（盘）代表正在制造的陶器。殷商时制陶早已更用轮制，即在一个圆盘上放上泥坯，旋转圆盘以加工出各种圆形器皿。这是般字有旋转之义的原因。

陶器早在新石器时代早期就出现了。最初制造陶器是用手捏，稍大一点的器物还要用竹编的模子涂泥；后来发明了泥条盘筑法，把泥巴搓成长条然后一圈一圈地

鱼纹彩陶盆　仰韶文化
陶器出现是新石器时代的标志之一，是火与土的完美结合；陶器制造业也是上古最重要的手工业，后来发展成中国特有的制瓷业。

盘成器物，再抹平即成；再后来使用轮制，又分为慢轮和快轮，快轮不仅旋转速度快，制陶效率高，而且器形规整美观，器壁也更薄，体现了制陶技术的进一步提高。商代的制陶业已相当发达，商朝早期即已烧出原始瓷器，晚期又烧出了可以与青铜器媲美的刻纹白陶，体现了极其高超的制陶水平。

殷代刻纹白陶

璞
鑿

此字唐兰先生释为璞，认为上像高山，下像以手举辛（刀）扑玉。璞是从山中开采出来还未经雕琢的玉坯。此字也有人释鑿（凿），上为山崖，玉下为箕箩，以手持辛，以示挖之掘之。但无论隶为何字，其所示为开采玉矿之形，则是可以肯定的。《韩非子》中记载了中国古代最有名的一块玉——和氏璧的发现故事。在春秋时，有个叫卞和的人在楚山中得到一块玉璞，拿去献给楚厉王，厉王不识宝，说是用石头骗他，于是砍掉了卞和的左脚；楚武王登位后，和氏又将玉璞献上，谁知还是被认为是石头，又被砍了右脚。卞和伤心极了，到楚文王继位后，便抱着玉璞在楚山下哭，哭得眼睛都流血了。楚文王知道后，让人剖开那块玉璞，里面果然是块稀世美玉。

虎形玉佩　战国

和氏璧后来又引出不少故事。战国时这块玉到了赵国手里，秦王极想得到它，提出愿以十五座城池交换。但赵国派人将璧送到秦国后，秦王并不真想割城给赵国。

玉琮王　新石器时代

蔺相如设法把璧从秦王手里骗回并让人悄悄带回赵国，这就是完璧归赵的故事，和氏璧也因价值连城而被称为"连城璧"。赵被秦灭后，和氏璧仍然落到秦国手中，秦始皇命丞相李斯刻成玉玺，作为传国之宝。秦灭，玉玺被刘邦所得。西汉末年，王莽篡汉，向元后索要传国玉玺，元后将其怒掷于地，摔掉了一只角。王莽又让人用黄金镶补起来，使其更成为"金镶玉"的宝贝。这枚玉玺至此已成为国家政权的象征，获得它便意味着是"受命于天"的正统统治者，否则就不正宗，如晋初司马氏就因为四十多年没得到玉玺，被人讥为"白板天子"。以后又传了一千多年，到公元936年，契丹兵攻破洛阳，后唐末帝李从珂带着传国玉玺在玄武楼自焚而死，和氏璧从此失传。但此后仍有关于和氏璧不时出现的记载，至今还有指某玉为和氏璧者，而人多疑其伪，难予置信。

弄　　双手捧玉于山崖之下，唐兰先生释为弄字古文。这也应是采玉之形。中国上古的玉文化很发达，堪称世界之最。早在7000~8000年前的新石器时代早期就已出现玉器，到新石器时代中晚期，玉器的分布更是遍及东北至华南的中国东部广大地区，尤以红山文化和良渚文化的玉器最为精美绝伦。红山玉器巧夺天工，气韵生动；良渚玉器鬼斧神工，天人合一。其数量之多，器形

甲骨文字趣释

玉琮王上的神人兽面纹　良渚

之大，雕刻之美，为原始文化之最。到商代，我国玉器文化又发展到一个新的高峰，仅殷墟就出土了2000多件玉器，这还是历代盗掘后的劫余之物。1976年，考古人员在殷墟发掘了一座唯一没遭盗掘的贵族墓，即商王武丁的配偶妇好之墓。该墓出土玉器多达755件，其构思奇巧，神韵天成，技艺高超，令今人也有难及之叹。另据史书记载，殷纣王死时，与其一同被焚的玉器有四千之多，周武王入商宫，缴获的旧玉达"亿有百万"之巨。于此可见商代玉文化发展之一斑。

觳

音胡 hú

从角从殳，像手持工具治角之形，因此觳的本义为制造角器。动物的角是上好的工艺材料，可制成酒杯、号角等小器具，也可雕刻成各种装饰品，而其中又以制作角杯为主。《说文解字》："觳，盛觵卮也，一曰射具。"觵是角做的酒杯，段玉裁解"觵卮谓大卮"，则觳就是角杯中的大杯。《诗经·七月》有"称彼兕觵"之语，兕觵就是犀角杯。一些酒器的名称也从角，如觯觚、觞等，考古中也发现有青铜铸成角形的酒杯，知古人以角杯饮酒是习俗。所谓"射具"，就是指弓，义同觳字；有的弓也用角制作，称角弓，弓上也有采用角制部件的，如弓柄、调弓器等等，所以字从角。

相

上为目下为木，像用一只眼睛看一根木头。木匠在刨木条时，常将木条的一端放到眼前，眯上一只眼，瞄一瞄木条边棱，看看是否平直。相字所表现的就是这个木工动作，因此相有仔细看的意思。《说文解字》谓："相，省视也"，如相马、相面、相亲都用相的省视义；省视肯定要面对面地看，所以相又引申出相互之义，如相对、相扑、相好；看的对象都须从表面开始，然后才能透过现象看本质，则相又有表象、样子的意思，义通像，如面相、扮相、品相等。

弗 刜

弗《说文解字》释弗为"矫也"，又释矫为"揉箭箝也"，则弗字表现的就是制箭之形。字中几竖画是箭杆，曲笔像绳索，合而观之，这是以绳索捆缚竹木条将其矫直而制作箭杆之形。甲骨文还有刜字作，从弗从刀，《广雅·释诂》解作"断也"。这是表示以刀断竹木制作箭杆。我小时候做玩具弓箭，也是削一根细竹做箭杆，但竹子逢节弯曲，总把它弄不直。我知道用火烤一下可以矫正，但这也要技术，我当时太小，还没学会，只好用弯箭。结果是瞄东射西，指左打右，没个准头。所以制箭必须将杆弄直。

弗字在卜辞中未见用其本义，而用作否定词，与不、勿用例相近，属于假借字。

第三节 纺 织

　　商人的纺织业已有相当发展，从纺织原料来说，有丝、麻、葛等；从纺织成品来看，不仅能织平纹，还能织出花纹，考古中还发现过商代的提花丝织物和刺绣品残片。养蚕取丝织绸是中国上古的一大发明，早在新石器时代晚期就已出现。但由于成本较高，色泽华美，几千年来一直是贵族的专用品，所以丝织技术也就体现了当时当地的最高纺织水平。以甲骨文中有关丝织的文字之多，也可见殷商纺织水平之一斑。而且据专家指出，有的织物不像是一般家庭纺织的产品。言下之意，这时已出现了独立于家庭副业之外的纺织作坊。我想可能是专为王室贵族制衣的机构，有如汉代的东西织室、唐朝的织染署之类。

《农政全书》中的采桑图

絲　　⸙、⸙ 像两束丝（絲）的形状，其分叉者像丝头，互绕者像丝束成绞。现代缫丝厂出来的丝也是这样束成绞形，就叫一绞丝两绞丝。中国是蚕桑的发源地，传说黄帝的妻子嫘祖见蚕在树上吐丝结茧，从而发明了养蚕取丝之法。甲骨文中有桑字作 ⸙，像树上长叶之形；

桑
蠶　　有蠶（蚕）字，作 ⸙，像蚕虫之形。于此可知商代确已养蚕取丝了。但最初养蚕是在树上野放，犹如后世养

第十三章　甲骨文中的手工生产 | 273

丝织图　汉砖
　　甲骨文中的丝字形体，就是两小把蚕丝扭在一起之形。图为屋顶上悬挂着一团丝，人们正在纺织的场景。

幽

柞蚕，殷商时仍是这种养法。甲骨文有幽字，作 [字形]，像山上有丝；还有个 [字形] 形，更显山中树木之上有丝之象。放养山蚕要避免阳光太过强烈，以防晒干蚕体，另外还要防鸟雀啄食，因此须在荫蔽处为之，幽字于是便生出幽隐、幽暗之义。

系

　　[字形] 以手提着几个丝头，这是缫丝之形。中国传统的缫丝之法，是将蚕茧在水中煮去胶质，找出丝头，然后以若干根丝合为一股，用手往上提着，边抖边抽，正像字形所示的那样。因众丝连接为一，故字有系属、联系之义。字下的丝形，也可看作是成串的蚕茧之形。甲骨文中还有个

㬎

音显 xiǎn

[字形]，一般都释为绝，认为像断丝之形，但我以为即㬎字，也是缫丝之形，其横画应为表示多股连属之意。因取丝者为蚕茧，所以《说文解字》说㬎字"或以为茧，茧者，絮中往往

茧

《甲金篆隶大字典》中的"系"字
　　甲骨文中的系字形体，上部是一只手，下部抓着几缕丝。

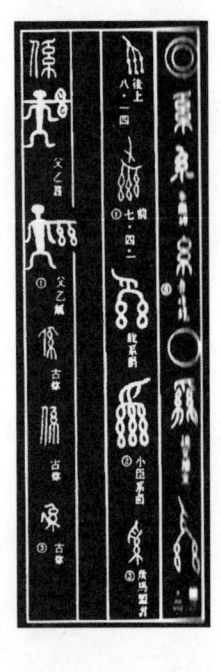

有小繭也"，则此字又是蚕茧之茧（繭）的初形，小篆繭字作 繭 ，从字形上也能看出演变轨迹。

因缫丝都是在水里操作，所以字又从水，作 濕 ，隶定为濕或溼，即湿字。丝浸水中，当然湿了。同时，缫丝时煮茧锅里水热，蒸汽四溢，为了减少断丝又不能过分通风，要关上门窗，所以其环境常是又热又湿又闷，即使在现今的一些缫丝厂里，风湿也是工人们严重的职业病，所以《说文解字》释溼为"幽溼也"，意思是阴暗潮湿，正与缫丝的环境吻合。

蚕纹牙盏
图为河姆渡文化遗址出土的蚕纹象牙雕小盏。

濕溼

滋　　 滋 水中有丝，这是浣丝之形。蚕丝缫出来后，要经过碱水浸泡、漂洗，目的是让丝质更白更有光泽。另外，蚕茧表面有一层乱丝，叫做茧衣，也可以通过碱泡、捣舂、漂洗，晾干后用来纺纱，织成绢、缎。古时妇女们常聚在溪边浣纱，袒臂露腿，燕语莺声，成为一道亮丽的风景。尤其浣纱女中出了个又美貌又爱国的西施姑娘，千古风流，引得文人学士们歌咏传颂，浣纱似成一桩雅事，但有谁知道她们弯腰佝背并双手长泡水中的辛苦？

浸泡漂洗后的丝更洁白更富光泽感，因此滋有润泽义，即滋润之滋；而雨露滋润禾苗壮，滋又引申出增长之义，即滋长、滋事之滋。

绝断绍　　 绝 从丝从刀，像以刀断丝之形。《说文解字》载绝字古文作 𢇍 ，从刀从四丝，与甲骨文字形同义，这也是斷（断）字初文，断和绝同义同源。

《说文解字》中紹（绍）字古文作 𢇻 ，也从刀从

绝代佳品：绛红罗地蹙金绣

此衣物出土于陕西省扶风县法门寺真身宝塔地宫，袖长 4.1 厘米，衣长 6.5 厘米，现藏于扶风县法门寺博物馆。

繼

丝，与绝字形近，颇疑其为一字而有小讹，故人或直接以形释为绍。绍字在经典中都训为"继也"。《说文解字》繼字下云："一曰反𢇁为繼"，其实古文字是不大分反正的，斷就是继，斷（断）、繼（继）同形。同样是刀丝二形，为啥一为断，一为继，意义完全相反？我为此专门请教了一个当过缫丝工的同学。她告诉我，每个工人手里都拿着一把十分锋利的小割刀，就叫割丝刀，一是用来割去"飞丝"（乱丝），二是在接上断丝后用来割去多余的丝头，因此这把刀既是断丝之刀，又是接丝之刀。我想古人缫丝也应如此，因此断绝与绍继都从刀且可以互训。

叀

音专 zhuān
或音惟 wéi

这是纺线工具，即纺轮，又称为"纺叀（专）"。考古发现的这类纺专不少，一般就是一个圆形陶饼，中央有个小孔。在孔中穿上一根轴，用手搓动轴的下端使之快速转动，便可利用其旋转力将纤维纺成线或将多股细线拧绞成一股粗线。类似工具在前些年仍可偶尔见到，老太太们用来纺麻线，叫做"麻丁子"，也有叫"麻坠子""麻陀"的，各地不一。字形上端之分岔像以多股线并为一股，中间之轮形表示旋转的纺轮，下端则是用手搓动的部分。若在字下加表示手形的"又"，成 𢍻，即專（专）字。强调用手使之旋转，所以专字本义为转动的转（轉）。

專 轉 惠

由于字形上端成线繐形，所以叀字又是惠的本字，

织布机（腰机）

图为元代的手工织布机。

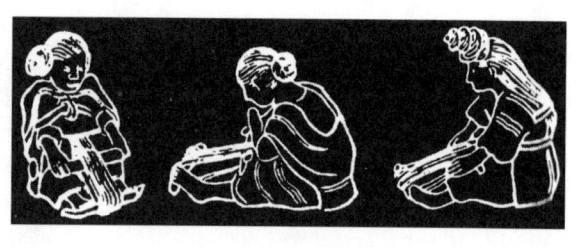

繐
穗

其义为繐。引申为凡似繐之物都以此名，如麦穗、稻穗（穗、繐可通）。有时为了表示这是禾穗而非他繐还在字中加点作 🌾，或省作 田，如前面醴字所从。但在甲骨文中，更作为单字时，只用作发语词，与"惟"字相当，无具体意义。

辔

音配 pèi

🜚 这是纺丝之形。上为纺专，下像若干根丝被纺成一股丝。至于几根丝纺成一股，则根据需要而定，画以二或三根丝是概言其多根合一，不是确数。以现代缫丝工艺而言，有七八根的，有十几根的，还有几十根的，但通常不会是一根，所以缫丝必纺。

辔（轡）字在典籍中用作马辔之辔，即马缰绳。缰绳也是由多股丝绳编织而成的，且驾车的几匹马的缰绳都总攥于人手，与众丝合一类同，故借辔字称之。《说文解字》释辔为"马辔也，从丝从軎"。释马辔是以转义为解，而且字非从軎，軎是车軎，指轮轴的外端。字原不从车而是从叀，字下面之口是中间丝形的省变，《说文解字》因形近而致误。

率

🜖 徐中舒老师释字形是绞麻为索之象，旁边数点为麻丝的余渣，并据《说文解字》段注和《尔雅义疏》释字义为"大索"，即粗大的绳索。这种大索以用途来看，多用于粗笨的重活，现在一般都以棕或竹为之，而以竹更常用。即以船上所用为例，一般如拴篷捆物系小舟，须细索者多用棕绳，因棕绳性软；而拉纤抬物泊大船，须粗索者则以竹索为主，因竹索价贱。作大索者一般不会用麻，因麻价高。因此率字所示，不一定是绞麻，也可能是绞棕、绞竹，如孙炎就认为是"戾竹为大索"。但不管怎样，率字为纠索之形是不错的。

索　🝆、🝆以三股绳拧成一股绳，这也是纠索之象，所以索的本义就是纠绞。画出三股是表示多股，并非一定用三股合为一股，不过从一般民间拧绳来看，倒真是三合一者为多。字从又则表示手里拿着一根绳索。古代没有手铐，对犯罪的人只能用一索子捆起来，所以手里的绳索就表示法律，索字就有了法律规范的意思，如《左传》"疆以周索""疆以戎索"，其意义与"绳之以法"的绳字相当；尤其对那些交不出赋税的，一索子捆翻就交出来了，这就叫索取、索要。

此外，甲骨文还以二绳相纠缠为丩字，作 🝆，为纠的本字。

丩 纠 冬 终　🝆徐中舒老师说这是丝绳末端束结，以表终端之意，为终之初文。一根绳索纠完之后，要在末端打上结，以防绳头散开，字下的两个小圈便是绳结之象，因此打结就是表示事情做完了，工作结束了；"结束"的意思也就是挽个结，拴个疙瘩，与终（終）同义。终结一词就是这样来的。后来冬字专用于冬季，这是因为一年有四季，最后一季为四时终了之季，所以冬季的意思就是终季。

㡀

音只 zhǐ

🝆、🝆、🝆窃以为此字像织机织布之形。最原始的织机叫做"腰机"，是将经线用两根横木（称为定经杆）排开，一头拴在木桩上，一头拴在织布者的腰上，以此将经线绷直，然后用双手穿梭，故名。但㡀字所显示的织机看来已不是腰机，像是更为进步的织机。从古代织机图和一些现存旧式织机看，其基本的构造是前面一个木架，架上一根定经杆，杆上或插一排小竹（木）

𢀖 經

音经 jīng

条作为线桩；近身处也有一个同样构造的木架，经线就绕在两个木架之间；然后按需要将经线分为两组，一组在上，一组在下，形成梭口；为了编织纬线，还要用到一个名为"综杆"的机件，其作用是在一行纬线织完后，将经线提起或压下，形成第二次梭口，为织下一行纬线作准备。从这个字形看，其上端的山形就是前端木架，中间交叉缠绕的线形就是机上的经纬，也许还表现了织出的花纹：字中的倒山形，可以看作是"综杆"的示意图，或者也可以看作是近身木架之形。金文𢀖字作𢀖，即经纬之经（經）的初文，也是在这种织机上绕有经线之状，可以与㡀字互证。《说文解字》以㡀为"箴缕所紩衣也"，即针线所缝衣，当是以引申义为解。段玉裁《说文解字注》在此条之后又加上"象刺文也"四字，庶几近于本义。因为㡀形所示确非平织，而是织出了纹样，金文就是以㡀为黻，黻是青黑相间纹样的织物。以此观之，㡀字很可能就是能织出花纹的罗织机的象形。考古中也曾发现在殷商时代的织物残片、印痕及石刻人像的衣服上，有复杂的纺织和刺绣花纹，说明当时确已发明了较为复杂的织机。

织布图

织布时的纵线叫做"经"，横线叫"纬"。古文字中的经字形体，下部是织布时撑线用的"工"，上部的三条曲线就是织布的"经线"之形。

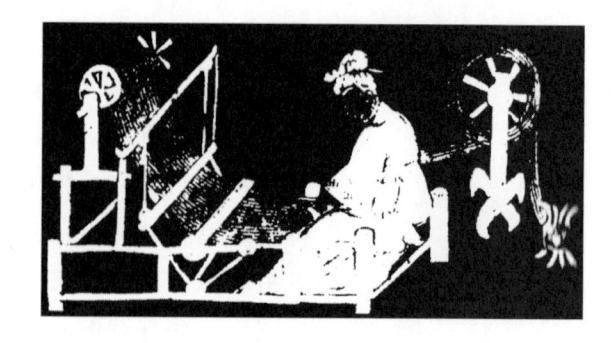

第十四章
甲骨文中的其他劳动

从甲骨文中反映某个劳动领域的字形的多少,可以大致推知这种生产在当时社会经济中的重要地位,尤其能说明统治者对这种生产的重视程度。如农业、畜牧业、手工业是殷商时代最重要的经济部门,这方面的字形就多;而渔业、采集已退居次要地位,这类字形就很少;商业是殷商人的本行,相对而言有一定发展,其字形也就稍多。本来家务劳动是任何时代都少不了的,而且无论贵为帝王还是贱如奴仆,每天都要接触到。但文字既然主要是贵族们在使用,他们对家务劳动自然是不屑一顾,视而不见的,所以有关这方面的字形也就不多。

西汉铁锄

第一节 捕 鱼

渔业在原始民族中是相当重要的经济部门,许多新石器时代的遗址常有大量的陶、石网坠出土便是证明。到商代渔业虽然在社会经济中的地位已不重要,但人们仍把鱼视作美味而经常捕捉,殷墟就曾发现多种鱼类的遗骨,郑州二里岗还出土了商代早期的钢制鱼钩。对于商王来说,捕鱼又是一项娱乐活动,卜辞记载商王曾于某年十月去捕鱼。贵为君王,捕鱼当然不是为了果腹,而是休闲。

魚　　像一条鱼(魚)的样子。上古人们选择居住之地以水边台地最为理想,因为既离水源近又可避免水淹,而且水中还有鱼可捕捉。鱼儿捕捞较易,肉味鲜美,营养丰富,是早期人类的重要食物来源,也是祭祀时的高级供品,所以鲜美之鲜从鱼从羊。前几天走一馆子门口过,见其门联中将鲜字写作鱻,意思是味鲜者有三:第一是鱼,第二是鱼,第三还是鱼,可见从古到今人们都觉得鱼味最是鲜美无比。孟子曾云"鱼,我所欲也",这明摆着圣人也喜欢吃鱼,但不知后世的门徒们是没有

木鱼
甲骨文中鱼字形体,就像是一条鱼的形状,上头下尾,背部和腹部各有一鳍。图为河姆渡文化遗址出土的木鱼。

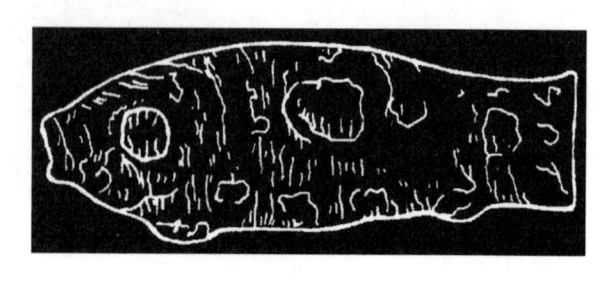

第十四章 甲骨文中的其他劳动 | 281

懂他的意思还是故意装傻，反正在"亚圣"的供桌上多半是冷猪肉而少有鲜鱼。

渔 字左边为水，右边为鱼的象形，表示水中有鱼，可以供人捕捉，所以这是个动词，是捕鱼的专用词。捕鱼的方法有多种，可以直接用手捉，可以用渔竿钓，还可以用网捕，这都在甲骨文中有相应的字形：、、，均可隶定为渔（渔）字异构。此外还有射鱼、叉鱼之法，考古中就发现有骨制鱼叉。不过上古捕鱼大多在岸边和浅水区进行，很少用渔船捕鱼，其原因之一大概是当时鱼多，就像20世纪50年代的北大荒一样，可以"棒打麂子瓢舀鱼"，不需到深水区去冒险。

传说当年姜太公在渭水钓鱼，使用直钩，居然把龙子龙孙都钓上来了，我以为这不过是传说，直钩怎么能钓鱼？后来我到贵阳红枫湖去，才知道直钩确实能钓起鱼。那里有一种俗名"巴地鱼"的小鱼，咬到食物就不松口。我们用一根缝衣针或大头针直直地穿上饵甚至直接用线拴上饵，就能把它钓起，有时一次还能钓起两三条来。真是要吃不要命的鱼！

再 《说文解字》："再，并举也。"典籍中再与称（称）字义同。字像上面一只手，下面是鱼形的省简，

音称 chēng

渔网
网既可以用在陆地上捕鸟兽，也可用于水中捕鱼。图为用来捕鱼的一种网罟。

稱 表示捉来一条鱼，有所上献的意思。据在下推理，鱼是美味，捉一条鱼去上贡，便说明是相当瞧得起对方，所以有称赞之称的意思；就好比现在提两瓶茅台酒送人一样，可以知人情之轻重，所以又有称量之称的意思；送人礼物，多是有求于人，受礼者为人办事也获取了报酬，双方各得其利，各遂心愿，所以称又生出符合之义，即称心如意之称；求人办大事须礼重，办小事可礼轻，事礼原则上相当，所以称又有相等之义，即相称之称。——一个禹字，居然包含了这么多的送礼哲学，其中的文化让人深思。

捕鱼　汉砖

第二节 樵 采

樵采是砍伐草木以供煮饭取暖之用，通俗的说法就叫砍柴。砍伐森林是地球生态破坏的一大原因，不过单纯的烧火做饭并不足以破坏植被，造成森林消失的原因有两个：一是大量的毁林开荒，二是直接的木材消费。例如历代统治者大兴土木，伐木修房制物（中国古代建筑物以木结构为主），不仅木材用量巨大，而且要用大木好木。长此以往，山上的树木被砍光，变成了宫室房屋家具，加上人口增殖，毁林开荒等，造成水土流失，气候变干变冷，这是黄土高原和中原地区土地逐渐贫瘠化的根本原因，许多物种也因此绝迹。《诗经·伐檀》："坎坎伐檀""坎坎伐轮"，唱的是砍伐檀木来制造车轮。这首诗是春秋魏地的民歌，魏在今山西西南部，说明其时这里生长着珍贵的檀木。由于檀木质材好，花纹美丽，又有特殊香味，是做高级家具和雕刻工艺品的极好材料，因此特别受皇帝和贵族青睐，用量不断增大。但檀木生长很缓慢，经历代砍伐，到清初檀木在中国境内已几乎绝迹，清宫所需仅靠明代剩余旧料；至清末旧料也用完，只能用旧家具改制。所以在20世纪90年代从东南亚和南美大量进口以前，紫檀家具价值不菲，有"寸檀寸金"之谚。

新 薪 🪵、🪵字从斤从辛从木，辛是声符，斤和木是形符，表示用斧斤砍树木，即薪的本字。《说文解字》："新，取木也"，其本义为伐木作柴薪。据清人魏源的研究，古代娶妻都要砍许多柴薪，烧起一大堆火，所以《诗经》中唱到娶妻时都从砍柴唱起。只是不知道这堆火是婚礼之夜的篝火晚会，还是"燔柴以燎天"的祭祀仪式。伐薪娶妇，这个媳妇也就是"新人"，所以引申出新旧之新的意义来。后来出现了工人，每个月发工资，这工资低得可怜，只够买点柴喝点水，因此叫做薪水，拿工资的人就成了工薪族。

枚 后一形为殷代金文，两个字形都像手持斧斤砍树之形。《说文解字》释枚为"干也"，即主干为枚。《诗经·汝坟》："伐其条枚"，就是剔枝砍树以作柴薪。《诗经》中许多篇章都有伐薪、析薪的记载。虽然古人的能源几乎全部取自草木柴薪，不像现在有煤炭、石油、天然气，还有原子核能；但古人砍柴主要是为了煮饭、烧水、取暖，没有耗费能源的工业，所以还不至于造成严重的生态问题。并且民间自来有保护青山的传统，我在农村时看见农民们也都烧柴草，但他们打柴时一般都只剔枝而不砍树。当了五年知青，只有我们知青点背后山上的树木大为减少，其他山头照样郁郁葱葱。《诗经·豳风》中有《伐柯》一诗，柯与枚相对，是指树枝，因此伐柯也就是砍树枝。可见此传统由来已久。这首诗以伐柯起兴，写一个男子想找人做媒娶亲，后世就以"伐柯"为做媒的代名词。

析 折 从斤从木，表示将木头劈开，分析之析。《说文解字》："析，破木也，一曰折也，从木从斤。"折字甲骨文作 ，像以斤断木之形。因此析是纵剖，折是横断，二者意义相近但不相同。从山上打回来的柴薪一般又长又大，要烧饭煮菜还须折之析之，弄成小块才易燃易烧。所以有的地方称柴块就叫劈柴，又叫"桦子"，就是劈成数半的木柴。

采 从爪从木，木上还有果或叶，这是以手采摘之形。上古生产能力低下，常需采集野果嫩叶以补充食物的不足，所以在原始社会早中期，采集是重要的生产劳动。即使后来生产发达了，采集仍不失为一种临时的应急手段，尤其在灾荒时候。红军长征时过完雪山，再过草地，没有粮食，就到处采集草根树皮，还煮皮带皮鞋吃，终于战胜千难万险，取得了最后胜利。所以革命成功，采集也功不可没。

不　　关于不字所象之形及其本义，各家多依《诗经·棠棣》"鄂不韡韡"。郑玄笺："承华者曰鄂，不，当作柎。柎，鄂足也。古音不柎同。"因此释"不"为花萼之形。但花萼是包托花瓣的，花瓣又是花的主要组成部分，为何此字形有子房，有花蕊，有花萼（郭沫若说），却独独没有花瓣？可见其说有误。依我之见，不字所像实为树蔸之形：上半像砍去树干之后所余的树桩，下半像参差散乱的树根。树被砍去，这是对树本身的否定，因此不有否定义，不否同形同义；树桩

否 坏　是半截树，因此不有半成品之义，即坯子之坯，如赞美某小女孩长大了一定非常美丽，就说她是个美人坯子，骂某小男孩抽烟、喝酒、打架、不学好，就说他是个流氓坯子。树蔸是新芽萌发的基础，所以不

胚　又引申出萌芽的意思，即胚芽、胚胎之胚；前引《诗经》"鄂不"应该就是萼丕（胚），即花蕾、花苞。树的根部比树冠伸得更远，占地面积更大，树蔸也比

山野采集的原始人
　　甲骨文中的采字形体，上部是一只手（爪），下部是一棵树，树上的小圆圈表示果子，手在果上表示采摘。

不 | 树干大多了，所以不又转义为大，即丕显之丕，金文中常用。

汉代画像砖　因地取材图

第三节 商 业

据传说，中国的商业源于商代。殷商先公中有名叫胲和相土的，《世本·作篇》说他们一个发明了牛车，一个发明了马车。这是因为商人常从事长途贩运。后人于是把生意人叫做"商人"。商业发展的水平，可以在一定程度上体现当时社会经济的发展水平。中国的商品经济在很早以前就有了相当的发展。除商代出现了货币外，汉代还出现了"准纸币"——皮币；唐代出现了汇票，称为"飞钱"；北宋时，更出现了纸币"交子"。这些都是金融史上的世界第一。可是，中国古代的商品经济虽然经历过多次繁荣，但却总是被战乱周期性地打断，以致没能发展出资本主义经济基础，让中国近百年来经济落后。

海贝
殷商和西周都以贝作币购买货物，懂得使用货币是商业发展的一大进步。

贝 㕜、𠁼 字像贝壳之形。这是一种海贝，名叫货贝，上古用作商品交换的媒介，即作货币使用。商代和西周曾大量以贝作通货，当海贝不够用时还铸造铜贝以补不足，考古中这类贝币出土不少。至战国时，楚国发行的货币中有称为"蚁鼻钱者",也是变形的贝币。贝币的单位是朋,见前第三章第二节朋字说解。

鍰爰 音援 yuán

字左边为爰字,像一人用根长杆之类的东西拖住另一人的手,即援引之援的本字;右边加贝表示这枚贝壳充当的是"钱引"角色,是连接商品与商品的中介物,是交换的媒介——看来商人不愧为商人,政治经济学居然学得这么好。只是后来经济进步,不用贝币而改用铜钱,此字也改从金旁,变成鍰字。这是古代货币的一个单位,按汉儒的说法,以六两为一鍰。

寽锊 音吕 lǚ

就字形而言,爰字又可以隶定为寽,故鍰字又等同于锊字。《小尔雅·广量》也说"锊谓之鍰"。实际上这是一个字的两种写法,其形义都相同,都是货币单位。

得

以手持贝,表示有所得,这是得到之得,所以得的本义是占有、取得。在物物交换时代,持有某种物品就是持有财富,如新石器时代的猪和近代傣族的牛都曾是财富的象征。但当商品经济有了一定发展后货币就成为财富的象征,特有货币就意味着占有财富,而这是人人都向往的事。得字从手持贝,正反映了这样的一种想

玉贝　商代
图为商代的货币玉贝。

有所得的心态,也说明当时社会生活中货币经济已经有了相对的发展。

贮宁 音贮 zhù

外面之 是个宁字,《说文解字》:"宁,辨积物也,象形。"辨积物的意思是堆东西,则宁字是贮藏室之形,宁的本义就是贮(貯),与今简化字中的安宁之宁不是一个字。宁中有贝,表示贮藏的是钱,这是强调宁中所贮之物,与宁字实际上是一个字的

布币

春秋战国时期的货币之一，由工具铲演变而来，主要流通于三晋、燕国和周王畿等地。

两种写法，古籍中就常以宁为贮。根据政治经济学原理，货币有五种职能，其中之一便是作为贮藏手段，并认为在足值的金属货币流通的条件下，过量的货币会自动地退出流通而贮存起来，所以不会产生通货膨胀。贮藏钱财居然还能防止令当今世界头疼的通货膨胀问题，真是神奇。不过另外要提醒读者的是，若想将货币储存在手中，千万不要贮纸币，因为纸币不仅容易损毁，而且它仅仅是货币符号，本身没有价值，久了就会贬值，甚至成为废纸。所以有钱要么存银行，到底可以有点利息作贬值补偿；要么干脆用了，或拿去投资，或囤积实物，以免白白损失。

寶 字中 为宁字横写（或讹为玉），与今寶字从缶同义，以示有所贮藏；其上有屋，其下是贝，表示这屋里贮藏着货贝金钱，故其义为宝贝之宝（寶）。贝在上古是财富的体现，自古有钱人遵循财不露白的原则，有了钱必得用保险柜锁起来，没有保险

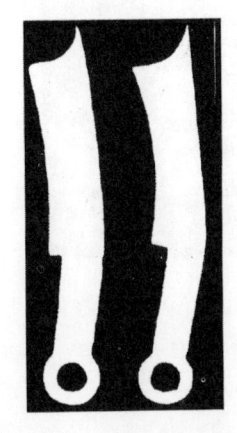

刀币

刀币，是春秋战国时期流行于燕齐一带的货币，是由青铜刀演变而来的。

柜也要挖个坑掘个洞窖藏起来，所以宝有宝藏之义。人有宝贝，必不肯轻易示人，自然见天日的时候就少，于是民间语言形容人见识少不懂事者为"宝器"。

買 **購**

㋡ 从网从贝，许慎解作"网市利"，即套取市场利润。但从市场获利单靠买入还不行，必须有买有卖，所以许说不确。从字形看，这是用网兜着贝，表示钱多，可以换到很多东西，这是买（買）字本义。买东西当然要到市场上去，所以才有《说文解字》"买，市也"之义。甲骨文有 ㋡，也像用什么东西装着贝，与买同义，徐中舒老师释为购，很是精当。

贵族的货币不是来源于买卖，而是来自剥削，所以贵族们只买东西而不卖东西，卖东西被看作是破落的表现，这大约是自古不大瞧得起买卖人的原因之一。以后逐渐发展为重农轻商的传统，把农业叫本业，即根本之业，商业叫末业，即枝末之业。这种思想从先秦一直到近现代都顽固地统治着中国社会政治经济领域，近几十来年才有所改变。

市场交易　画像砖　东汉

这块东汉市井画像砖，长 48.4cm，宽 27cm。此砖用简练的手法，刻画出市井的市场交易繁忙的情形。

貸
同贷

[字形] 字从戈从貝，隶定为貸，《说文解字》释为"人求物也"，即今借贷（贷）之贷。不过从字形看，此字从戈（也是声符），似乎说这不是借钱，而是被抢——借贷不仅要还本，还要付息，而且多半是高利贷；还不起钱就要破产或坐牢，这不是把

五铢钱　西汉

刀架在自己脖子上吗？但这是过去的老皇历了，现在为了扩大内需，提倡贷款消费，先把钱借来用了再说，这是从美国学来的现代消费意识。有一则故事，说是一个美国老太太和一中国老太太上了天堂。美国老太太说，我终于还清了买房贷款；中国老太太则说，我终于攒够了买房的钱。可看出中美消费观念的差异。

責朿債
同刺

[字形] 此字上面是个朿字，像棘刺，即刺字初形，但在这里作为声符，所以这个字是从贝朿声，就是責。《说文解字》说："責，求也。"故其本义为债务之债（債）。殷人把矛叫做刺，债字以刺为声，也许与贷字从戈同一意义，暗示欠债不还就要受到惩罚，让你背一身债犹如芒刺在背，浑身不舒服（这种既表声又表意的部首，在汉字中时有所见，贷字也是如此）。自古借债还钱，天经地义，人不到万不得已，不会低声下气向人求贷。

敗

[字形] 以手持棍击贝之形，表示钱被人抢了。上古地旷人稀，盗贼横行，治安不好，天下不宁，又没有发明"飞钱"、汇票、银行卡之类，人们外出做生意，必须带上足够的金银铜钱，非常危险，一旦遇上抢匪就大祸临头。所以敗（败）有灾祸的意思，《礼记》郑注："败谓祸灾。"而在战争中，打输了的一方自然钱财也

被一抢而光,失去了一切,所以叫做"失败"。以棍击贝,又含有打破的意思,所以败又有破败之义,比如一个女子人老珠黄,就说她是残花败柳;或者把破棉絮叫做败絮,都是用的这个意义。

汉代画像砖　车马图

第四节　家　务

　　旧时做家务事的有两种人，一是妇女，普通平民百姓都是男主外女主内；二是奴仆，达官贵人家里的家务有丫鬟僮仆，不劳主人动手。家务劳动很繁杂，如果你愿意，每时每刻都有得做，而且做了还显不出成绩，这是经验之谈。大约而论，家务劳动可分为几类，如洗衣做饭，洒扫庭除，挑水搬物等等。有的内容已在前面做了介绍，如煮饭裁衣，因此这里只把有关清洁和负重的字列出来作一分析。

帚　束　　像把扫帚的样子。上端分岔似扫帚头，下端为扫帚柄，中间的 ⌒ 为捆束之形。甲骨文束字作 束，其所从之 口 也表示将柴薪捆成一束。现在的扫帚多半也是用高粱秸秆或竹枝等捆扎而成的。甲骨文中还有一个类帚

篲　　形的 字，或释篲，据《说文解字》，这是竹扫帚的专用字。人们见天上有一种星，其尾又长又大，像把扫帚横扫天际，故名之曰彗星，民间干脆就直呼为扫帚星。扫帚是家务劳动中最常用的工具，《说文解字》："帚，粪也"，是说扫帚是用作扫除污秽垃圾的。所以扫帚有时又代表不洁和邪恶，如骂人带来噩运就说他是扫帚星，西方传说中的巫婆也都是骑着扫帚飞来飞去的。

寝　　但是人住的地方却总也离不开扫帚，尤其是起居坐卧的地方要经常打扫，扫帚就成了屋内必备之物，这就是寝字，作 ，表示这里是打扫得干干净净的寝室。

其箕　糞　基　僕　克

由于妇女从事的工作主要是家务劳动，因此婦（妇）字也从帚，甲骨文也常省去女旁，直接以帚代婦。

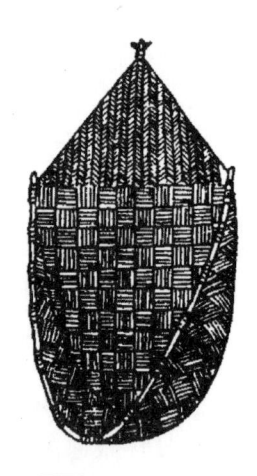

⿱像用竹篾藤条之类编织而成的器具——撮箕，这是箕的本字。箕的用途很广，如簸扬粮食，清除秕稗糠壳等杂质，《诗经·小雅·大东》："维南有箕，不可以簸扬"；箕还可以装垃圾脏物，如糞（粪）字⿱，像一手持帚一手持箕，以示把脏物扫进撮箕里，所以粪的本义就是脏污之物。另外像盛物、挑土、淘洗等等，箕都可以发挥作用，如基字作⿱，像以箕盛土之形。但从主要方面来看，它还是一种家内劳动工具。旧时女子想嫁人，便说"愿奉箕帚"，即自愿为男人端撮箕拿扫帚做家务。当然这是结婚以前许的宏愿，结婚后夺得了女主人、内当家的宝座，奉箕帚的事就大方地让给了丫鬟、仆人们。仆人当然是专门干脏活累活的，所以僕（仆）字作⿱，字像一个头饰总角身有尾饰的仆人（参见第三章第一节妾字说解）手端撮箕，其上数点表示内装脏物垃圾。不过"其"字在甲骨文中已转用作副词，表示一种未确定的意思，与是否、会不会义近。

⿱、⿱下面是一个人，上面为一个容器，里面还装着东西，窃以为这是头顶重物之形。克字有胜任、能够的意思，正是从人承载重物引申来的。《说文解字》："克，肩也"，虽不中亦不远，若把肩负改为顶承就完全正确了。现代朝鲜人、南亚人、非洲人等仍有以头顶

簸箕

"箕"本义是"簸箕"，是扬米去糠的器具。甲骨文中的"其"字形体，很像一只簸箕的形状，口朝上，其中的"×"表示用柳条等编织的样子。

载物的习俗。从这个克字看，商人也像朝鲜人一样，能以头代肩。殷商民族源出今东北地区，应该与朝鲜人有些渊源或习俗承传的关系。

今常见以头顶物者多为妇女。比如一个少女去泉边打水，头上顶个水罐，身上一丝不挂，还微挺酥胸，款扭细腰，一如风摆杨柳，绰约袅娜，成为一道美景。一个叫安格尔的老外画家将她画了下来，不仅卖了个好价钱，还因此出了大名；前些年还曾流行过一首斯里兰卡舞曲，叫做《罐舞》，表现的也是少女顶水，其优美的身段和旋律，迷死了无数少男少女。

妇女顶物还迷住了科学家。一个美国人在研究了肯尼亚妇头头顶载物的能量消耗时惊奇地发现，她们可以顶着相当于自己体重1/5的重物走上好几里路，却不消耗任何额外的能量，与空手行走时一样；若再增加重量，其消耗的能量也只有作对照试验的美国男子汉们的一半。其秘密据说在于她们负重行走时利用了钟摆原理，而这是最科学的节能方式。至于她们是如何学会应用这一原理的，却又是个不解之谜。

東橐西

音驼 tuó

重動

像一只鼓鼓囊囊的口袋，里面装满东西，两头用绳子拴着。这原是囊橐之橐的本字，后借用为东（東）方之东。甲骨文西字作 ，像个编织的容器，作西方之西也是假借。也许就因为无论什么物件都可以用口袋、箩筐装，因此才把一切物件都叫做"东西"。口袋塞满，肯定沉重，金文重字作 ，像人背着一只大口袋正在走路（下从止），表示背负重物，故东字本身就有重物之义。《说文解字》："东，动也，从木"；"动，作也，从力重声"。甲骨文有 字，像"手抓橐"，窃以为即動（动）字，字从手与从力形义皆近，動就是搬动重物，所以有劳作、劳动之义。

舉興

甲骨文中还有个 [字形] 字，像两双手抬一重物，应即舉（举）也即興（兴）字异构。举（兴）从凡作 [字形]；凡即盘，在这里也表示重物，与从東同义。

汉代画像砖　桑园劳作图

第十五章
甲骨文中的祭祀占卜

殷人是十分迷信的民族，《礼记·表记》说："殷人尊神，率民以事神，先鬼而后礼。"从甲骨文看，殷人事无巨细，都要求神问卜，似乎不这样便寸步难行，什么事也不能干。殷人所信的宗教是一种原始的多种信仰加祖先崇拜的巫教，可以看作是中国道教的先河。殷代巫师的权力很大，因为他掌握着对祭祀占卜结果的解释权，是人神之间的媒介，是神意的转达者。不过从卜辞中众多的"王占曰……王乩曰"的记载来看，似乎只要愿意，殷王完全可以自己占卜并解释结果，且殷王的解释权大大高于巫觋的解释权。因此殷商王朝是一个具有强烈宗族色彩的政教合一的政权。

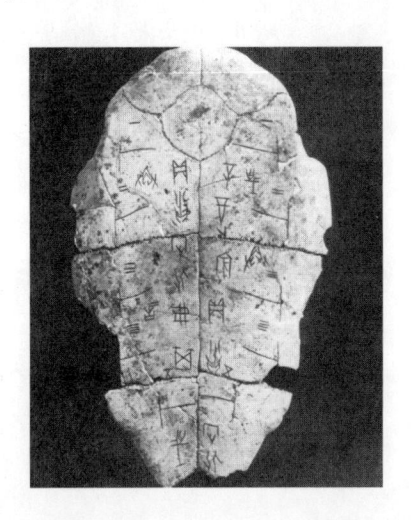

商代刻字卜甲

第一节 祭 主

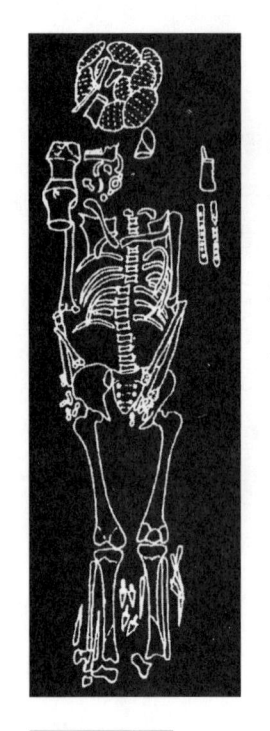

殷人十分崇拜祖先，认为祖宗在天有灵，在冥冥中主宰着子孙后代的生死祸福，因此对祖先非常恭敬。无论是先公还是先王，是直系还是旁支，包括部分先王配偶，都不厌其烦、不惜代价长年累月周而复始地祭祀，他们是最主要的祭祀对象。殷人又是泛神论者，认为天地山川、日月星辰、风雨雷电都是神灵，也会行善作恶，所以也经常祭祀以祈福消灾。

且 　且 关于此字所像，有说是菜板的，有说是男性生殖器的，有说是神主牌位的。我觉得神主的说法应该不错，《春秋·文公二年》杜注："主者，殷人以柏，周人以栗"，可见其以木头做成，即俗谓之"先人板板"是也。人们祭祀时，总要弄一个象征物来摆起，不然谁知道在祭哪路神仙？最直观简单的办法就是立个木牌供起，上书这个神仙的名字，然后祭之，以免众神打架，抢吃供物。这种方法常用于祭祖，因为祖先太多，必须书写清楚才行。一般的写法是"先

祖 祖（先考、先妣）讳某某之神位"，所以这个牌位就代表了祖先，且字也就是祖先之祖的本字。卜辞也是且、祖不分的。直到现

陪葬龟甲的巫师

在裴李岗文化贾湖遗址一座男性墓葬中，墓主人的头部有八件龟甲，其中一件还刻有符号，说明贾湖人流行占卜，此墓的主人应是主持占卜的巫师。

记有殷先祖名号的戈

商人名号中都有天干字,学者们有说与生日有关,有说与死日有关,还有说与通婚制度有关,莫衷一是。

在,庙里的神案上也常有这样的牌位,以长方形或圭形木牌做成,下面加一长条形木座,与且字所示完全一样,几千年未变。

祖宗崇拜有着非常现实的意义。它可以强化血缘观念,加强内部凝聚力,神化王权和统治秩序。这一点在《尚书·盘庚》三篇中体现得尤其充分。商王盘庚想迁都殷,他就说这是上天和祖宗的意思;有人不愿迁,他又恐吓说,谁要是捣乱,他的先祖先父已经交代过了"用大刑侍候我的子孙吧!"老百姓不适应新居,他又抬出祖宗来,说我这都是为你们好,否则你们的祖先就会抛弃你们,让你们死路一条!这种尊祖观念形成了中国传统的宗法等级制度,也是僵化保守不思变革的思想根源。中国人凡要做一件什么大事,都要看一看前人有没有做过,哪怕实际上是前无古人的事,也得要拉扯一个"古已有之"的根据来。比如康有为先生搞变法改良运动,却捏造一个"孔子改制"的故事;小平同志提出"一国

康有为

康有为(1858—1927),原名祖诒,字广厦,号长素,广东南海人。近代政治家、思想家、文学家。

两制"，立马就有人考证说金、元时代就曾实行过（我觉得再把南北战争前的美国也算上，那就古今中外都有先例了）。——这是从不好的方面说。反过来看，它也起着许多好的作用，如增强民族凝聚力和爱国精神，保持传统文化延绵不绝，发扬尊老敬贤等优秀品德，可以说这是使中华民族几千年来团结统一、长盛不衰的重要精神源泉。

匚报乙丙丁（同报）　匚 这大约是个放神主牌牌的神龛。殷先公有名甲、乙、丙、丁者，《史记·殷本纪》分别称为上甲、报乙、报丙、报丁，而甲骨文则写作 ⊞、⇗、⊟、⊡，框中分别为甲乙丙丁四字。从后三者看，匚即报（報）字，是报祭之形。报祭是报德之祭，是很高规格的祭典，商先祖中只有此四人才能享受。上甲的地位在这四人中又要高些，故其神龛为正面之象，典籍也称上不称报。这个合体字的字形演变也有意思。本来甲骨文已有甲字，作 十，是个不知象征什么的十字架；而 ⊞ 只是殷先公上甲的专称。但这个专称后来却逐渐取代了 十 而成为天干之首的常用字；为了不和田字相混，又把竖笔拉长，伸出框外，变为小篆的 甲，再成隶楷的甲。其原因可能是为了和数目字七（也作 十）区别开来。

从四位殷先公的名称看，甲骨文（包括金文）中有文字合书现象，即两个（个别有三个）字合写成一个字。除人名外，另如黄牛写作 ☗，大吉写作 ☗，十五伐写作 ☗ 等等。但一般限用于数目字、特定称谓和专有名词。合文现象到秦始皇"书同文"后才绝迹，故小篆以后的汉语全是单音节字。

帝　☗、☗、☗ 关于此字所象之形，专家学者们也各有见解：有说像花蒂的，有说是束柴燎祭的，有说是包束茅草以滤酒的。最近还看到一种离奇古怪的说法，说帝字所象，是一个"大耳朵外星人"，并引用了爱因斯坦相对论、克隆技术、UFO等现代尖端科学技术进行考证，写了洋洋洒洒几万字，非把我等考证成外星人后裔才甘心。刊登这篇奇文的是一本很正规的杂志，并且不惜版面，破天荒地连载数期，说明编辑先生是很欣赏这篇文章的，真是悲哀！从逻辑学上讲，内涵和外延成反比关系，越是简单的东西，给人的想象发挥余地越大，比如一笔画上一画，其内涵接近无限小，你可以任你的思绪"上穷碧落下黄泉"，把它想象成任何事物。前几年气功盛行，于是有人探幽发微，说《易经》是一本古代气功书；算命的则说它是预测学；哲学家说它写的是古人的世界观；搞卜辞研究的，就说它是周人的占筮记录。之所以这样，就是因为《易经》内容太过简单古奥，给人胡猜乱想的空间太大。不然为什么没人拿《尚书》《论语》来搅和？以为外星人者也属此类，目的是哗众取宠、以怪博名，且不说他。问题是这股风气近年已传染到学术界，一些人不是踏踏实实地做学问，而是寻找出名的捷径，把简单的事情复杂说，把普通的事情离奇看，把正面的事情反起做，故作惊人之态，以期引起人们的注意。他们提些稀奇古怪的观点，做些牵强附会的考证，写些半通不通的文章，得些似是而非的结论。有时让人怀疑他们精神是否正常。如有个号称专家的人，著文说中国自秦汉以来就有民主传统，明朝的六部制是其体现。可稍有历史常识的人谁不知道中国封建社会是高度的个人专制，六部制恰恰是专制集权的代表作？还有个人经过一番旁征博引，令人信服地证明了黄帝是"黄河波涛上漂浮的一具革囊"，让我等恍然大悟中华民族的始祖原是吹起来的牛皮！

言归正传。再说帝字本形，我觉得还是康殷先生的

缔

观点可取：这是一个草扎的模拟人形。○像人头，▽像人身，木像草束下露，⌒、○则表捆束之义。以草人为祭祀象征物，与后世以泥塑木雕的偶象为祭是一个道理。如此，则帝字本义为缔结之缔。扎草人谓之缔，草人所象征之天神也就叫帝，这是宇宙中的最高神，即上帝、天帝；殷王又把自己死去的生父称为帝，表明其权威与天神一样，因此又有下帝、人帝，如父乙帝、文武帝、帝丁、帝甲等等，这大概是《礼记·曲礼下》"措之主立之庙曰帝"的根据；周初制礼作乐，规定了严格的等级制度，除了个别的始祖外，无论生称死谥都没了人帝；到战国后期，礼崩乐坏，诸侯权力膨胀，有的还没死就称起帝来，要和老天爷平起平坐；秦始皇统一六国后，自以为功盖三皇，德配五帝，于是自封皇帝。从此，皇帝成为两千多年来最高封建君主的专称。

示

学者们多认为这是给人顶礼膜拜的灵石。灵石崇拜在许多原始民族中都存在，殷商考古中出土发现过一些用石块立成的祭坛。如江苏铜山丘湾商末祭祀遗址，在一块台地中心竖着四块大石，周围环绕着20具人骨架、两个人头骨、12具狗骨架，所有骨架头部都朝着中心的大石。这应是社祭的祭坛。《淮南子·齐俗训》说："殷人之礼，其社用石。"以石块为祭地之象征物，与神主牌位为祭祖象征

秦始皇像

秦王嬴政统一六国、扫平海内，自以为"功盖三皇，德配五帝"，所以自封"皇帝"。又因自己是第一个做皇帝的，所以又自称"始皇帝"。

第十五章 甲骨文中的祭祀占卜 | 303

社稷坛

中国历代皇帝都很重视祭祀。这是明代的社稷坛，皇帝每年春秋都要来这里祭祀太社（土地神）和太稷（五谷神）。祭坛上覆盖的青、白、红、黑、黄五色土，代表东、西、南、北、中五个方位。

物同义，因此示相当于主。甲骨文无主字，《史记·殷本纪》载殷先公有名主壬、主癸者，卜辞作示壬、示癸，可证示与主相通。古代祭祀大地和祖先是最重要的国家大事之一，京城一定要修建宗庙和社坛，按礼制规定东边为宗庙，西边为社坛，即"左祖右社"之制。今明清故宫的前面也是太庙在左（东），社稷坛在右（西）。

由于祀社的频繁，示字就由专称变成了通称，凡事神之字多以示为部首。殷人也以祖称示，除示壬、示癸外，卜辞中还有大示、小示，即大宗、小宗。直系先王为大示，旁系先王为小示，同辈中大哥为大示，小兄弟们就只能屈居小示。

鬼 魅

、 古人相信人死后有灵魂，或叫做鬼，或称为魅。魅字甲骨文作 ，像鬼脸上长胡子；《说文解字》说魅是"老精物也"，即老鬼为魅。传说它专会迷惑人，很有点"魅力"。鬼魅具有超凡的能力，可以左右人间祸福，因此要经常祭祀。祭鬼的仪式常是跳"傩面舞"，就像有的少数民族人跳的那种，戴着狰狞的面具，也许鬼字就是这种大头"傩面舞"的写照。甲骨文

醜畏 | 醜（今简化作丑）字从鬼作 [图]，《说文解字》以醜义为"可恶也"，说明鬼脸难看，让人恶心。同时鬼性凶恶，叫人心生畏惧，因此畏字也从鬼 [图]，像鬼手里拿着武器，要作祟的样子，敢不敬畏它吗？我小时候常从一乱坟坡经过，开始时也怕得不得了，尤其是晚上，鬼影憧憧，鬼声啾啾，鬼火点点，鬼风阵阵，阴森恐怖得很。可有一天我却突然不怕了。因为我想如果这世上真有鬼，它将我抓去吃了，我也变成鬼，我怕它干啥？如果这世上根本没鬼，那我还怕个屁！可见畏惧鬼魅是自己吓自己。

藏族傩面舞

第二节 祭 礼

殷人的祭礼名目繁多，花样百出，据卜辞所见，有好几十种。一个祭祀对象可以采用多种祭礼，一种祭礼也可以用于多个祭祀对象。殷人对于天神祖宗特别虔诚，祭礼隆重而盛大，有时让人觉得是在倾其所有以作供献。如其祭祀所用牛羊犬豕，一次少则几头几十头，多则达三四百头；还常以人为祭，甚至杀巫祝以祭神。这在卜辞中和殷墟考古中都有大量证据可资证明。

神话世界是人类自己想象出来的，但人又不能脱离自身的现实来造神，所以无论东方或西方的鬼神，都是一定历史环境的产物。比如鬼神也具七情六欲，也设官府衙门，也有贪官污吏、清官廉吏，就是现实社会的写照。

禘 音谛 dì　以手捧帝，自然是奉帝以祭，这是专门的祭帝之典，就叫帝祭。金文作 ，正像帝在神坛，更明祭帝之义。此字当为禘字初文，是个动词。不过卜辞名词和动词不分，甲骨文帝与禘一般并无区别，绝大多数以帝为禘。禘祭一般是祭天或祭祖，这是所有祭祀中最高规格的祭典。按周代的礼制，只有君王才能举行禘礼，且只有始祖才有资格享受禘祭。如夏人禘祭轩辕，故称其为黄帝，殷人和周人都禘祭喾，就名之曰帝喾。另外颛顼、尧、舜也都有资格享受禘祭，故以上五人合称为五帝，成为中华民族的五位始祖。

祀　徐中舒师以 为 ，认为此即"尸祭"之象。

上古祭祖，或以小儿（多为受祭者孙子）坐在神龛上代表祖先受祭，称为尸或尸子。这种尸祭是很盛大隆重的典礼，一年才举行一次，有点像后来的清明祭祖活动，所以商人把一年也叫做一祀。商人纪年，以时王登基那一年起算，第一年叫佳王元祀，第二年叫佳王二祀，以此类推。这个王死了，继位者又重新开始计数，相当于后世的什么文帝三年，康熙六十一年之类。这种王位纪年法一直沿用到清朝末年，中华民国成立后才被废除。

祝 、 有一人跪在示旁张大其口，表示向神明有所祷祝。人的祭品不会白给鬼神，必然于鬼神有所求，求告的内容就在祝词之中。巫师就是专门为人祷祝的，所以巫也叫祝。现在的求神拜佛者也是这样，一边跪下磕头一边口中念念有词，无非求些福禄寿喜之类，所以祝的本义就是求告于神，即祝福、祝祷之祝。

福 、 像以一坛酒倾倒在示上，这是以酒祭神之形。表现类似的意义的还有祐字： 像洒酒于神示之上。

祐（同佑）

尊 此外还有尊字，作 ，像双手抱酒坛上阶登梯，以酒敬献于神，所以尊有敬义。人以酒为美味，故认为鬼神也爱喝酒，醉得晕晕乎时，便能福祐于人，人也就能得到幸福。

祭 以手抓着一块鲜血淋漓的肉块，以献神也；金文作 ，加示形以显其义。古人认为鬼神嗜食血腥，肉食是主要祭品。古人所祭肉食多种多样，有献整牲的，

方尊　西周

甲骨文中的"尊"字下部是一双手，上部是一个大酒樽，是向祖先、神灵献酒的意思。

如三牢、五牢，即祭献三组五组牛羊，有史籍说禘郊之祭才用全牲；有献半边牲体的，典籍称为"体荐"，半解牲体而献之；将牲体砍成肉块而祭，叫"折俎"，《左传·宣公十六年》"宴有折俎"注："体解节折，升之于俎。"这是最常见、最通用的献祭方法，祭字应该就是折俎之形。因其常见通用，所以由专称变为通称，凡献享之事都叫做祭。

祭灶神

这是清代祭祀灶神的情景。

折俎的俎字甲骨文作 🔲，像肉置且上，表示以肉块祭祖之义；祖先受享自然宜子宜孙，所以这又是宜字本字。

🔲 以鱼盛于皿上，皿在这里表示礼器，所以这是供鱼为祭之形。鱼是人间美味，想来神也爱吃，魯（鲁）字于是有了嘉美之义。从供献的祭品来看，人们总是以己之心度神之腹，凡人爱吃的，神仙也一样爱吃；祭者偏好的，受祭者也一定偏好。如殷商人特别喜食羊肉，也就特爱以羊为祭，有羞字作 🔲，为以手持羊之形。《说文解字》："羞，进献也。从羊，羊，所进也。"所以这是以羊献祭之象，也是珍馐美味的馐字初文。又如牺牲的牲字，作 🔲，从羊，生声。牺牲是即将用于祭祀的牛羊犬豕等，牲字是以羊代表各种牲畜。由于牺牲是为祭神而死的，死得其所，后来就把为他人丢命叫做牺牲，如说谁做了谁的牺牲品；或者也特指为正义事业舍弃生命，如光荣牺牲。

俎　宜　魯　羞　牲

音祖 zǔ

牺尊　商周

古代的"牺牲"是宗庙祭祀用牲的通称，纯色牛或纯色羊等叫做"牺"，体全的牛或羊叫做"牲"。图为商周时期的铜牺尊器型。

血　皿中所装的东西是血。《说文解字》："血，祭所荐牲血也。"因此这是以动物（包括人）血为祭品的祭祀。殷人社会虽已进化，但其宗教却相当原始，所以其祖先神明还是野蛮人，仍然茹毛饮血。先秦古籍把血祭叫做衅，似用于两类场合，一类是祭神，《管子·小问》注："杀生以血浇落于社，曰衅社"；《说文解字》："衅，血祭也，象祭灶也。"这是以血祭土地和灶神。另一类用于器物，将牲血涂敷在新铸的钟鼓等礼器上，然后祭之。这既有神化礼器的意思，又有填塞缝隙的作用。由此衅字又有缝隙义，如挑衅、寻衅之衅。近世木工有以猪血和石膏粉做成"膏灰"以填涂器隙（如棺材、家具等）的，不知是否为衅器之流韵？

血祭在古代美洲也很盛行，其恐怖残酷更令人毛骨悚然。有一群考古学家发掘了一个被火山灰掩埋的玛雅人祭殿遗址，在祭台上发现了一具侧卧着的青年男子的骨架；骨架向上的半边发白，向下的半边发黑。据研究，这是由于死亡时体腔上半部血液流光，下半部血液滞积，且经高温烧过而形成的。再综合其他一些证据，科学家们复原出当时的恐怖情景：在离玛雅人城市不远的地方，一座火山即将爆发，天空中浓烟滚滚，地动山摇。惊惶失措的玛雅人认为是天神发怒，降灾凡间，于是赶紧采用最虔诚的祭祀——以人血为祭。祭司们将一

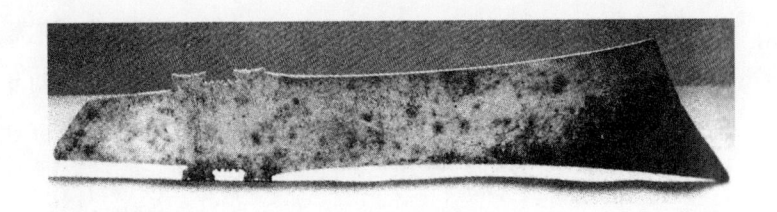

玉璋　商代
在古代，玉璋是用于祭祀的礼器。这件玉璋出土于郑州，是商王权力与地位的象征。

个青年捆缚着抬到祭坛上，经过一番祝颂祷告，用石刀将青年的颈动脉割断，让鲜血流进祭台上的石槽里。但祭礼还未结束，天崩了，地裂了，猛烈爆发的火山摧毁了一切，也掩埋了这一切。直到今天，人们才通过考古挖掘，较完整地了解了当时所发生的事件。其实，中国古籍中也有以人血（敌人的血）衅鼓的记载，如《左传·僖公三十三年》"累臣衅鼓"之语，只是无具体详细的过程描写，无法满足后来的历史学家寻求真实场面的研究需要。

豐　　鬼神虽嗜血腥，但也和人一样，有时要换换口味，吃点素食，因此人们也就在祭祀时献些五谷蔬果。这个字是在豆中有禾，表示祭以禾谷；金文作 ，豆中所盛变成了草。豐祭大约是祈求五谷丰登，所以豐（丰）有多、满之义。

豊禮（同礼）　与豐字形近者有个豊字，即禮（礼）字初文，作 ，像豆中装着两串玉。鬼神也好玩物，须常祭之以玉以满足所需。近年考古中发现红山、龙山、良渚文化祭祀遗址中就埋有大量精美玉器，很可能这些先民进行大型祭祀都要用玉，因此祭神之典也称为礼，把祭神之器也称为礼器。祭神是最神圣严肃的事，必须恭敬虔诚，进退有序，尤其是祭祖时，长幼尊卑不能乱套，谁是主祭，谁是助祭，谁能上前，谁须靠后，献什么祭品，演什么乐舞都有一定之规。西周初年，周公将这一套仪式做法加以整理完善并用法定的方式固定下来，这就是分等级、明贵贱的礼乐制度。

汉代画像砖　大傩仪 舞者

第三节 用 牲

所谓用牲，是指祭祀时杀死牺牲奉献神明的方法。殷人有许多种用牲法，有的意义明显，可大致了解其方法，但多数则不知其具体内容。在上节中谈到的有些祭名同时也是用牲法，如血祭；同样，这一节中的有些用牲法也同时是祭名。从卜辞看，二者没有严格的区别。我们这里把它们分开叙述，只是有所侧重而已。

烈
裂
　其上为残骨之形（见前第八章第三节歺字说解），甲骨文从 之字多表示死亡；其下有水，应是血滴之意。卜辞以此字为裂牲以祭的裂字。由字形与辞例看，这是杀牲取血，也许还连肉带骨头一起献祭于神。可能这也是血祭的具体用牲法之一。

　直接将牺牲杀死以祭，是最常用方法。但杀法不同，意义也不一样。如伐牲，可能就是把牺牲砍头；岁牲则是割牲，岁同刿，刿，割也。《尚书·洛诰》："戊辰，王在新邑烝祭，岁文王骍牛一，武王骍牛一。"其内容、句式我觉得与卜辞刿牲之祭如出一辙，可见周人也行同样的祭礼。甲骨文中还有刺牲，刺作

刺
束
　，隶为束，像木上棘刺，这可能是指矛，刺牲应是把牺牲用矛捅刺而死。另外还有卯牲，卯也是刺杀，但可能是刺特定部位如颈下、心脏等（见下一节卯字说解）。伐、刿、刺、卯等用牲法常在同条或同片卜辞中出现，可见它们不仅方法各异，而且意义也不同。

燎

像火烧木头并有烟灰飞舞，这是燎祭之形。天神住在天上，凡人所不能达，而人掌握的力量中，只有烟火能上腾于天，因此人们就想到以火焚牺牲的方式来祭天，这就产生了燎祭之法：先以牺牲供奉神前，祭毕，架起柴火将所献烧个一干二净。《尔雅·释天》："祭天曰燔柴。"郭璞注："既祭，积薪烧之。"它多在禘祭时采用，但也并非如有人说的禘祭必燎，而且燔燎也不一定都是禘祭，如祭土（社）也用燎。现在给鬼神烧纸钱、纸人、纸马，就是燔柴以祭的孑遗。

上古祭祀不仅焚烧牛羊犬豕，而且还烧人。烧人牲以祭，多半是用于求雨。据传说，商朝立国之君成汤就曾因天下大旱，而欲自为人牲；《左传》中也有天旱焚巫的记载。甲骨文有 ，上像一人双手交叉于前，张口向上，其下为火形，这正是燔人吁天之象。字隶作暵，《说文解字》："暵，干貌。"即干旱之旱字的本字。

暵 旱 烄 赤

音狡 jiǎo

与此形义相近者还有烄字，作 ，卜辞用于求雨之祭；另外赤字写作 ，卜辞用为祭名，这都是焚烧人牲之象。由此可见殷人烧人以祭是常事。

薶 埋

音埋 mái

像一个坑中埋了一头牛，周围数点表示泥土，这是埋牲以祭之法。字即薶字，也就是瘗埋之埋。此字甲骨文也从羊或从犬，分别写作 、 等形，实际都是同一个字的不同写法，说明此种祭祀使用多种牺牲。埋牲是祭山林土地之法，地祇住在地下，挖个坑将牺牲埋进土里，就算把祭品送到家了。现在发现的许多上古祭坛，其地下都大量瘗埋着牛羊犬豕人及各种玉器礼器，就是这种埋祭的具体证据。

丞

甲骨文里还有个丞字，作 ，像双手将一个人放进土坑，这也是埋人以祭。在殷墟考古中就发现过一些把人捆成跪姿活埋或杀祭的，与丞字所示一模一样。但

墓葬

仰韶文化墓葬，一般使用实用的陶器随葬。

拯

这个字形又可以看成是用双手将人从坑里救出来，因此这也是拯救之拯。像这样一个字具有截然相反的两种意义，叫做"反训"，如前面我们已经讲到过的乱训治，断训继都是例子。

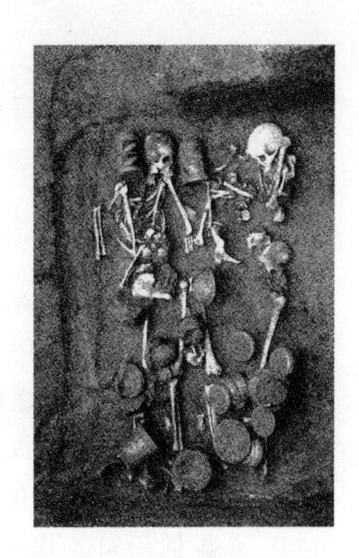

以人为祭在晚商达到中国历史上的高潮时期，其中又以武丁为最。据胡厚宣先生的初步统计，卜辞中记载的人祭数量至少也有14197人。一次祭祀的人牲，少则一人，多则数十百人，最多一次竟达五百人！殷墟考古中也发现有大量的杀祭坑，仅在王陵区的祭祀坑中就发掘出人牲1178具。一坑中少则一人，多的达二三百人，可与卜辞互证。这些被杀祭者的身份，从多方面情形看，绝大多数是战俘和战争中掳掠的人口，只有极少数是巫祝、陪臣、奴仆等。

瘗埋除用作祭祀外，也大量地用于殉葬。迷信认为人死后在阴间也同阳间一样要享受声色犬马，因此将大量的物品陪葬，甚至包括妻妾近臣。商王在这方面可算得上典型。在殷墟发掘的所有商王大墓中，都有数十到一二百个殉人。如侯家庄大墓，不算盗扰毁去的部分，就发掘出164副人骨架、73个人头骨，其中包括几个婴儿。

此外，中小贵族也流行以人殉葬，相当一部分墓中也殉有一至十余人不等。《墨子·节葬》载："天

甬
俑

子杀殉，众者数百，寡者数十。将军大夫杀殉，众者数十，寡者数人。"用于殷商，倒是很符合实际。陪葬殉人的身份则以近臣、奴仆为主，与祭祀人牲以战俘为主不同。西周以后，人们认识到人力的宝贵，社会也文明进步了一些，人牲人祭现象才逐渐衰亡，取而代之的是陪葬陶俑。甬字在甲骨文作 ，像一个人被盛在盘（凡）中，本是人祭之象，后转义为殉人的代用物，即始作俑之俑。

在古代美洲，杀人祭祀也与殷人一样普遍而残酷，有时犹有过之。那时那地的人甚至以身为人牲而自豪。如据说在体育比赛中，对优胜者的奖赏是将其作为人牲杀祭给太阳神，这样的奖赏不要也罢。现在有一种说法，说是古代美洲文化来自中国，是商被周灭后，殷人

商人祭祀

图①为祭祀天上诸神，用火祭，又称为燎祭，焚烧牺牲，使青烟升到天庭。图②为祭祀河神，把祭品及牺牲投入河中。图③为祭祀土神、社神，将人牲等祭品埋入地下。图④为祭祀祖先，即用火祭，也用沉埋法。

的一支渡海逃亡来到美洲，繁衍发展起来的。从爱杀人以祭而言，似可为此说添一佐证，但难以解释的事实也有。如美洲无车辆、无家畜，且全美洲只有玛雅人有比甲骨文落后的文字以及无金属器具等等，与商人发明便利的牛马车、发达的畜牧业、成熟的甲骨文、高度发展的青铜文化大为不合。

沈沉 〇、〇像水中有牛羊之形，这是把牺牲沉于水中以祭神。还有一形作〇，水中从牢，祭祀时以一组牺牲为一牢，更显沉水以祭之义，故隶定为沈。沈即沉，二字本无区别。这种方式一般用于祭祀河泽之神。《周礼·大宗伯》谓："以薶沈祭山林川泽。"分而言之，薶（埋）用于山林，沈用于川泽。如多年来中小学课本中都选入的《西门豹治邺》的故事，里面就写到战国时仍遗留着的将人沉水以祭漳河河伯的恶俗。金文沈字写作〇，右边像一个捆缚着的人（〇为束形），正是以人沉水之状，字也为今沈字所本。

第四节　占　卜

殷人非常迷信，有事无事都爱占筮问卜。筮是以蓍草问吉凶，卜是以龟甲兽骨测祸福。大约而论，周人以筮为先，商人以卜为主。一般占卜用龟多为腹甲，也用兽骨，但量稍少。卜完之后，有时占卜者还把占卜内容刻写在该片甲骨上，这就是我们现在看到的卜辞。一条完整的卜辞，大致可分为四个部分。首先是前辞，记录占卜的时间（以干支记日）、占卜者（叫贞人，也有殷王）；其次是命辞，说明要卜问什么事情，如问收成、问祭祀、问疾病等等；第三是占辞，根据兆纹来确定是凶是吉；最后是验辞，记载过后的应验事实。但不是每条卜辞都这样完整。大多数都有不同程度的省略，尤其常省略占、验二辞。至于具体的占卜程序，可参见以下诸字说解。

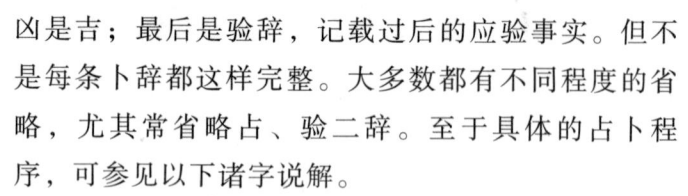

卜　像裂纹歧出之形。所谓占卜，就是以龟甲上的裂纹来断祸福，所以把问龟之事称作卜。殷人在占卜之前，先要将龟甲兽骨整治一番，如锯削边角使之规整，锉磨甲（骨）面使之平顺，甲骨文有刊字，作 𠛎，从卜从刀，就是会锉削

甲骨整治

图①为用铜钻在甲骨上钻出来深而圆的孔。图②为在钻孔的一侧凿出枣形的槽。图③为用燃烧的木枝或金属在钻凿处灼烧，甲骨就会爆裂，出现兆纹——"卜"形裂纹。图④为根据兆纹判断吉凶。

卜甲卜骨之义，字亦即剥削的剥字；整治好后，还要在甲骨背面钻一些孔，凿一些槽，都不穿透，目的是使其厚薄不均，易于开裂；然后再用火灼烤，使甲骨正面相应的部位产生一些横竖交叉的裂纹，即卜字所象，又称为兆纹。兆纹的走向、形状、深浅和长短，预示了所问事物的祸福休咎，所以把灼龟问事称作卜。卜体现的是神意，所以又在卜字下加表示神圣意义的 ᗌ，作 ᗡ，即占字。卜多用于名词，表龟卜之事；占多用为动词，有卜问之义。但卜辞常用的卜问词语不是占而是贞（贞），作 ᗡ，下从鼎，鼎是最重要的礼器，与从 ᗌ 同义；或省卜形作 ᗡ；小篆不省，而将鼎讹为贝，成今贞字，所以人们又常把卜辞叫做贞卜文字。

ᗡ、ᗡ 兆纹出现，只是完成了占卜过程的一半，接下来还要根据兆纹吉凶，卜辞叫固，以骨、占二形会视兆断卜之意，此字或释为乩，或以为占字异体。卜辞中常有"王乩曰"之语，这常是由贞人卜问后再由殷王来断吉凶，体现了王权的强大，不受巫师左右。甲骨文还有个 ᗡ，是骨上有卜纹之象，用为祸祟之祸（祸）。从骨从卜既表断卜，又为祸祟，不知殷人卜龟与卜骨是否有不同的意义？

ᗡ 字所像之物，前辈专家多有歧说，如双刀形、兜鍪（头盔）形、门环形等等，迄今尚无定论。依我愚见，这是否为甲骨钻孔之形？从字形上看，左右半圆，似为未穿透

剥

占

贞

固

乩 音机 jī

祸

卯

牛骨刻辞　涂朱　商代

这块牛骨的正反面刻满了长篇卜辞，字口内涂朱，内容是有关北方部族入侵、王命诸侯、疾病、田猎和天象等。

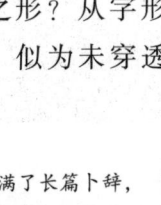

之孔；从训诂上讲，卯有孔洞之义，榫为凸，卯为凹，即卯眼之卯；卯又有钻刺义，如铆接之铆，穿孔而接也；至于卯之杀义，应为从钻刺引申而来，故劉（刘）字从卯，训为杀，但与卯之本义可能有些区别，不然何必以卯金刀叠床加屋，繁其意义？卜辞中常有卯牲之语，应是用其钻刺义。如今杀猪，也是一刀捅进猪颈子，直达心脏，还要搅几下，钻几下，然后抽出，让血流光。这大约就与古之卯牲相类。不过对于这种解释，我自己也觉得证据还不够充分，仅记以备考。

用　　此字由凡和卜两个字形组合而成，凡就是盘，这是将卜甲（骨）放进盘里之形。盘是祭祀礼器，放进盘里意味着供奉神前。凡占卜问神，要把甲骨送到神前供祭一番，让它经过神的认可，也让它沾些神气，使其更准更灵。供奉过的甲骨，就是可以用卜的甲骨，因此这是使用之用。卜辞常在兆纹处刻有"用""兹用""不

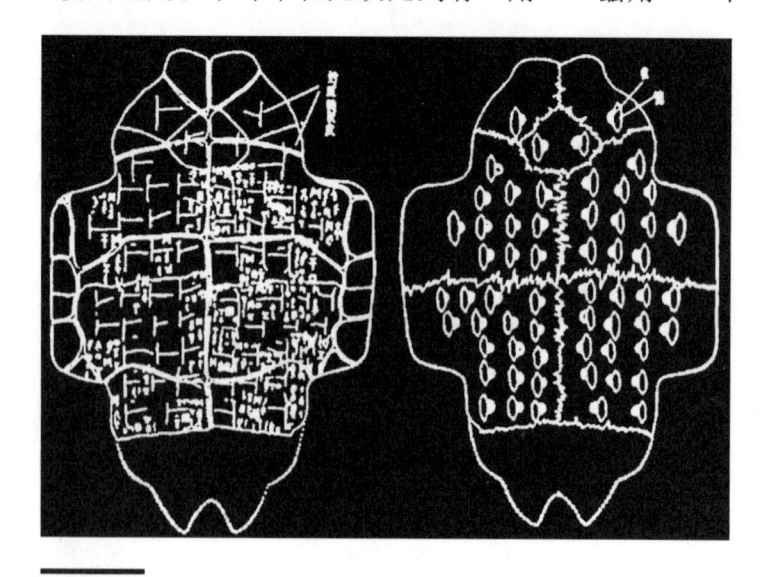

占卜的龟甲

殷人占卜，先把乌龟的甲刮光，再进行钻凿，并放在火上烤，这样在龟甲上就会出现或横或纵的裂纹，依照这种裂纹来占卜吉凶。

用"等语，就是某条兆纹作数可用，某条不算数不用它。

　　从这点看，殷人也够聪明的，不合我意者不用，合我意的才用。殷人信神的诚意，看来也要打点折扣。其实，除了糊涂蛋以外，所有人都知道趋利避害，尤其是政治家，更不能因迷信而坏了大事。比如传说武王伐商，出兵之前又卜又筮，但所得结果都不顺，说是"大凶"。气得姜太公火冒三丈，将蓍草扔到地上，把龟板几脚跺碎，说："枯骨死草，何知而凶？"仍然提兵伐纣，结果大获全胜，灭了商朝。所以迷信者，真正迷进去的不多，大半都是为自己的行为找个依据，找点安慰，找些借口。这其中有潜意识的，也有有意识的。前者多是骗自己，后者多是骗别人。

第十六章
甲骨文中的科学文化

一个社会的科学文化水平，代表了它的文明发展程度。越文明，越发达；越野蛮，越落后，这是放之四海而皆准的真理。殷商社会具有当时中华大地上最高水平的科技文化体系，创造了中国灿烂的上古文明，也是当时世界上最发达的地区之一。这一点，我们从前面的医疗、农业、手工业等章节中已经有了较多的了解。下面我们再认识一下殷代社会的其他科技文化状况和发展程度。

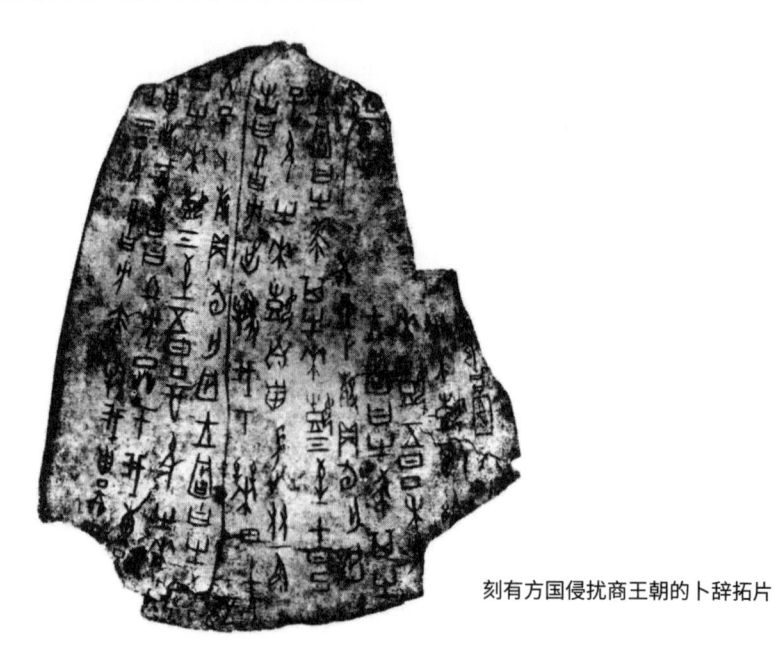

刻有方国侵扰商王朝的卜辞拓片

第一节 天　文

　　商周时期，天文知识很普及，男女老少、贩夫走卒都能识天观星。其原因在于人们需要通过观察日月星辰来确定时间，确定季节，以不违农时，这是农业发展的一个反映。明末清初的学者顾炎武说："三代以上，人人皆知天文。"从甲骨文看，有关天文气象的字相当多，说明殷人确实勤于观测，重视天象，这里面除了"观象授时"之外，还有一个重要原因，就是占星术的作用。古人预测凶吉，常"夜观乾象"，以为天象与人间祸福有关，可以向人示警，所以上至君王、大臣、军事家、政治家，下至占卜师、算命先生，都重视天文，学习天文，如传说中的诸葛亮、刘伯温之类。甲骨文中许多特殊天象的记载，就与占星术有关，这在客观上为我们保留了许多有巨大价值的天文记录。到了汉唐以后，统治者怕老百姓通过星象事先了解皇帝或国家的前途命运，于是规定不准民间"私习天文"，把天文学垄断起来，成为皇家的私学。小民百姓由此失去了"仰观天象"的权利。这真是愚民政策的愚蠢体现。

　　这一节所谈的"天文"，是借用传统意义上的天文概念，既包括日月星辰，又包括风雨雷电等天气现象。

太阳纹玉器刻符

　　此玉器刻符出土于安徽省含山凌家滩文化遗址。玉器上的长方形中有一个类似太阳纹的刻画符号。

| 日

| 旦

| 朝 晷
音仄 zè
| 莫 暮 昏 翌
音翼 yì
| 昔 晉
| 時 昕
音心 xīn

⊖、⊙ 一个圈再在中间画一画，日头的象形。太阳是离地球最近的恒星，是地球能量之源、生命之源，也是和人类生产生活最密切的天象，它带来光明，带来温暖，引起昼夜和四季变化，还是众多气象变化的原因。殷人对太阳的观测很勤很细，卜辞中还记载有商王亲自观察日出的事（《小屯南地甲骨》第2232片："王其观日出。"），还常有出日、入日之祭。因此在甲骨文中有对太阳周日运动、外部变化等很准确形象的描述。比如清晨太阳刚升起时叫做旦，写作 🌅，上为日，下为日之倒影，这是在海天相接的大海上东方红太阳升之形象，发明这个字的人一定在大海边居住过；若是太阳已升月亮未落，就是朝，作 🌄，像清晨日月同见于地平线上的草树丛中；到了下午，日偏影斜，称为晷，写作 ⌧，以一个歪斜的人形和日字会意；太阳落山，就像掉进了草树丛，所以写作 🌇，日在草中，即莫字，为暮之本字；落山以后，天色渐冥，称为昏，作 🌆，《说文解字》说是"从日，氐省，氐若下也"，是以日低为昏；第二天叫翌，翌日就是明天（有时后几日也称翌），字作 🌄，这是个形声结构，从日，羽（翼）声；过去的日子叫昔 🌊，从日在水中，正是"子在川上曰：逝者如斯乎！"之写照，可见古人早就知道流年似水，人生苦短；甲骨文中还有个晉（晋）字，写作 🌟，从日从双矢，《说文解字》谓"晋，进也"，大约也是含光阴似箭，催人奋进之意。另外，卜辞中纪日时的字、词还有时（时）🌞，昕 ⌚（日将出），妹或眉日（即昧日，黎明之时），中日（或作日中，正午也）等等。据陈梦家先生研究，殷人把一天分为八九个时段，各有名称，如旦又叫妹旦、明、日明，朝又叫大食、大采等等，名目多达二十来个，但似乎都是些大致的时间范围，并没有精确的定点时间。

尤其难能可贵的是，殷人拥有世界上最早的日、月食记载，卜辞中数言"日有食""月有食""日夕有食""月夕有食"等等。这些记录具有非常重大的科学意义，如通过它们可以了解日月、地球的长期运行规律，或确定已湮没的历史年代。已经完成的夏商周断代工程，卜辞的日月食记录就是重要的天文学证据之一。

此外，殷人还可能拥有世界上最早的太阳黑子记载。如《殷契粹编》第55片："庚辰贞：日哉，其告于河？"哉字作 ![字形]，有人释为食，解作日食记录；也有人读哉为識（识），义同痣，谓其意为庚辰那天占卜，日面上出现了黑痣，是否要祭告于黄河？果如此，则日哉就是指太阳黑子。其他甲骨中也有多片记载"日又哉""月又哉""日月又哉"的，无论作何解释，都说明其时对日月的观察很重视也是很细致的。

![字形] 宋镇豪先生释此字为昼夜之昼（晝），谓"本义是立木为表测度日影以定时辰"，果如此，则此字表现的就是日晷之雏形。古人没有钟表，只能根据日影的长度和方向来定时间，日晷就是这样的一种计时仪器。根据后世日晷的结构，这是一个刻有方位和度数的圆盘，

日食甲骨文

中国的日食甲骨文，是早于巴比伦时代的可靠日食记录。

同织

哉 食 識

晝

于

盘心上有一根立轴。使用时将圆盘斜放，让立轴对准北极星，盘上的方位和实际方向也对准，然后从立轴影子所在的刻度上就可以读出当地的时间（地方时）。但殷商时代恐怕还没有这种较为精密的东西（现在所见最早的日晷属西汉），这从殷人对一天时辰的简单划分可以推知。最可能的做法是在平地上立一根竿，然后对影子进行测定，所谓"立竿见影"者也。而我觉得"于"字本义应该就是这样的测影之形。甲骨文于字常写作 ，其 像一根立竿，其顶端和半腰处各有一短横木，横木的作用在于使竿影清晰，便于测量，而两根横竿就有两个测量数据，可使测量结果更精确；其右边曲线随左半字形边缘凹凸进退，仿佛现代美术字勾勒的阴影，其表示为地上的竿影之形，应无疑义。影随日动，绕竿屈行，所以于字就有曲义、围义，如迂回之迂，纡曲之纡，土圩子之圩。于字在卜辞中的用法已失本义，而借用为介词，但仍含有测时遗义，多表示"在……时候（或地方）"。

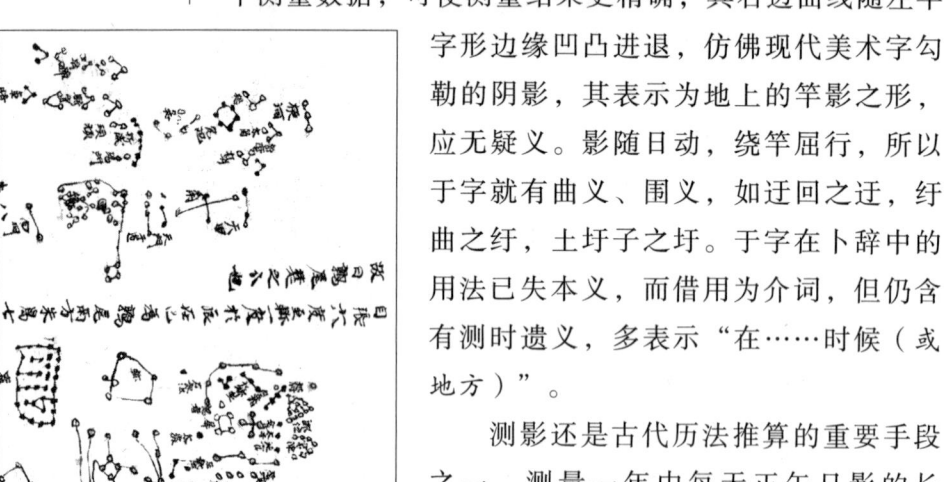

测影还是古代历法推算的重要手段之一。测量一年中每天正午日影的长度，可以推算太阳的地平高度和在星空中的运行轨迹，以此来定季节，推节气，以至测定回归年长度。通过长期的观测，人们知道了冬至那天的日影最

敦煌星图（局部）

敦煌星图用红、黑两色绘画，共绘恒星1350颗。原图为长卷式，纵25.5厘米，横85.8厘米。绘于公元8世纪初。于1907年被盗往国外，此为复制品。

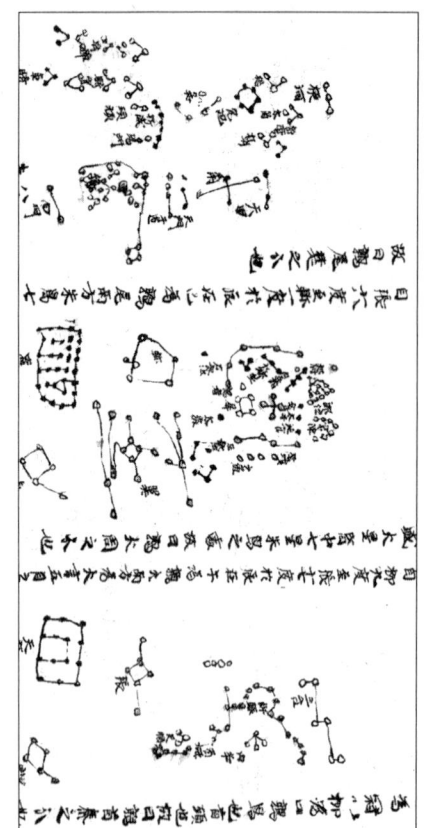

长，夏至那天的日影最短，测定两个冬至（或夏至）的间隔日期，就得到一年的日数，所以二至（冬至和夏至）是很重要也是最先被人们确定下来的节气。卜辞中多处出现"至日"之语，有学者认为就是日至，即冬至或夏至。

由于制定历法要求精密，因此对日影测量的精确度也比计时的日晷要求更高。而立竿越长，日影就测得越准，后来人们就修筑高台，再在台上立一根石或铜柱，称为表；台下正北方向的地上卧一个石或铜尺，称为圭。台上并设其他天文仪器，成为天文观星台的主体建筑。今河南登封有传说是周公建立的观景台，观景就是观影。从殷人历法的完备程度和知道日至推测，其时已有圭表应该是可以肯定的，遗憾的是现在还没有找到考古学证据。

月

𝔻、𝔻字形或像一个弯弯的月亮，或像是半边月弯。地球的这个卫星很有点意思，它和太阳的性质、体积、运行轨道完全不可同日而语，但让人看起来却一般大小，都会发光，一个有阴晴，一个有圆缺，一个主昼，一个司夜，分工明确，合作愉快。因此在卜辞中，日又代表白天，月又代表夜晚。月字也就是夕字，甲骨文月夕同形。至于日月二形中间常加一点，这不是黑子或月影，只是为了与其他字形如圆圈、肉字（𝔻）相区别。

夕

月亮约29天半缺而复圆一次，称为一个朔望月。有了日月年的概念，就产生了历法。殷人的历法在当时世界上是相当先进的，它根据日月运行来确定年月，是一种阴阳合历。据董作宾先生研究，殷历以12月为一年，每月30天或29天，一般大小月相间，也有连续两个大月的，称为"频大月"；闰年则有13甚至14个月，先是安排在年末，后来进步了，又安排在年中；一月又分为

记十三个月的甲骨卜辞

商朝卜辞常见"十三月",西周金文也有"十三月"。"十三月"是在十二月的基础上重复一个月,这是把闰月放在岁末的置闰方法,称为"年终置闰法"。以后改行"岁中置闰法","十三月"之名因此消失。

三旬,每十天为一旬,与现在一样。这是后世农历的原型。纪月用一二三四等数目字;纪日则是用干支纪日法,以十天干(甲乙丙丁戊己庚辛壬癸)与十二地支(子丑寅卯辰巳午未申酉戌亥)相搭配,六十天一转,周而复始;纪年前面已讲过用祀。殷人纪时,其顺序与现今相反,按日—月—年排列,如:"癸未……在四月,佳王二祀",翻译成现代白话就是"王在位的第二年四月,癸未那天……",看来英国式纪时法是抄袭中国的。

周代已出现月相记录,如金文中就有初吉、既望、既生霸、既死霸等,据王国维考证,这是指月初现、望日之后、上弦和下弦那几天,有点像把一个月分为四个星期。但殷人似乎还没有这样系统的划分。我发现甲骨文中有一个肭字,写作 ![字形], 从内(穴)从月,穴为居止之处,又很黑暗,月从穴出,表示月亮刚现出一点光。《说文解字》:"朔而月见东方谓之缩肭。"据研究,殷人以月出为月初,不是由计算而是由观测来定的,则肭字就是殷历初一的月相。若然,则殷代已有初步的月相划分了。

肭 音衄 nǜ

甲骨文还有夙字,作 ![字形],像人跪地而双手捧月,其义为早晨,典籍中常有夙夕、夙夜之语,就是早晚、晨昏的意思。《说文解字》释夙字为"持事虽夕不休,

夙 音诉 sù

第十六章 甲骨文中的科学文化 | 327

早敬者也",意思是执事者一夜不休息,到早晨仍然恪尽职守。从字形看,似乎确有披星戴月、夙夜匪懈之义。

星晶 ⊹、⊻ 前一形就像昨夜星辰,寥落稀疏,这是星之本字;因为天上星,亮晶晶,后来此字便用为晶光之晶。后一形于星形之外另加声符 ⊻(生),以示其读音,这是现在星字初文。夜晚的天空,群星璀璨,对先民而言,不仅美丽,而且有计时的作用。据《尚书·尧典》记载,上古人们用四个星宿——鸟、火、虚、昴于黄昏时出现于正南天空最高点的位置(所谓"昏中",即黄昏时上中天)来确定春分、夏至、秋分、冬至。鸟、火、虚、昴是中国古代二十八宿中的四个宿名,鸟即柳,在长蛇座,火即天蝎座α,虚在小马和宝瓶座,昴为著名的金牛座昴星团。据竺可桢等专家计算,这正是公元前2000年前后的天象,说明夏代先民就已经知晓二分、二至了。殷墟卜辞中也有鸟星、大火之名,与《尚书》所记星名相同。但有人说殷人有岁星(木星)甚至太岁的概念,则是误读卜辞所致。

殷商时代,人们对星空非常熟悉的另一个重要证据就是甲骨文中几条有关新星的记载。新星是一种较为罕见的天象,其实质是恒星爆发,亮度突然增加,原来暗弱的或看不见的

天文图拓片　南宋

这幅天文图碑高181.3cm,宽95.8cm。上部绘一圆形星图,下部刻有文字记述。

星在短时间内变亮，看起来就像新出现的一颗星星。只有对星空非常熟悉，才能看出哪个星是新出现的，哪个星是原来就有的。有一条卜辞记载"七日己巳夕……有新大星并火"，是说己巳那天晚上，在火星（不是行星中的火星，而是天蝎脖子上三星中间的那颗红色亮星）近旁新出现了一颗很亮的星。这条新星记录有时间，有位置，有亮度，是非常难得的，具有很高的科学研究价值。

雨 其初文为 ▨，一横像天，下有数点为雨滴之形；后又复在上加一横，成 ▨，即今雨字所本。在农业社会，农民多半是靠天吃饭，雨露滋润禾苗壮，下雨相当于下衣食，所以人们对是否下雨非常重视，可考的乞雨祭雨活动从殷商一直延续到近代。我国东部和中部广大地区处于东亚季风区内，来自太平洋的夏季风带来大量降雨，所以雨往往和风同在，风调则雨顺，风因此也受到与雨同等的重视。殷人求丰年时既乞雨，也祭风，而且四个方向的风名各有不同，由相应的风神分别掌管。

霝霖 炎热的夏天常有对流雨，其特点是来去快，雨滴大，雨量集中，叫做霝（霖），甲骨文作 ▨，正像天降大雨之状。这种雨对减轻伏旱，消暑降温有很大作用，后世民间因此把"久旱逢甘霖"列为人生四大乐事之一（其他三大乐事是：洞房花烛夜，金榜题名时，他乡遇故知）。

申电神雷 风雨大作常伴随雷电交加，甲骨文申字作 ▨，为闪电之形，也是电字初文。闪电给人强烈的恐惧感，因而受到祭祀崇拜，加上示旁就成为"神"，金文神字即作 ▨，以申（电）为祭之象；雷字作 ▨ 或 ▨，闪电旁加圈点表示雷声是由闪电产生的，甲骨文常以圈点示意声音传播。

| 雪 羽 翟 | 🅐、🅑 从雨从 🅒，或省 🅓 形，雨雪之雪的初文。《说文解字》说雪字"从雨，彗"，以形声字视之，而我却以为这是个会意字。其中之 🅒，孙诒让、罗振玉释羽，谓像羽毛之状；唐兰释彗，说是扫帚之形。考之以诸字，觉得还是以孙、罗之说为优。甲金文凡从 🅒 之字可考者都是羽形，如人之饰羽为 🅔（美），鸟之饰羽为 🅕（翟）之类，此其证一；羽形都成双出现，而帚形不仅绝大多数作 🅖 或 🅗，与 🅒 各异，即使有个别作 🅘 者也只是单出，此其证二；将单字 🅙 释为彗，缺少辞义上的证明，卜辞此字都是专用名词如地名、人名、祭名，难以考定其确切含义，但从字形演变上看，却与羽字字形更近，此其证三；而从字义上分析，下雪时如片羽飞舞，称为"鹅毛大雪"，雪字以雨、羽会意，好比说天上落羽毛一样的东西，其喻形象而义显，此其证四。有此四证，羽、彗之辨自明。 |

音笛 dí

云

🅐 像天上云卷云舒之状。按此，今简化的云字才是本形，加雨头的雲是画蛇添足。云和雾本是一个东西，都是空气中飘浮的小水滴，在天为云，在地为雾。我们登山时常有这样的经验，看见旁边飘来一片云，到身边就成了雾；或者看见头顶上一朵云，一进去就入了雾中。如果坐飞机，这种感觉就更明显。殷人称雾为冢。

同蒙

冢

作 🅐，是取云雾迷蒙之意，与字形并无关系，却更形象贴切。

霾

音埋 mái

浓云密布，天色阴晦叫霾，字作 🅐，这是个形声字，从雨，貍声，这是将要下雨的天气，所以从雨；雨

霁 霽 啓

音济 jì

止叫霁，甲骨文作 🅐，从雨，妻声，也是个形声字，即今霽（霁）字；云开日出谓之晴，殷人称为啓（启），作 🅐，以开门见日会天晴之意，也是形象生动令人有身

虹 　　字像一条有两个头且张大其口的龙形动物。虹本是空气中的水汽折射阳光形成的一种自然现象，常见于雨后的河湖上空。古人不明其理，以为是神物在吸水，所以传说虹似巨虫，有两个头，喜欢喝水。卜辞有"有出虹自北饮于河"的记载，可知这个传说由来已久。又，虹在天际，像一座美丽的彩桥，人们常以虹桥称之。

晕 　　太阳周围画以点画，表示日晕。其实晕既可出现在太阳旁，也可出现在月亮边。晕的成因与虹一样，都是空气中的水汽折射光线所致，只是发生的地方和形状有所不同而已。日月晕出现时，就像给太阳或月亮套上了一个七彩光环，十分美丽。与虹出现在雨后不同，晕一般出现在雨前，是由晴变雨的征兆，殷人似乎已知道这一点，常在卜雨时验之以晕。晕在日旁，望之目眩，犹如头昏时眼冒金花，天旋地转，所以转义为头晕之晕。现在漫画中表现人头晕，也常在人脑袋上画几个圆圈，射几点金星，以示晕头转向，头晕目眩。

第二节 地 理

中华民族的生息繁衍之地，位于广袤的东亚大陆上，这里气候温湿，河湖纵横，土地肥沃，物产丰饶，是一个幅员广大而又相对独立的地理单元。它给予这里的生灵优越的生存发展条件，使中华民族在这里创造出高度发达、延绵不绝的华夏文明。但封闭的地域也造就了较为保守的民族性格。从地理方面看，在我们祖先的观念中，我们的所在就是世界的全部，是苍天笼盖的所有土地，称为"天下"；我们的国家就是天下的中心，称为"中国"，其他地区都是荒蛮之地，化外之区；到了海边，就以为走到了天地尽头，称为"天涯海角"。所以，中国古代的地理知识不太发达，殷人在这一点上也表现得较为明显，他们的势力范围只局限在中原及周边地区，除了城邑之外，似乎还没有行政区域的划分，内部统治机构也主要以血缘关系为纽带，地缘政治仅体现在国与国之间，且疆界也

地理图拓片　南宋

　　这幅碑刻地理图由南宋黄裳刻于绍熙元年（1190年）。碑高202.3cm，上宽105cm，下宽108cm。

不明显，常隔着大片的无人区域，表现在甲骨文中，就多有具体的地形地貌的字，而较少抽象的地理名词。

東 　这个字本来是囊橐之形，是轻重之重的本字，被借用为东方之东（東）。四方的概念较抽象，很难用形形象的图（字）形表示，所以四方之名都是假借字：南 ◯ 的本形是粮仓，西 ◯ 的原义是箕箩之类的容器，北 ◯ 的形象是二人相背而立，是表示背离之背。这几个假借字与四个方向并无任何联系，只是借其音罢了。假借字有时固然与其原意有一些联系，但许多时候也只是借音不借义，不必非要找出原义与借义之间的关系不可，否则只能是徒劳而无功。

南

西

北

上 　与四方之名用假借不同，上、下二义，古人以最简单的字形就表述出来，上作 ◯，本应作 ◯，一横在这里表示一个抽象的界限，上面一短画是个指事符号，表示所指为界限之上。为了与数目字二不相混淆，又把下面一横稍作弯曲以区别。下字则作 ◯，与上字相反，而俱为典型的指事字。

下

山 　◯ 像山峰连绵逶迤之状。殷人居住的中心地区处于山区与平原之交，周围不乏大山高峰，如西北面的太行山，西南方的嵩山等等。对于高大的山峰，卜辞又称为岳，作 ◯，像山顶上又有山，重峦叠嶂之形。殷人是泛神论者，认为山川河岳都有灵，因此对于山岳很崇拜，视作地位很高的神，仅次于上帝祖先，与河神相当，给予很隆重的祭祀礼遇。山岳之神似乎还管刮风下雨，大约是因为山区迎风坡有抬升气流的作用，太平洋暖湿夏季风带来的水汽容易在这里形成地形雨，而殷人正好住在其迎风的东面，所以常向岳（常专指嵩岳）祈年求雨。

岳

丘 　◯ 将山字削去中央的高峰，就成了丘陵的丘。《说

山丘

文解字》："丘，土之高也"，是以土山为丘，土山肯定不会太高，因此《博雅》又以"小陵曰丘"。从字形看，又似中间低四周高的凹地，所以《说文解字》释丘字时又说："一曰四方高中央下为丘。"《尔雅·释地》也以山顶湖泊曰"尼丘"。据说孔夫子生来怪异，他老人家的圣头之上有一个肉坑，形成中间凹陷四边凸起的模样，所以他老爸给他取名孔丘，取字仲尼。

上古人类总是择高阜爽燥之地而居，在修筑高大重要建筑时也要人工筑一土台。一旦居住地遭到废弃，就只剩下土丘，所以叫做"丘墟"。王国维曾说过："邢丘即邢墟，犹言商丘殷墟。"（《观堂集林·说耿》）先秦时期一些名为丘的地名，如帝丘、邢丘、商丘、雍丘、葵丘等等，就是这种高台建筑遗址较多的城市。

阜 将丘字竖起来写 ß，或者写作 ß，实际上这是同一个字，若依《说文解字》，可分别隶定为自和皀，释

𠂤 音堆 duī

阜 音付 fù

堆

曰："𠂤，大陆山无石者"；"𠂤，小𠂤也"，都是土山、土丘的意思。今写作阜（作偏旁则为左包耳），这也是堆字初文，所以丘、阜、堆意义相近。卜辞中该字多用为地名，除部分与典籍中称丘的地名同义外，还有一些应是山丘名。此字要注意与师字相区别，可参见第十章第二节师字下说解。综上，丘字演变轨迹如下：

山（丘） { 𠂤 —— 垖（堆） ; 𠂤 —— 阝（左包耳） }

水川洹漳洛洧汝淮灉濼洱灈濼河

音桓 huán
音洧 wěi
音雍 yōng
音洛 luò
音画 huà
音聂 niè

像水在流动之状，这是对江河溪流的通称，同时也泛指 H_2O。甲骨文中还有川字，与水形略异，作 ，像水在两岸之间流动。殷商时期中原一带河流众多，卜辞中记载了许多江流河川的名字，可考的如流经殷墟的洹 ，其北不远处的漳 ，南边的洛 、洧 、汝 、淮 ，东边的灉（赵王河） 、濼（在山东） ；见于典籍记载的如洱 、灈 、濼 等等，甲骨文没有江字，江字到春秋时才出现，似乎表明殷人直接统治的范围只达于淮河而还没达于长江（但其文化影响的范围则要大得多）。殷人沿黄河而居，所以卜辞中对黄河的记载很多。河字甲骨文写作 ，左边为水，右边是可字，为斧柯之柯（斧柄）的初文，这里作为声

"滴南"和"滴北"卜辞

甲骨上刻着的"滴南"，指滴水以南；"滴北"则指滴水以北。滴水就是今天河北省境内的漳河，"滴"与"漳"音同字通。

观瀑论道图　明代

自古至今，寻觅山水之乐世人皆慕之。此图有山有水，有松有泉，山石的结构层次，流瀑的转折起伏，松树杂木的盘虬舒展，观瀑人物的谈笑风生都在稔熟的笔墨描写中，显现出山林的生机勃勃和观瀑的欢乐气氛，使欣赏者思之、品之、乐之，正可谓"乐在山水之间也"。

可　符。河是对黄河的专称，当时黄土高原上植被茂密，没有水土流失，所以河水还没有发黄，也不见泛滥记录。殷人把河也作为重要的神灵来对待，将大量牺牲包括人牲沉入黄河中去祭河神，以乞雨祈年求保佑。

泉　 外面的 象征缝隙或洞穴，与分娩之娩（参见第七章第三节冥字说解）的产门义近。有水自穴隙中流出，当是泉水无疑。泉水从地中溢出，古人视为水之源，所以叫源泉。殷都附近有地名百泉，泉眼众多，就是卫河之源。金文在泉字之上加一崖腔形，作 ，表示

原源　水或从悬崖上滴下，就成了原字，原即源。《西游记》中石猴与众猴寻溪涧之源，到头来却发现源自一瀑布，这瀑布就是悬泉之一种，也是水源之一例。

渊　甲骨文有淵（渊）字，作 ，像围水成渊潭之状。泉水汇流，往往成潭，百泉就聚成个不小的渊潭，所以渊也是源，叫渊源；《说文解字》又释渊为"回水也"，河中回水，俗名回水沱，多半水平如渊，但上游冲来的东西一旦进入，则不易冲走，成为藏垢纳污的地方，所以形容犯罪或人才产生的集中地都叫做什么什么之渊薮；无论是渊潭还是回水沱，大多很深，所以渊又有深义，比如拍马屁时说一个人的知识既深且广，就吹

州
洲

他渊博得不得了。

像河水中有个小岛，沙洲之洲的初文。据《说文解字》说，可以住人的岛子叫州。传说在帝尧时代，曾发生过大洪水，整个大地都被淹没了，人们只能在露出水面的几块高地上避难，这些高地就通称为九州。大禹在治好水患后以此作为划分行政区域的根据，将全国分为冀、兖、青、徐、扬、荆、豫、梁、雍九州，这是古人把天下称为九州的由来。还有一种说法，说是以上的九州合起来只算是一州，叫"赤县神州"，像这样大的州另外还有八个，但那已是外国的地盘了，所以中国又别称赤县或神州。后来州成为一级地方行政机构，自汉沿用至清，而名称则使用到现在，如广州、郑州。至于沙洲之洲，则再加水旁以别之，如《诗经》开篇就曰："关关雎鸠，在河之洲。"到了近代，又把世界的几块大陆翻译为洲，如亚洲、欧洲，这些大陆确实是被广大的海洋包围着的，除了比沙洲大点以外，翻译得倒是十分准确。

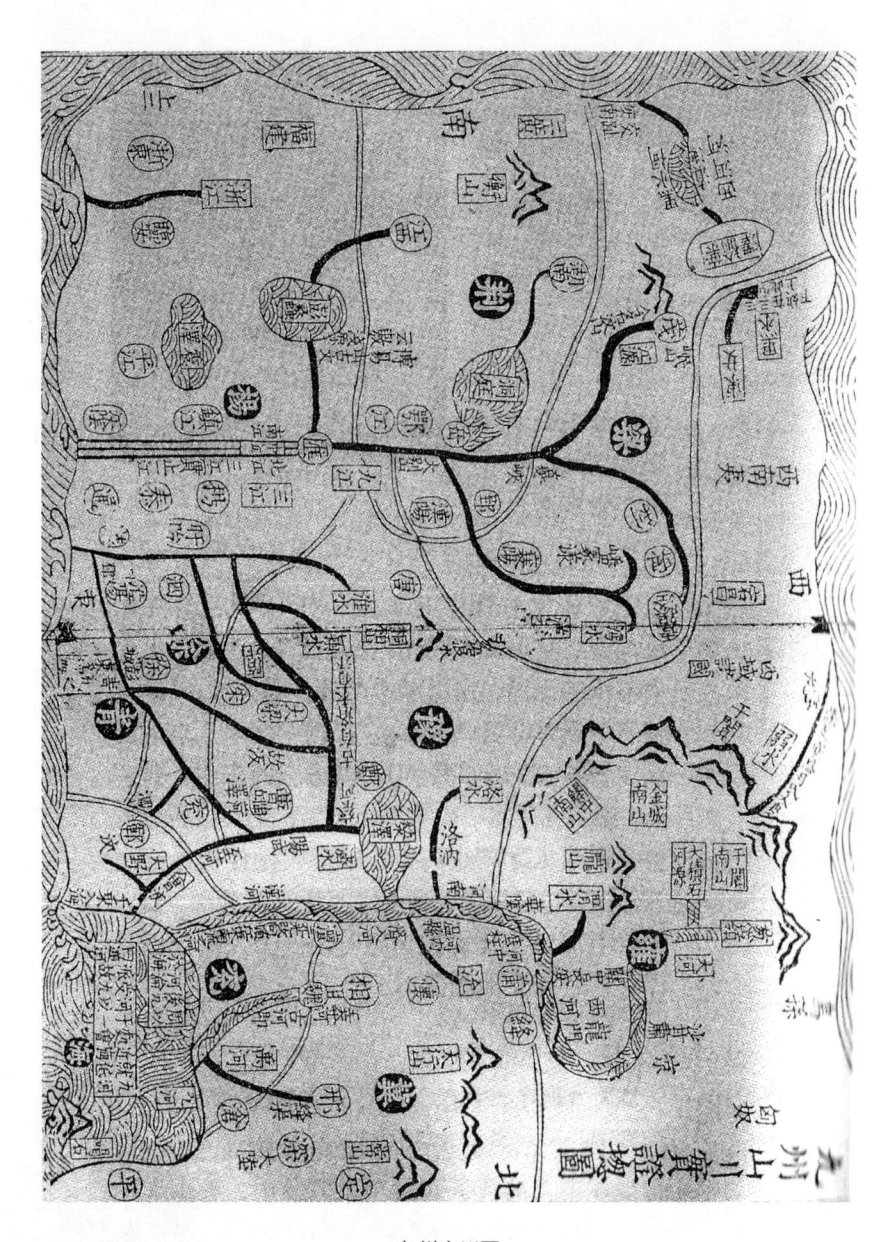

九州山川图

第三节 书 画

本节讲的书画，内容涉及典籍、艺术、文房用品等，商人在这方面有一定发展，个别方面还相当发达。但殷商时代似乎还没有发展出书面文学来，卜辞记事谈不上文学性，铜器铭文也没有西周时的长篇大论和韵文。虽然从传世的三篇《盘庚》中可以看到商代较为完整的文章，但因其纯属记事记言之作而缺乏文学性；从《诗经·商颂》看，在殷后裔宋人中也流行祭祀诗歌，可上推商代也应有诗，但恐怕也是口口相传，属民间或准民间文学。

册 像用绳子串起来的简册之形。上古没有纸张，只能把字写在竹片（叫简）或木片（叫牍）上，然后用两行绳子将其按顺序串在一起，如字形所示的样子，所以一本书又叫一册书。串简牍的过程叫做编，写书必定是边写边编，以防简牍散乱难寻，所以写书也称为编书，

编 编字甲骨文作 ，从系从册，以会绳索串册之义；编字作为名词，也是指编册的绳子，有一个成语叫"韦编三绝"，说是孔夫子反

铜方壶　西周

　　青铜装饰由商代的神秘、威严、狞厉，到西周的朴素实用的变化反映出商代敬神思想到周代注重人的变化。这件青铜壶造型端庄典雅，纹饰简洁明快，它是西周铜器常见的装饰风格。

第十六章 甲骨文中的科学文化 | 339

汉代木简

复仔细地读《易经》，简册的绳子断了三次。历来释韦为皮绳，近有人从考古和训诂方面证之，认为韦是纬的通假，指简册上横编的绳子，我觉得很有道理。

简册不读时可以捆成一卷，因此卷也是书的单位，如读书破万卷，行万里路读万卷书之卷；若形容某人是书呆子，便恭维说他满脸书卷气，就好比说女性沉鱼落雁一般。中国自古尚文，男人也以秀气为美，连武夫也要充儒将，连环画中的武将除张飞、李逵之类外大都是瓜子脸，不像日本卡通画中连小姑娘都一脸霸气。

典 像双手捧册之形，表示这是受人敬奉的书，即典籍、经典之典。如把儒家的十三经称为典籍，把马恩列斯毛的书称为经典著作，表示里面写的说的都是放之四海而皆准的真理，是行事的典范，以区别于异端邪说。《说文解字》释典为"五帝之书"，它来自《左传·昭公十六年》"三坟五典八索九丘"之说，坟典都是上古之书，可见这都是些历史文献。古代民族都重史，而中华民族是世界上最重历史的民族，这一传

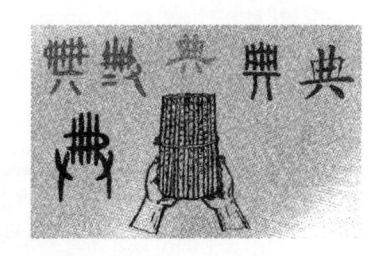

"典"字图

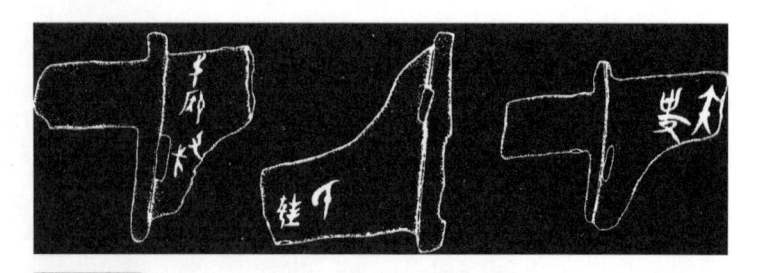

墨书　西周

西周墨书均是用毛笔蘸墨在金属器和玉器上书写的文字。西周墨书继承了殷代墨书的传统。

右为：史矢墨书　　中为：封氏墨书　　左为：叔侯父墨书

统的渊源可以直接追溯到商。商人特别尊崇祖先，也特别注重历史。商人祭祀，以祖先为对象者最多：盘庚迁殷时动员大臣百姓，都是以上天和祖先的名义说话；《诗经·商颂》的内容，全是对祖先业绩的追述，具有史诗性质；连周公都承认"惟殷先人，有典有册"，即只有殷人才有典册，才有历史文献。可见古代典籍所载都是历史，即章太炎所谓"六经皆史"是也。

聿

音玉 yù

像手中握笔之形，聿字，其本义就是筆（笔）。按《说文解字》的说法，楚人叫聿，秦人叫笔，考之以卜辞，知聿源于殷人之语。上古写字的工具有两种，一是刻刀，用于甲骨或铜器（刻范或刻器），甲骨文有契刻的契字，从刀作

契

，其左半就像纵横交错的刀痕；二是毛笔，用于简牍，偶尔也发现在甲骨上用毛笔写字的。传说毛笔是秦朝将军白起的发明，考古证明这项发明比白起至少要早一千年。但殷商时的

清代名墨　五色墨

考古中发现最早的是战国末期的，汉代以后多用松烟、炭等原料作墨。

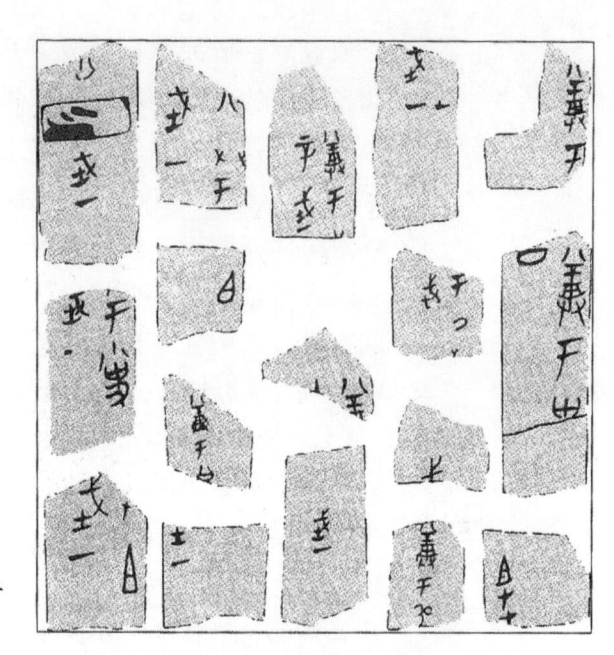

玉璋朱书

此玉璋朱书 1985 年出土于河南省安阳殷墟刘家庄。

新郑虎符铭文

虎符文字是战国晚期秦国风格的规范文字。

毛笔是蘸红色颜料来书写，到汉晋时才先后用黑漆，用煤，用松烟墨。

现在所见殷商时代的文字，绝大多数是刻出来的。殷人以刀作笔的技术已臻炉火纯青，所刻甲骨文大者如胡豆，小者如芥籽（可算是微雕之祖），或者雍容大气，或者隽永秀美，都是一幅幅上乘的书法作品，令人赞叹。现在有不少人想学甲骨文书法，但多为依葫芦画瓢甚或"谬甲"（以谬篆例之），而鲜有得其神髓者。

律

甲骨文中还有律字，作 𣲙，像以笔画道路，想来这是在进行交通规划，所以律有规范、界定、确定不移的意思。比如音乐中的音高是确定不变的，这样才能合乐，所以称为乐律，古有六律、十二律之制；为了维持统治秩序，保证安定团结，有权者们又制定出强制性的行为规范，叫做法律或纪律，违反不得，否则要严惩不贷；事物有不以人的意志为转移的发展变化之道，叫做规律，也违反不得，否则也要自食其果；只有一个标准则叫一律，现在叫"一刀切"，朴素而形象。

畫　像以手执笔绘出些交叉弯曲的线条，表示正在以笔作画（画）。殷商的绘画作品现在虽已不能见到，但在其时留下的器物上却有大量与绘画同类的造型、雕刻、彩绘图形，从中可以一窥当时人们的美学心态。商人审美观念很独特，从出土的殷商铜器、玉器、漆器、木器等实物看，他们崇尚一种森严、神秘、摄人心魄的美学效果。在造型上，力求庄重、典雅、对称、沉稳；在花纹上，多以线条粗硬的变形兽头（饕餮纹）、变形

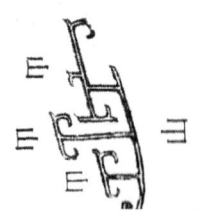

殷商铜器上的饕餮纹

龙纹等为主体，以转折繁复的回形花纹（云雷纹）为填充，装饰性极强，即使是动物纹样也是如此，形成程式化的统一抽象风格，而较少见生动活泼的写实性作品。这和当时社会浓重的鬼神迷信以及王权至上的社会氛围有关。大凡宗教神学与专制独裁都喜欢神秘化、神圣化，因为只有这样才能让臣下战战兢兢、诚惶诚恐，才能使百姓安分守己，不敢乱说乱动，才能确保天下太平、皇图永固。

周天子长安钟上的窃曲纹和云雷纹

第四节 娱 乐

先民的娱乐项目并不多,大约可以归为三类:一类如歌舞音乐,一般与宗教有关,主要是娱神;一类如体育竞技,多数和军事相连,目的是健身;还有一类则是纯粹的休闲,如杂技魔术等。第一类是贵族的精神享受,第二类是成年男子的比拼,第三类虽是平民的娱乐,但也是有闲者才玩得起。总的来看,汉代以前,第一类娱乐项目最普遍,第三类则很少见。但社会越发展,平民的娱乐便越发达,比如现在,喝酒时扯着嗓子高喊"四季财""五魁首",取代了温文尔雅的酒令;相声小品火爆荧屏,已变成高雅艺术的京剧、越剧便少有人欣赏了。

舞乐百戏　汉砖
图为汉代画像砖上的舞乐百戏场景,出土于四川省大邑县。

舞 像手执尾形饰物舞动之形,在卜辞中用作乞雨之舞,令人想起近世道士求雨手执牦舞动之状。歌舞除用于祭神外,也用在战争中。据《华阳国志·巴志》记载,武王伐纣时,巴人的军队特别勇敢,一边唱歌跳舞一边冲向敌人,令殷纣的军队倒戈相向,因此立下大功。战斗时载歌载舞,有借神力的意思,也有精神战的作用,这在原始民族中屡见不鲜。

第十六章　甲骨文中的科学文化 | 345

異

喬

磬

音庆 qìng

　　从周人的制度来看，祭祀宴飨的时候都有舞，且根据等级高下有不同的乐舞。舞者多为男性巫师，穿着五彩之衣，有的还戴着面具，如異（异）字所表现的样子 ✦。不像如今的舞者，大都是些年轻女子不说，还穿的是相当于没穿的衣服，做出些让人想入非非的动作，叫做"性感"，一点庄严神圣的味道都没有。

　　甲骨文中有一个 ✦ 形的字，用在商王祭祖的仪式上，就像舞者脚下踏着两根竿，这一定是踩高跷之形。我觉得这可能就是乔（乔）字初文，义同蹻字。若然，这个民间的娱乐形式早在四千多年前就已进入宫廷并在祭礼中演出，可谓源远流长，人神共喜，君民同乐。

　　✦ 其中之 ✦ 像石磬之形，上面是悬磬的绳子，右边一只手拿着长槌，以示敲击，这正是击磬奏乐的写照。

　　传说磬是尧的臣子无句发明的，考古发现新石器时代便有了磬，因此它是中国最古老的乐器之一。磬多由质地均匀细腻的石灰石或玉石制成，形状如右图，有大小、厚薄、长短的不同，故其发音也有高低。如山西襄汾陶寺遗址（相当于夏代或之前）出土的石磬，系打制而成，长80～90厘米；还曾发现商代的一块大石磬，重达30多斤，音色清越洪亮。至周代出现编磬，以12块为一组，以应十二律，可以奏出完整的乐曲。演奏时，将磬片用细绳穿起，悬挂在木架上，以槌击之，以

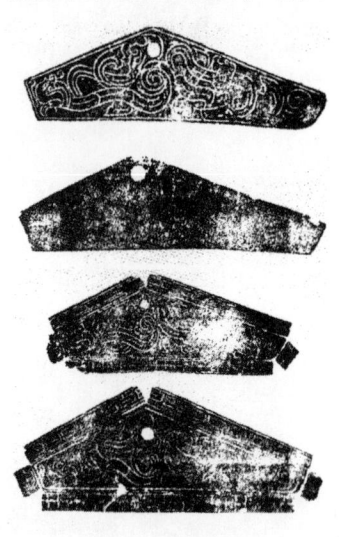

石磬拓片　西周

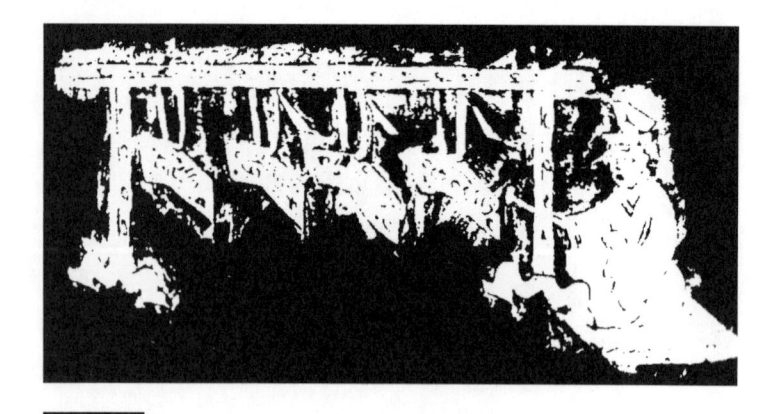

击磬　汉砖

磬是石制乐器，用美石或玉雕成，悬挂在木架上敲击发音。图为汉代画像砖上乐者击磬的场景，出土于山东沂南。

手拊之，音乐表现力丰富，其声清润悠扬，是宫廷悬乐之首。

聲　音

若在磬下加一个聽字 ![字]，表示人听到磬声，亦磬在发声，所以这是声音之声（聲）。由此声有乐声之义，如古时的"五声"——宫商角徵羽，相当于简谱的12356；现在也把唱歌叫做"声乐"，把音乐、女人、养狗、跑马合称声色犬马。生于人心者曰音，所以音是人舌之形 ![字]；生于器质者为声，所以聲字从磬。还有一种说法，认为单响是声，合声为音。实际上在大多数场合声、音二字用法并无区别。

缶

![字] 这是一种大肚小口的有盖陶质容器（上面箭头形表示小盖），平时用来装酒或水，宴飨时若有歌舞，则敲击之以和节拍，所以这又是一种伴奏乐器。《说文解字》说它流行于秦地，《诗经》则记陈人（居今河南淮阳一带）也用来伴舞；至于殷人是否以缶为乐，尚不得而知。战国时，秦王与赵王会饮于渑池，席中，秦王要赵王为他鼓瑟，并让史官记录"某年月日，秦王与赵王会饮，令赵王鼓瑟"。蔺相如不服气，也请秦王为赵王

击缶。秦王不干，蔺相如以同归于尽相胁，秦王只好敲了一下缶，蔺相如也召来赵国史官记录："某年月日，秦王为赵王击缶。"由于蔺相如的机智勇敢，骄横的秦王始终没能占到便宜。

鼓 〖图〗左边部分像放在一个座子上的鼓，上面还插有饰物（称为"羽葆"），右边则是持槌敲击之象。因鼓声宏大、热烈，在中国乐器中的地位十分重要。古人用它助祭，伴舞，合乐，也用在战场上，犹如吹冲锋号，激越的战鼓声催人奋进。在民族器乐中，尤其为戏剧伴奏时，打鼓佬就是乐队甚至是整个舞台的指挥，地位举足轻重。一直以来，鼓仅仅是作为伴奏乐器，但近年也跻身于独奏的行列，常在舞台表演中大显身手，热闹非凡。

彭 在太平洋一些岛屿上，鼓声还用来在岛与岛之间传递信息，就像莫尔斯电码一样，能表达复杂的意思。甲骨文有彭字，作〖图〗，就像鼓声外传，其读音如鼓声嘭嘭；鼓因声音宏大，鼓点密集，所以其义又近于大、多，如澎湃、行人彭彭（见《诗经·载驱》）。

喜 鼓声热烈欢快，激荡人心，故常用于喜庆之事，如祭祀、宴飨、迎宾、庆功等场合，因此甲骨文以鼓形为欢喜之喜，作〖图〗，有时下加表示礼器的 口 形作〖图〗，即今喜字之源。

击鼓纹　战国

彭是个象声词，表示鼓音。甲骨文中的彭字形体，一边是鼓的象形字，一边是三个"点"，表示敲鼓发出的声音。图为战国青铜器上的击鼓纹样。

庚　　　▨ 庚字。字形中的 ▨ 是鼓身，中间一竖是可用手持的把手，两边的短竖像细绳，上面则是鼓上的饰物。合而观之，这是一种手摇转动发声的乐器，就像我们小时候玩过的"拨浪鼓"，也即《通典》之"以桴击之曰鼓，以手摇之曰鼗"的鼗鼓。甲骨文中有一 ▨ 字，虽难以隶为今字，但可证此物确用手持。在殷代，这种我们给小儿玩的东西非常神圣，不仅在祭祀时使用，还用来作祖先的名号：商人的建国始祖名唐（典籍称汤），字

唐
康　　作 ▨，像一个供奉在神坛上的鼗鼓；商代第二十七王叫康丁，康字作 ▨，像正在发音的拨浪鼓。我猜想，这种鼓也许常用于祈福之祭，其摇动时的"康康"之声，就代表了安康、健康、康乐、康宁。

　　　　庚字在卜辞中已借用为天干名。这里我们将天干地支诸字的原义作一总结性的简单介绍（大多数在前面相关的内容中已经述及）：甲 ▨ 是个受祭的十字架（与基督教无关）；乙 ▨ 义不明；丙 ▨ 就是穴，窑洞之形；

乙
己　　丁 ▨ 表示小块的东西；戊 ▨ 是斧钺类兵器；己 ▨ 大概是表示什么弯曲缠绕的东西；庚是摇鼓；辛 ▨ 有二说，或谓曲刀，或曰头饰，我以为要看用在什么地方；

癸　　壬 ▨ 是工字尺；癸 ▨ 义未明；地支的子字作 ▨，是

子
寅　　小儿形 ▨ 的简化；丑 ▨ 为指爪之状，本义为扭；寅 ▨ 与箭矢之矢同，后期或作 ▨，加一指事符号 ▨，似指箭杆；卯 ▨ 为钻龟之

巳　　形；辰 ▨ 是蚌壳之象；巳 ▨ 就是子，与地支之首的子不同；午 ▨

镈　青铜器　战国

　　镈是一种用于敲击的乐器，以青铜铸成，其形状、作用、音色都类似于大钟。

干支表刻骨

干支起源于夏代，商周沿袭，一直到近代，是中国古代所创造的，也是一种世界上使用最久的纪日法。

未 即杵，舂杵也；未 ![], 《说文解字》谓其象"木重枝叶也"，不误；申 ![], 就是电，闪电之形；酉 ![] 是个酒坛子；戌 ![] 也是个斧钺形武器；

亥 ![] 是猪形，汉以前猪（野猪）是勇猛的象征，殷人先祖就有名王亥者，十二生肖（源于汉代）亥也属猪。以上诸字，都是假借，且只是借音，与原义无涉。

龠（音月 yuè） ![] 是一种竹管乐器，用长短不同的多根竹管编在一起，类似后来的竽和笙。从字形看，其竖画像竹管，环形像编绳， ![] 像管孔，字即器形的形象写照。既然已有了龠，肯定早已有了更为简单的笛，只是竹器不易保存，现在还未发现商代竹管乐器的实物。但出人意料的是，80年代末，考古工作者在7000多年前的河南舞阳贾湖新石器时代遗址中，发现了16支笛子，用猛禽的腿骨制成；更令人惊异的是，这些笛子多为七孔，具有相当准确的七声音

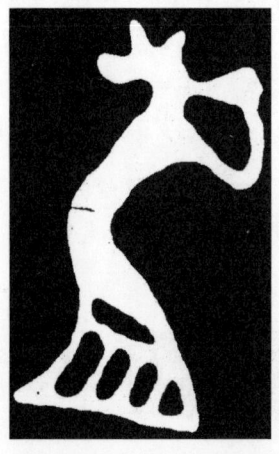

吹箫手

图为战国铜器上的吹箫手形象。

奏乐女　汉砖
图为汉代女伎奏乐时的情形。

阶，能吹奏出音质优美的旋律，其原理、形制和吹奏方法与现在河南一种叫"筹"的民间古乐器竟然基本一致。这说明在七八千年前我们的祖先就已经拥有很了不起的乐理知识，由此推测殷商时代的音乐水平也不会低。

竹制乐器的音质清越圆润，与洪亮铿锵的金石之声形成强烈对比，是中国民乐中的瑰宝，不仅在祭祀中合乐，而且更常用在作欣赏的轻歌曼舞中，所以又把这种音乐与弦乐一起叫做丝竹之声。

樂

丝竹是民乐中的两大类乐器质材，丝是指弦乐器，如琴瑟等，殷代应该已有了，只是还没有得到确证。罗振玉以樂（乐）字 Ψ 为"从丝附木上，即琴瑟之象"，但我觉得太过牵强，樂之本义应为藥（见第八章第二节樂字说解）。也许甲骨文中的 字才是敲击琴弦以发音之形，其原理与扬琴或钢琴无二，可能就是瑟字。不过我没做深入的考证，这只是我的瞎猜。

竞

二人一前一后，头发上冲，身体前倾，双手上下摆动，像是正在拼命赛跑之形，此即竞赛之竞（競）。开展体育竞赛，首先是为了强身健体，含有军事意义，其次也有娱乐的作用，可以供人观赏。古希腊、罗马

古琴　明代
此琴两端平直，像正合式，但其颈部稍微内凹，琴的外漆褐红色，是明代制作的古琴。

人就特别重视体育，可以说是古代最喜爱体育运动的民族，所以他们最崇尚健康强壮的人体美。希波战争时，希腊人俘虏到几个波斯士兵，把他们的衣服脱掉，露出松弛肥白的肉来，引起希腊战士们的哄堂大笑。从竞字看，殷人也有体育比赛，而且是中国自来少见的径赛，说明"殷人尚武"的记载是有根据的。在传统体育中，一般多重技巧，不是很重视力量，更不重视速度，商代有赛跑这一项目，很是难能可贵的。

兢 此字又可隶定为兢。比赛自然是争先恐后，争先为竞，恐后则为兢。《说文解字》释兢为"敬也"，有谨慎、戒惧之义，即战战兢兢之兢。比赛落后，要受人鄙薄，所以必须小心认真，不能掉以轻心。《说文解字》释该字形有竞争和敬惧二义，应该没错。

乘 ⚘、⚘ 王国维最早释此字为"像人乘木之形"，后来者俱从之。但我觉得下面的字形并非是木，而像一个倒着的人形，后一形下面更是个双手与头同时着地的采用三角倒立法的人。一人倒立，另一人踩在其双腿上，这不是在演杂技么？《说文解字》谓："乘，覆也"；段玉裁注："加其上曰乘。"正合倒立与踩踏其上之形，许段之言近是。乘字的升、登、骑坐、承载等义，也是从人踩人上引申出来的。

杂技是平民的娱乐，殷商时代应属初创阶段，到汉代才相对成熟，从汉画像石和陶俑中可以看到当时杂技百戏的一斑，如倒立、顶竿、抛球、叠罗汉等等。山东出土的一块汉画像石上有幅绳技图，画上三人在一条绳子上做倒立、舞蹈等动作，绳下插有四把锋尖向上的刀剑，表示一旦失手便有穿肠破肚的危险，其目的是增加表演的刺激性。看来这似乎是一场商业性演出。

勾栏百戏舞　敦煌壁画　唐代

主要参考书目

1. 徐中舒主编：《甲骨文字典》
2. 孙海波编：《甲骨文编》
3. 容庚编：《金文编》
4. 岛邦男编：《殷墟卜辞综类》
5. 徐中舒主编：《汉语古文字字形表》
6. 高明编：《古文字类编》
7. 李孝定编：《甲骨文字集释》
8. 周法高主编：《金文诂林》
9. 康殷著：《文字源流浅说》
10. 温少峰著：《古代文字与古代社会》（讲义）
11. 于省吾著：《甲骨文字释林》
12. 姚孝遂、肖丁著：《小屯南地甲骨考释》
13. 唐兰著：《古文字学导论》
14. 唐兰著：《殷墟文字记》
15. 陈梦家著：《殷墟卜辞综述》
16. 吴浩坤、潘悠著：《中国甲骨学史》
17. 郭沫若著：《郭沫若全集·考古编》
18. 北京大学历史系考古教研室商周组编：《商周考古》
19. 宋兆霖、黎家芳、杜耀西著：《中国原始社会生活史》
20. 宋镇豪著：《夏商社会生活史》
21. 《中国文物报》《文物》《考古》《古文字研究》等专业报刊

后　记

1. 这本书名为《甲骨文字趣释》，是想提高读者认识甲骨文的兴趣。一是在文字上想幽默风趣一些，二是在考证上更通俗易懂一些，三是在内容上让范围宽广一些。但不知我是否达到了这个目的。

2. 本书只收录甲骨文字形七百多个，加上古今字一共也不到九百，而迄今所发现的甲骨文字形就有四千多，能认识的（即知其音义的）达到一半。由于本书只是在每一类事物中举若干典型字为例，大量的生僻字没有收进来，一些常用字也因篇幅所限而未收，因而不能作字典使用，望读者诸君谅解。

3. 书中的文字考释，绝大部分是已成定论的专家学者意见，一般不注明出处，有争论的或是我个人的意见才在文中加以说明，以示不敢鱼目混珠（不过也有忘了说明或竟与某专家高见不谋而合的，还希鉴谅）。

4. 本书适合三类人读：一是大、中学生和语文教师以及演员、播音员，可以减少写、读错别字的概率；二是作为有兴趣者学习古文字学的入门书，大概不至误人子弟；三是还可以供研究者批判，那我就出名了。

5. 感谢在本书写作中给予我莫大帮助的老师、朋友和家人，小的这厢有礼了。

6. 本来想赶在甲骨文发现一百周年纪念时出书，叵耐出版周期太长，看来是赶不上趟了。

作者

一九九九年九月